● 高等院校教材

PUTONGHUA CESHI
YU KOUYU BIAODA

普通话测试与口语表达

黄 敏 曾春燕 主 编

丁世平 王 馨 副主编

中山大学出版社
·广州·

图书在版编目（CIP）数据

普通话测试与口语表达/黄敏，曾春燕主编；丁世平，王馨副主编．—广州：中山大学出版社，2013.3

ISBN 978－7－306－04469－3

Ⅰ．①普…　Ⅱ．①黄…②曾…③丁…④王…　Ⅲ．①普通话—教学参考资料　Ⅳ．①H102

中国版本图书馆 CIP 数据核字（2013）第 032435 号

出 版 人：徐　劲
策划编辑：李　文
责任编辑：周　玢
封面设计：曾　斌
责任校对：周　玢
责任技编：何雅涛
出版发行：中山大学出版社
电　　话：编辑部 020－84111996，84113349，84111997，84110779
　　　　　发行部 020－84111998，84111981，84111160
地　　址：广州市新港西路 135 号
邮　　编：510275　　　　传　真：020－84036565
网　　址：http://www.zsup.com.cn　　E-mail:zdcbs@mail.sysu.edu.cn
印 刷 者：广州家联印刷有限公司
规　　格：787mm×1092mm　1/16　12.5 印张　256 千字
版次印次：2013 年 3 月第 1 版　2014 年 4 月第 2 次印刷
印　　数：2001～7000 册　定　价：30.00 元

内 容 提 要

本书的内容有两大部分，一部分是有关普通话测试的，主要就普通话学习和普通话测试中常见的问题提供了大量的练习资料，这些练习既有针对广东人的学习来设计，也有考虑到其他方言区的人们学习的需要来编排；另一部分是口语表达，主要介绍了一般的口语交际技能和教师口语技能。本书对参加面试和初上讲台者有一定的参考价值。

自　序

普通话水平测试开始至今已将近20年，应试人员由原来的教师、播音员，扩展到现在的国家公务员、窗口服务行业者等，覆盖面越来越大。越来越多的人意识到学好普通话的必要性。

要学好普通话，自然离不开好的教材作指导。目前，市面上有不少关于普通话学习的教材和辅导资料，为人们学习普通话、提高普通话水平提供了一定的帮助。这些指导书有的侧重学习普通话普遍存在的问题来谈，有的则从某个方言区学习普通话出现的个性问题来谈，各有千秋。比较遗憾的是，我们还没看到一本资料书能综合前两者，既论述到普通话学习的共性问题，又涉及到地方学习的个性问题。而这方面的教材正是我们学校的学生所需要的。我们学校地处广东，学生以说粤方言为主，兼有说闽方言和客家方言。而有的专业的招生面向全国，学生来自七个方言区。我们老师在上普通话课时往往会因用哪种教材比较适合学生而头疼。于是，我们就萌生了要编一本适合我们学校学生使用，同时也适合其他老师、学生使用的教材的想法。

“一言之辩，重于九鼎之宝；三寸之舌，强于百万之师。”在古代发挥巨大作用的“口才”，在今天被人们将它与“原子弹”、“电脑”并称为当今世界三大武器。口才已经不再是仅对政治家、学者、名人有特定要求，一般人也需要在日常交流中、应聘时候和工作期间有较好的口语表达能力。所以，我们又编写了一般口语和教师口语方面的内容。一般口语表达中，我们侧重复述、解说、演讲和面试交谈来编写。教师口语方面我们主要谈了常用的教学口语和教育口语技巧。既考虑到一般人的需要，也照顾了教师这一特殊群体的需求。

这本书的四位编者都是省级测试员，一直从事普通话教学，对如何克服语音错误，较好地通过普通话等级测试都有丰富的教学经验。四位老师在担任普通话教学的同时也教授口语表达长达十几年，对训练教师口语和一般口语交际的技能方面也有很好的心得体会。我们的老师将这些经验、心得体会融入到书的编写中，使得该书在训练的针对性和实用性上有较大的优势。其中有位教师还将自己做公务员考官时常问的一些问题及回答要领都与我们读者交流。这些是本教材的一大亮点！

我们在编写过程中参阅和引用了不少专家学者的专著和教材，由于篇幅有限，本书未能一一注明出处。在此，恳请他们见谅并向他们表示衷心的感谢、诚挚的敬意！

目　　录

第一章　绪　　论

一、普通话与方言

（一）普通话

普通话作为我们现代汉民族的共同语，它的科学定义是在1955年的“全国语言文字改革会议”上确定下来的，它“以北京语音为标准音，以北方话为基础方言，以典范的现代白话文著作为语法规范”。这个规定为我们在学说普通话时树立了一个标准。北京话中的土音、不必要的轻声、儿化现象，北方话中过于粗俗的词语等都被排除在普通话之外。

随着我国国力的增强，国际影响力的扩大，许多国家开始注重对我国的了解和认识，对我国文化的兴趣越来越大，掀起了一股“汉语热”。目前，我国在外国应邀而建的汉语学习基地——孔子学院，已有1 000所。不但如此，109个国家在本国的高等学校中都开设有汉语课程。英国、巴基斯坦等国计划从2013年开始要求小学生自三年级起要选修汉语。据统计，全世界学习汉语的人数至今已经超过4 000万。

“学汉语吧，那将是你未来20年的机遇和饭碗”，外国人尚且知道学汉语的重要性，身为炎黄子孙的我们更是应该为了自身生产、生活需要，同时也是为了维护国家主权和尊严、提高软实力的需要，积极普及普通话，提高说普通话的水平。

（二）方言

与普通话并存、分散在局部地区为当地人民常说的话语，叫地方话，即方言。现代汉语常见的方言类别有七大种。了解各方言所属区域，找寻自己方言与普通话的对应规律，对学好普通话有一定的帮助。详见表1。

北方方言　以北京话为代表，分布区域最广，除了传统上理解的长江以北地区，还包括长江以南的九江、镇江部分地区，云南、贵州、重庆和四川大部分地区以及广西的西北部。

吴方言　以上海话（苏州话）为代表，分布在上海、江苏长江以南、浙江大部分地区。

湘方言　以长沙话为代表，分布在湖南大部分地区。

赣方言　以南昌话为代表，分布在江西大部分地区。

闽方言 主要分布在福建大部分地区、广东的潮汕地区、雷州半岛、海南地区、台湾地区等。内部分歧较大，闽东以福州话为代表，闽南以厦门话为代表。

客家方言 以广东梅县话为代表，分布在广东、广西、福建、台湾、江西等部分地区。

粤方言 以广州话为代表，分布在广东大部分地区。

表 1 现代汉语七大方言语音特点表

方言名称 \ 语音特点 \ 比较项目	声母方面		韵母方面		声调方面	其他特点
	浊声母	几组塞擦音、擦音	鼻音韵尾	入声韵尾	调类数目	
	b、d、g、dz、dʑ、dʐ、v、z、ɦ	tʂ、tʂ^{h}、ʂ、ts、ts^{h}、s、tʃ、tʃ^{h}、ʃ	-m、-n、-ŋ	-p、-t、-k、-ʔ		
北方方言	没有	有 tʂ 组、ts 组	有 -n、-ŋ 两个	只有少数地区有 -ʔ	一般 4 个，个别 3 个、5 个	只有西北方言有鼻化韵母
吴方言	都有	多数地区只有 ts	有 -n、-ŋ 两个	只有 -ʔ	7 个或 8 个（上海年轻人 5 个）	单元音韵母多，复元音韵母少
湘方言	日趋消失	有 tʂ、ts 组	有 -n、-ŋ 两个	有入声，但无入声韵尾	有 5 个或 6 个	①x 和 u 相拼时念 f ②n 和 l 相混
赣方言	没有	只有 ts 组	有 -n、-ŋ 两个	只有 -t、-k	一般 6 个	①有 l 无 n，但有 ȵ ②把北方话一部分念 t 的字念成 t^{h}
客家方言	没有	只有 ts 组	有 3 个	有 -p、-t、-k	一般 6 个	①x 和 u 相拼时念 f ②没有 tɕ、tɕ^{h}、ɕ
闽方言	厦门、潮州有 b、g	只有 ts 组	有 3 个	有 -p、-t、-k 或 -ʔ	有 7～8 个	①没有 f ②把北方念 ts、ts^{h} 的一些字念成 t、t^{h}
粤方言	没有	只有 tʃ 组	有 3 个	有 -p、-t、-k	一般有 9 个，个别 10 个	①x 和 u 相拼时念 f ②没有 tɕ、tɕ^{h}、ɕ

说明：表中使用了国际音标，但省去 [ ]。

二、推普相关法规、方针和政策

（一）法规

《中华人民共和国宪法》第十九条："国家推广全国通用的普通话。"

《中华人民共和国国家通用语言文字法》第十九条："凡以普通话作为工作语言的岗位，其工作人员应当具备说普通话的能力。""以普通话作为工作语言的播音员、节目主持人和影视话剧演员、教师、国家机关工作人员的普通话水平，应当分别达到国家规定的等级标准。"

《中华人民共和国教育法》第十二条："学校及其他教育机构进行教学，应当推广使用全国通用的普通话和规范字。"

（二）方针和政策

早在上世纪50年代，国家就很重视普通话的推广，制定了"大力提倡，重点推行，逐步普及"的方针。随着社会向前发展，新的推普方针——"大力推行，积极普及，逐步提高"也相应制定出来，推普工作重心由推行转向普及。国家希望普通话能逐渐成为学校的教学语言、企事业单位的工作语言、公共场合的交际语言。为此，国务院批准，自1998年起，每年9月份的第三周为推普周。

国家大力推广普通话的同时也允许方言和其他民族语言的合理合法使用。周恩来总理曾明确指出：推广普通话是为了消除方言隔阂，而不是人为地消灭方言。方言和其他民族语言只能是在局部地区和本民族内部使用，在公众场合下，还是需要我们大家自觉地使用普通话。

三、《汉语拼音方案》

人们要学习一种语言，首先要掌握这种语言的记音符号，然后通过记音符号来辅助发音。国际通用的记音符号是国际音标，它对学习掌握任何一个国家的语言都有帮助。而在我国，常用的是汉语拼音方案。过去，我国曾经用过直音、反切和注音符号这三种方法来记音。建国后，我们的专家学者总结以往的注音识字经验，结合现代语言学理论制定出一套比较完善的记音符号——《汉语拼音方案》。这套方案是在1958年2月11日的第一届全国人民代表大会第五次会议上审议通过的。到了1982年，国际标准化组织将《汉语拼音方案》确定为拼写汉语的国际标准。

"《汉语拼音方案》是用来拼写现代汉语语音系统的拼音方案"，它里面包括字母表、声母表、韵母表、声调符号和隔音符号五部分。

一 字母表

字母 名称						
Aa ㄚ	Bb ㄅㄝ	Cc ㄘㄝ	Dd ㄉㄝ	Ee ㄜ	Ff ㄝㄈ	Gg ㄍㄝ
Hh ㄏㄚ	Ii ㄧ	Jj ㄐㄧㄝ	Kk ㄎㄝ	Ll ㄝㄌ	Mm ㄝㄇ	Nn ㄋㄝ
Oo ㄛ	Pp ㄆㄝ	Qq ㄑㄧㄡ	Rr ㄚㄦ	Ss ㄝㄙ	Tt ㄊㄝ	
Uu ㄨ	Vv ㄪㄝ	Ww ㄨㄚ	Xx ㄒㄧ	Yy ㄧㄚ	Zz ㄗㄝ	

V 只用来拼写外来语、少数民族语言和方言。字母的手写体依照拉丁字母的一般书写习惯。

二 声母表

b ㄅ玻	p ㄆ坡	m ㄇ摸	f ㄈ佛	d ㄉ得	t ㄊ特	n ㄋ讷	l ㄌ勒
g ㄍ哥	k ㄎ科	h ㄏ喝		j ㄐ基	q ㄑ欺	x ㄒ希	
zh ㄓ知	ch ㄔ蚩	sh ㄕ诗	r ㄖ日	z ㄗ资	c ㄘ雌	s ㄙ思	

在给汉字注音的时候，为了使拼式简短，zh ch sh 可以省作 ẑ ĉ ŝ。

三 韵母表

	i ㄧ 衣	u ㄨ 乌	ü ㄩ 迂
ɑ ㄚ 啊	iɑ ㄧㄚ 呀	uɑ ㄨㄚ 蛙	
o ㄛ 喔		uo ㄨㄛ 窝	
e ㄜ 鹅	ie ㄧㄝ 耶		üe ㄩㄝ约
ɑi ㄞ 哀		uɑi ㄨㄞ 歪	
ei ㄟ 欸		uei ㄨㄟ 威	
ɑo ㄠ 熬	iɑo ㄧㄠ 腰		
ou ㄡ 欧	iou ㄧㄡ 忧		
ɑn ㄢ 安	iɑn ㄧㄢ 烟	uɑn ㄨㄢ 弯	üɑn ㄩㄢ 冤

续上表

en ㄣ 恩	in ㄧㄣ 因	uen ㄨㄣ 温	ün ㄩㄣ 晕
ɑng ㄤ 昂	iɑng ㄧㄤ 央	uɑng ㄨㄤ 汪	
eng ㄥ 亨的韵母	ing ㄧㄥ 英	ueng ㄨㄥ 翁	
ong （ㄨㄥ）轰的韵母	iong ㄩㄥ 雍		

（1）“知、蚩、诗、日、资、雌、思”等七个音节的韵母用 i，即：知、蚩、诗、日、资、雌、思等字拼作 zhi，chi，shi，ri，zi，ci，si。

（2）韵母儿写成 er，用做韵尾的时候写成 r。例如：“儿童”拼作 ertong，“花儿”拼作 huɑr。

（3）韵母ㄝ单用的时候写成 ê。

（4）i 行的韵母，前面没有声母的时候，写成 yi（衣），yɑ（呀），ye（耶），yɑo（腰），you（忧），yɑn（烟），yin（因），yɑng（央），ying（英），yong（雍）。

u 行的韵母，前面没有声母的时候，写成 wu（乌），wɑ（蛙），wo（窝），wɑi（歪），wei（威），wɑn（弯），wen（温），wɑng（汪），weng（翁）。

ü 行的韵母，前面没有声母的时候，写成 yu（迂），yue（约），yuɑn（冤），yun（晕）；ü 上两点省略。

ü 行的韵母跟声母 j，q，x 拼的时候，写成 ju（居），qu（区），xu（虚），ü 上两点也省略；但是跟声母 n，l 拼的时候，仍然写成 nü（女），lü（吕）。

（5）iou，uei，uen 前面加声母的时候，写成 iu，ui，un，例如 niu（牛），ɡui（归），lun（论）。

（6）在给汉字注音的时候，为了使拼式简短，ng 可以省作 ŋ。

四　声调符号

阴平	阳平	上声	去声
ˉ	ˊ	ˇ	ˋ

声调符号标在音节的主要母音上。轻声不标。例如：妈 mā（阴平）　麻 má（阳平）　马 mǎ（上声）　骂 mà（去声）　吗 ma（轻声）

五　隔音符号

ɑ，o，e 开头的音节连接在其它音节后面的时候，如果音节的界限发生混淆，用隔音符号（'）隔开，例如：pi'ao（皮袄）。

《汉语拼音方案》主要是用来给汉字注音和教与学普通话。现阶段的小学生最初都是通过先学拼音字母，再由拼音来识字。少数民族和外国人学汉语时，也是通过《汉语拼音方案》来进行的。《汉语拼音方案》还在编写辞书的书目、词条，编排索引等方面用到。

四、发音原理

要说得一口标准的普通话，先要在发音上把好关，弄清楚了相关的发音原理才能正确发音。

人在发音时，主要涉及的发音器官有三部分。见图1。

（一）肺和气管

肺部的气流提供发音的原动力，从肺部呼出的气流，由气管到达喉头、声门后，再经过咽腔、口腔和鼻腔等共鸣体，发出不同的语音。

（二）喉头和声带

气流经过喉部时，喉头的各软骨肌肉活动起来，使声带随之松紧变化，发出高低不同的声音来。

（三）口腔和鼻腔

在喉部发出的声音，最终从口腔或鼻腔里共鸣扩大出去。

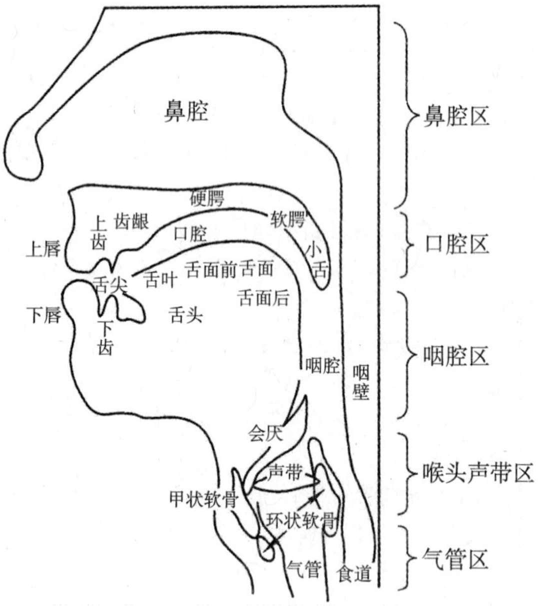

图1 发音器官示意图

五、计算机辅助普通话水平测试

普通话水平测试（Putonghua Shuiping Ceshi，缩写为PSC）就是对应试人员运用普通话的规范和熟练程度进行测查，是一种标准参照性的考试。它有规定的测试内容、范围、题型和评分系统。开始，师范院校的学生和电台、电视台的播音员首先接受测试。现在，接受测试的队伍已经扩展到一般的社会人员。

最初，普通话水平测试从出题、评分到考生数据收集统计等工作很多都是人工操作，不但工作量大，还有可能出现人为错误。2010年后，全国已经改用计算机辅助普通话水平测试，计算机对考生的考试内容录音，并为前三项考试评分，测试员只需要为最后一项评分即可。这样一来，测试员的劳动强度降低了很多，评分的准确性也有所提高了，考生信息数据的收集更加便捷，普通话测试的规模也得以扩大。见附录一至附录四。

附录一 普通话水平测试应试人员

1946 年 1 月 1 日以后出生至现年满 18 岁（个别可放宽到 16 岁）之间的下列人员应接受普通话水平测试：

1. 教师和申请教师资格的人员；
2. 广播电台、电视台的播音员、节目主持人；
3. 影视话剧演员；
4. 国家机关工作人员；
5. 师范类专业、播音与主持艺术专业、影视话剧表演专业以及其他与口语表达密切相关专业的学生；
6. 行业主管部门规定的其他应该接受测试的人员。

（人事部在 1999 年 5 月发布了关于开展国家公务员普通话培训的通知，信息产业部、中共中央金融工作委员会、铁道部、国家邮政局、文化部等单位都在 2000 年 5 月发通知要求本系统员工的普通话达到相应的行业标准。）

附录二 普通话水平测试等级标准（试行）

一 级

甲等 朗读和自由交谈时，语音标准，词汇、语法正确无误，语调自然，表达流畅。测试总失分率在 3% 以内。

乙等 朗读和自由交谈时，语音标准，词汇、语法正确无误，语调自然，表达流畅。偶然有字音、字调失误。测试总失分率在 8% 以内。

二 级

甲等 朗读和自由交谈时，声韵调发音基本标准，语调自然，表达流畅。少数难点音（平翘舌音、前后鼻尾音、边鼻音等）有时出现失误。词汇、语法极少有误。测试总失分率在 13% 以内。

乙等 朗读和自由交谈时，个别调值不准，声韵母发音有不到位现象。难点音较多（平翘舌音、前后鼻尾音、边鼻音、fu—hu、z—zh—j、送气不送气、i—ü 不分、保留浊塞音、浊塞擦音、丢介音、复韵母单音化等），失误较多。方言语调不明显。有使用方言词、方言语法的情况。测试总失分率在 20% 以内。

三 级

甲等 朗读和自由交谈时，声韵母发音失误较多，难点音超出常见范围，声调调值多不准。方言语调较明显。词汇、语法有失误。测试总失分率在 30% 以内。

乙等 朗读和自由交谈时，声韵调发音失误多，方音特征突出。方言语调明显。词汇、语法失误较多。外地人听其谈话有听不懂的情况。测试总失分率在40%以内。

附录三　有关从业人员的普通话水平达标要求

1. 中小学及幼儿园、校外教育单位的教师，普通话水平不低于二级，其中语文教师不低于二级甲等，普通话语音教师不低于一级；高等学校的教师，普通话水平不低于三级甲等，其中现代汉语教师不低于二级甲等，普通话语音教师不低于一级；对外汉语教学教师，普通话水平不低于二级甲等。

2. 报考中小学、幼儿园教师资格的人员，普通话水平不低于二级。

3. 师范类专业以及各级职业学校的与口语表达密切相关专业的学生，普通话水平不低于二级。

4. 国家公务员，普通话水平不低于三级甲等。

5. 国家级和省级广播电台、电视台的播音员、节目主持人，普通话水平应达到一级甲等，其他广播电台、电视台的播音员、节目主持人的普通话达标要求按广播电影电视总局的规定执行。

6. 话剧、电影、电视剧、广播剧等表演、配音演员，播音、主持专业和影视表演专业的教师、学生，普通话水平不低于一级。

7. 公共服务行业的特定岗位人员（如广播员、解说员、话务员等），普通话水平不低于二级甲等。

附录四　计算机辅助普通话水平测试试题构成及样卷

一、普通话水平测试试题构成

不管是以前的人工测试，还是现在的计算机辅助测试，普通话水平测试的试题构成都是4个组成部分（原本5个，很多地方测试时都删减了一道选择、判断题），满分为100分。如今的测试是在“国家普通话水平智能测试系统”下进行，前三道题是由该计算机系统自动评分，最后一道题由测试员评分。

（一）读单音节字词（100个音节，不含轻声、儿化音节），限时3.5分钟，共10分。

1. 目的：测查应试人声母、韵母、声调读音的标准程度。

2. 要求：100个音节中，70%选自《普通话水平测试用普通话词语表》“表一”，30%选自“表二”。100个音节中，每个声母出现次数一般不少于3次，每个韵母出现次数一般不少于2次，4个声调出现次数大致均衡。

3. 评分：语音错误，每个音节扣0.1分。语音缺陷，每个音节扣0.05分。超时1分钟以内，扣0.5分；超时1分钟以上（含1分钟），扣1分。

4. 应试注意：每个音节的声母、韵母、声调一定要按标准音色发音，尤其重点注意舌尖前后音（平翘舌音）、前后鼻韵母和上声（第三声）的发音。如果读错了，可以立即改读，按第二次的读音来评分。隔音节改读无效。

（二）读多音节词语（100 个音节），限时 2.5 分钟，共 20 分。

1. 目的：测查应试人声母、韵母、声调和变调、轻声、儿化读音的标准程度。

2. 要求：词语的 70% 选自《普通话水平测试用普通话词语表》“表一”，30% 选自“表二”。声母、韵母、声调出现的次数与读单音节字词的要求相同。上声与上声相连的词语不少于 3 个，上声与非上声相连的词语不少于 4 个，轻声不少于 3 个，儿化不少于 4 个（应为不同的儿化韵母）。

3. 评分：语音错误，每个音节扣 0.2 分。语音缺陷，每个音节扣 0.1 分。超时 1 分钟以内，扣 0.5 分；超时 1 分钟以上（含 1 分钟），扣 1 分。

4. 应试注意：声母、韵母、声调的读音除了跟第一题要求相同，还要重点注意音变。要清楚哪些是轻声、儿化词。双音节和多音节的词语轻重格要得当。如果读错了，可以立即改读，按第二次的读音来评分。隔音节改读无效。

（三）朗读短文（1 篇，400 个音节），限时 4 分钟，共 30 分。

1. 目的：测查应试人使用普通话朗读书面作品的水平。在测查声母、韵母、声调读音标准程度的同时，重点测查连读音变、停连、语调以及流畅程度。

2. 要求：短文从《普通话水平测试用朗读作品》中选取。评分以朗读作品的前 400 个音节（不含标点符号和括注的音节，文中有双斜杠提示）为限。

3. 评分：每错 1 个音节，扣 0.1 分；漏读或增读 1 个音节，扣 0.1 分。声母或韵母的系统性语音缺陷，视程度扣 0.5 分、1 分。语调偏误，视程度扣 0.5 分、1 分、2 分。停连不当，视程度扣 0.5 分、1 分、2 分。朗读不流畅（包括回读），视程度扣 0.5 分、1 分、2 分。超时扣 1 分。

4. 应试注意：要流畅、语速均匀地读。读错了不能改读，改读了依然按错的来扣，并且还要被扣不流畅分。注意语调，不能按字词节奏来读。

（四）命题说话（1 个话题），限时 3 分钟，共 40 分。

1. 目的：测查应试人在无文字凭借的情况下说普通话的水平，重点测查语音标准程度、词汇语法规范程度和自然流畅程度。

2. 要求：说话话题从《普通话水平测试用话题》中选取，由应试人从给定的两个话题中选定 1 个话题，连续说一段话。

3. 评分：（广东的标准）。

（1）语音标准程度，共 25 分。分六档：

一档：语音标准，或极少有失误。扣 0 分、1 分、2 分。

二档：语音错误在 10 次以下，有方音但不明显。扣 3 分、4 分。

三档：语音错误在 10 次以下，但方音比较明显；或语音错误在 10 次～15 次之间，有方音但不明显。扣 5 分、6 分。

四档：语音错误在 10 次～15 次之间，方音比较明显。扣 7 分、8 分。

五档：语音错误超过15次，方音明显。扣9分、10分、11分。

六档：语音错误多，方音重。扣12分、13分、14分。

（2）词汇语法规范程度，共10分。分三档：

一档：词汇、语法规范。扣0分。

二档：词汇、语法偶有不规范的情况。扣1分、2分。

三档：词汇、语法屡有不规范的情况。扣3分、4分。

（3）自然流畅程度，共5分。分三档：

一档：语言自然流畅。扣0分。

二档：语言基本流畅，口语化较差，有背稿子的表现。扣0.5分、1分。

三档：语言不连贯，语调生硬。扣2分、3分。

（4）缺时（说话不足3分钟，酌情扣分）：缺时1分钟以内（含1分钟），扣1分、2分、3分；缺时1分钟以上，扣4分、5分、6分；说话不满30秒（含30秒），本测试项成绩计为0分。说话中长时间停歇或中断可累计扣分。停顿10秒钟以上（含10秒钟）扣分，说话出现两次以上超过10秒钟停顿的情况，可累计扣分。10秒钟以下的停顿可按不流畅扣分。

（5）朗读文本、离题、无效话语。

指不按命题要求说话，如明显背稿，严重离题，简单重复等视程度扣1分，2分，3分。

4. 应试注意：该题主要考查说普通话的规范程度，而不是口头作文能力，所以语音的标准是注意的重点。词汇和语法的规范也要做到。要注意说话的口语化，是“说”而不是“背”。不要带“口头禅”。

二、测试样卷

（一）读100个单音节字词

昼 八 迷 先 毡 皮 幕 美 彻 飞 鸣 破 捶 风 豆 蹲 霞
掉 桃 定 宫 铁 翁 念 劳 天 旬 沟 狼 口 靴 娘 嫩 机
蕊 家 跪 绝 趣 全 瓜 穷 屡 知 狂 正 裘 中 恒 社 槐
事 轰 竹 掠 茶 肩 常 概 虫 皇 水 君 人 伙 自 滑 早
绢 足 炒 次 渴 酸 勤 鱼 筛 院 腔 爱 鳖 袖 滨 竖 搏
刷 瞟 帆 彩 愤 司 滕 寸 峦 岸 勒 歪 尔 熊 妥

（二）读多音节词语（100个音节；其中含双音节词语45个，三音节词语2个，4音节词语1个）

取得 阳台 儿童 板凳儿 混淆 衰落 分析 防御
沙丘 管理 此外 便宜 光环 塑料 扭转 加油
队伍 挖潜 女士 科学 手指 策略 抢劫 森林
侨眷 模特儿 港口 没准儿 干净 日用 紧张 炽热
群众 名牌儿 沉醉 快乐 窗户 财富 应当 生字

奔跑　晚上　卑劣　包装　洒脱　现代化　委员会　轻描淡写

（三）朗读短文

爸不懂得怎样表达爱，使我们一家人融洽相处的是我妈。他只是每天上班下班，而妈则把我们做过的错事开列清单，然后由他来责骂我们。

有一次我偷了一块糖果，他要我把它送回去，告诉卖糖的说是我偷来的，说我愿意替他拆箱卸货作为赔偿。但妈妈却明白我只是个孩子。

我在运动场打秋千跌断了腿，在前往医院途中一直抱着我的，是我妈。爸把汽车停在急诊室门口，他们叫他驶开，说那空位是留给紧急车辆停放的。爸听了便叫嚷道："你以为这是什么车？旅游车？"

在我生日会上，爸总是显得有些不大相称。他只是忙于吹气球，布置餐桌，做杂务。把插着蜡烛的蛋糕推过来让我吹的，是我妈。

我翻阅照相册时，人们总是问："你爸爸是什么样子的？"天晓得！他老是忙着替别人拍照。妈和我笑容可掬地一起拍的照片，多得不可胜数。

我记得妈有一次叫他教我骑自行车。我叫他别放手，但他却说是应该放手的时候了。我摔倒之后，妈跑过来扶我，爸却挥手要她走开。我当时生气极了，决心要给他点儿颜色看。于是我马上爬上自行车，而且自己骑给他看。他只是微笑。

我念大学时，所有的家信都是妈写的。（作品 10 号）

（四）命题说话（2 选 1）

我的假日生活/购物的感受

第二章　声　　母

一、什么是声母

声母是音节开头的部分，普通话有21个辅音声母。辅音发音时，气流通过口腔或鼻腔时要受到阻碍，通过克服阻碍而发出声音。其特点是时程短、音势弱，容易受到干扰，易产生吃字现象，从而影响语音的清晰度。声母的发音部位是否准确，是语流中字音是否清晰并具有一定亮度的关键。

在普通话里，有一些音节开头部分不是辅音，而是元音，这种由韵母独自构成音节的，习惯上称为“零声母”音节，如：“ān”（安）、“é”（鹅）、“yī”（衣）、“wèn”（问）等。这些零声母音节从形式上看有两种：一种是音节的第一个字母是元音字母；另一种是音节的开头字母是“y”或“w”。而实际上“y、w”并不是声母，只起分隔音节的作用。在多音节拼写中，部分零声母容易误读，例如“fānì”可以读作“发腻”，也可读作“翻译”，因此就用加写“y、w”或改写“y、w”的办法进行区别。

二、声母的分类

（一）按发音部位分类

普通话辅音声母按发音部位（发音时气流受到阻碍的位置）可分为以下七类：

（1）双唇音：上唇与下唇闭合，构成阻碍（b、p、m）。

（2）唇齿音：上齿接近下唇，留一条窄缝，构成阻碍（f）。

（3）舌面音：舌面前部向硬腭接触或接近，构成阻碍（j、q、x）。

（4）舌根音：舌根向硬腭和软腭的交界处接触或接近，构成阻碍（g、k、h）。

（5）舌尖前音：舌尖向齿背接触或接近，构成阻碍（z、c、s）。

（6）舌尖中音：舌尖和上齿龈（即上牙床）接触，构成阻碍（d、t、n、l）。

（7）舌尖后音：舌尖向硬腭的最前端接触或接近，构成阻碍（zh、ch、sh、r）。

（二）按发音方法分类

辅音除了受阻的位置不同，受阻气流出去的方式、气流的强弱以及声带颤动都有可能不同（见表2），根据上述三种情况，可以将辅音声母分为以下三类：

1. 根据气流阻碍方式划分

（1）塞音：也称为“爆发音”或“破裂音”，发音时，阻碍气流的两个部分完全闭合，挡住气流，然后这两个部分突然放开，气流冲过阻碍爆发成音。共有6个塞音：b、p、d、t、g、k。

（2）擦音：发音时，阻碍气流的两个部分靠近，中间形成窄缝，气流从缝隙中摩擦而出。共有6个擦音：f、h、x、sh、r、s。

（3）塞擦音：发音时，阻碍气流的两个部分先完全闭合，然后打开形成窄缝，气流从缝隙中摩擦而出。这种发音方法是塞音和擦音的结合。共有6个塞擦音：z、zh、c、ch、j、q。

（4）鼻音：发音时，口腔中的发音部位完全闭塞，软腭下垂挡住气流通向口腔的道路，气流通过声门振动声带后由鼻腔流出。共有2个鼻音声母：m、n。

（5）边音：发音时，舌尖抵住上齿龈，形成阻碍，然后舌尖的两边松弛下垂，气流振动声带后从舌尖两边流出。普通话只有1个边音声母：l。

2. 根据气流的强弱划分

（1）送气音（呼出气流较强）：送气音声母共有6个，p、t、k、q、ch、c。

（2）不送气音（呼出气流较弱）：不送气音的也有6个，b、d、g、j、zh、z。

3. 根据声带是否颤动划分

（1）清音：发音时声带不振动。普通话共有17个清声母：b、p、f、d、t、g、k、h、j、q、x、zh、ch、sh、z、c、s。

（2）浊音：发音时声带振动。普通话中共有4个浊声母：m、n、l、r。

表2　普通话声母发音总表

发音方法 / 发音部位	塞音		塞擦音		擦音		鼻音	边音
	清		清		清	浊	浊	浊
	不送气	送气	不送气	送气				
双唇音	b	p					m	
唇齿音					f			
舌尖前			z	c	s			
舌尖中	d	t					n	l
舌尖后			zh	ch	sh	r		
舌面音			j	q	x			
舌根音	g	k			h			

三、普通话声母的发音

1. b [p] 双唇、不送气、清、塞音

发音方法：双唇闭合，同时软腭上升，关闭鼻腔通路；气流到达双唇后蓄气；凭借积蓄在口腔中的气流突然冲开双唇成声。

发音例词：bǎnbào biànbié biànbù běibiān biāoběn

板报 辨别 遍布 北边 标本

2. p [pʰ] 双唇、送气、清、塞音

发音方法：发音的情况和 b 相比，只是气流较强，其余都相同。

发音例词：pīnpán piáopō pīngpāng pínpǔ pīpíng

拼盘 瓢泼 乒乓 频谱 批评

3. m [m] 双唇、浊、鼻音

发音方法：双唇闭合，软腭下垂，打开鼻腔通路；声带振动，气流同时到达口腔和鼻腔，在口腔的双唇后受到阻碍，气流从鼻腔透出成声。

发音例词：mìngmíng méngmèi mímàn mǐnmiè méimù

命名 蒙昧 弥漫 泯灭 眉目

4. f [f] 唇齿、清、擦音

发音方法：下唇向上靠拢，形成间隙；软腭上升，关闭鼻腔通路；使气流从齿唇形成的间隙摩擦通过而成声。

发音例词：fǎnfù fēngfān fāngfǎ fèifǔ fēngfù

反复 风帆 方法 肺腑 丰富

5. d [t] 舌尖中、不送气、清、塞音

发音方法：舌尖抵住上齿龈，形成阻塞；软腭上升，关闭鼻腔通路；气流到达口腔后蓄气，突然解除阻塞成声。

发音例词：diàndìng dìdiǎn dāngchū dǎodàn dāndiào

奠定 地点 当初 导弹 单调

6. t [tʰ] 舌尖中、送气、清、塞音

发音方法：发音的情况和 d 相比，只是气流较强，其余都相同。

发音例词：tiāotī tuōtà tántǔ tuántǐ tǐtiē

挑剔 拖沓 谈吐 团体 体贴

7. n [n] 舌尖中、浊、鼻音

发音方法：舌尖抵住上齿龈，形成阻塞；软腭下垂，打开鼻腔通路；声带振动，气流同时到达口腔和鼻腔，在口腔受到阻碍，气流从鼻腔透出成声。

发音例词：niúnǎi nánnǚ néngnai nínìng nóngnú

牛奶 男女 能耐 泥泞 农奴

8. l [l] 舌尖中、浊、边音

发音方法：舌尖抵住上齿龈的后部，阻塞气流从口腔中路通过的通道；软腭上升，关闭鼻腔通路，声带振动；气流到达口腔后从舌头跟两颊内侧形成的空隙通过而成声。

发音例词：lālǒng　liàolǐ　lúnliú　lìluo　luólìè
拉拢　料理　轮流　利落　罗列

9. g [k] 舌面后、不送气、清、塞音

发音方法：舌面后部隆起，抵住硬腭和软腭交界处，形成阻塞；软腭上升，关闭鼻腔通路；气流在形成阻塞的部位后积蓄；突然解除阻塞而成声。

发音例词：guìguān　gāngà　gànggǎn　guānguāng　gēnggǎi
桂冠　尴尬　杠杆　观光　更改

10. k [k^h] 舌面后、送气、清、塞音

发音方法：发音的情况和 g 相比，只是气流较强，其余都相同。

发音例词：kāngkǎi　kǎnkě　kāikěn　kōngkuàng　kēkè
慷慨　坎坷　开垦　空旷　苛刻

11. h [x] 舌面后、清、擦音

发音方法：舌面后部隆起，接近硬腭和软腭的交界处，形成间隙；软腭上升，关闭鼻腔通路；使气流从形成的间隙摩擦通过而成声。

发音例词：huìhuà　huǒhòu　huǐhèn　huāhuì　hánghǎi
绘画　火候　悔恨　花卉　航海

12. j [tɕ] 舌面前、不送气、清、塞擦音

发音方法：舌尖抵住上门齿背，使前舌面贴紧前硬腭；软腭上升，关闭鼻腔通路；在阻塞的部位后面积蓄气流，突然解除阻塞时，在原形成闭塞的部位之间保持适度的间隙，使气流从间隙透出而成声。

发音例词：jiājù　jījí　jiānjué　jiǎngjiě　jūnjiàn
家具　积极　坚决　讲解　军舰

13. q [$tɕ^h$] 舌面前、送气、清、塞擦音

发音方法：发音的情况和 j 相比，只是气流较强，其余都相同。

发音例词：qíqiú　qíquán　qiǎngqiú　qíngqù　qiàqiǎo
祈求　齐全　强求　情趣　恰巧

14. x [ɕ] 舌面前、清、擦音

发音方法：舌尖抵住下齿背，使前舌面接近硬腭前部，形成适度的间隙；软腭上升，关闭鼻腔通路；气流从空隙摩擦通过而成声。

发音例词：xǐxùn　xuéxí　xīnxiōng　xíngxīng　xiànxiàng
喜讯　学习　心胸　行星　现象

15. zh [tʂ] 舌尖后、不送气、清、塞擦音

发音方法：舌头前部上举，舌尖抵住硬腭前端；同时软腭上升，关闭鼻腔通路；在形成阻塞的部位后积蓄气流，突然解除阻塞时，在原形成闭塞的部位之间保持适度的间隙，使气流从间隙透出而成声。

发音例词：Zhèngzhōu 郑州　zhìzhǐ 制止　zhēnzhèng 真正　zhèngzhì 政治　zhōuzhuǎn 周转

16. ch [tʂʰ] 舌尖后、送气、清、塞擦音

发音方法：发音的情况和 zh 相比，只是气流较强，其余都相同。

发音例词：chúnchǐ 唇齿　chuánchàng 传唱　chuōchuān 戳穿　chíchěng 驰骋　chōuchá 抽查

17. sh[ʂ] 舌尖后、清、擦音

发音方法：舌头前部上举，接近硬腭前端，形成适度的间隙；同时软腭上升，关闭鼻腔通路；使气流从间隙摩擦通过而成声。

发音例词：shēnshǒu 身手　shúshuì 熟睡　shǎngshí 赏识　shìshí 事实　shénshèng 神圣

18. r [ʐ] 舌尖后、浊、擦音

发音方法：发音的情况和 sh 相近，只是摩擦比 sh 弱。同时声带振动、气流带音。

发音例词：rěnràng 忍让　róuruǎn 柔软　réngrán 仍然　rùnrì 闰日　róngrǔ 荣辱

19. z [ts] 舌尖前、不送气、清、塞擦音

发音方法：舌尖抵住上门齿背形成阻塞，在阻塞的部位后积蓄气流；同时软腭上升，关闭鼻腔通路；突然解除阻塞时，在原形成阻塞的部位之间保持适度的间隙，使气流从间隙透出而成声。

发音例词：zāzuǐ 咂嘴　zāizāng 栽赃　zìzūn 自尊　zǔzong 祖宗　zàozuò 造作

20. c [tsʰ] 舌尖前、送气、清、塞擦音

发音方法：发音的情况和 z 相比，只是气流较强，其余都相同。

发音例词：cāngcù 仓促　cēncī 参差　cóngcǐ 从此　cuǐcàn 璀璨　cáncún 残存

21. s [s] 舌尖前、清、擦音

发音方法：舌尖接近上门齿背，形成间隙；同时软腭上升，关闭鼻腔通路；使气流从间隙摩擦通过而成声。

发音例词：sāosī 缫丝　sēngsú 僧俗　sùsòng 诉讼　sīsuǒ 思索　sǎsǎo 洒扫

四、声母辨正

（一）分清 z、c、s 和 zh、ch、sh

1. 发音辨正

有些方言（如粤方言和吴方言）中没有翘舌音 zh、ch、sh、r，所以很容易把“中”读成“宗”，把“说”读成“缩”。发平舌音 z、c、s 时，舌尖应平伸，抵住或接近上齿背。发翘舌音 zh、ch、sh 时，舌头放松，舌尖轻巧地翘起来接触或靠近硬腭前部，如果舌尖太靠前，翘舌音发得就不明显，而舌尖太靠后的话，又影响发音的清晰度，都算是发音缺陷。见表3。

2. 辨音对比练习

（1）字对比练习。

z—zh	zā—zhā	zēng—zhēng	zǐ—zhǐ	zūn—zhūn
	扎　渣	增　蒸	仔　纸	尊　谆
c—ch	cí—chí	cūn—chūn	cái—chái	cuàn—chuàn
	词　驰	村　春	才　柴	窜　串
s—sh	sǎ—shǎ	sù—shù	sōu—shōu	sǎng—shǎng
	洒　傻	素　树	搜　收	嗓　晌

（2）词对比练习。

z—zh	zāihuā—zhāihuā	zànzhù—zhànzhù	zīzhù—zhīzhù
	栽花　摘花	赞助　站住	资助　支柱
c—ch	cāzuǐ—chāzuǐ	luàncǎo—luànchǎo	mùcái—mùchái
	擦嘴　插嘴	乱草　乱吵	木材　木柴
s—sh	sāizi—shāizi	sāngē—shāngē	sǎnguāng—shǎnguāng
	塞子　筛子	三哥　山歌	散光　闪光

（3）组词对比练习。

z—zh	zàizhòng	zēngzhǎng	zǔzhǐ	zǒngzhī
	载重	增长	阻止	总之
zh—z	zhǐzé	zhǎozé	zhuāngzài	zhùzào
	指责	沼泽	装载	铸造
c—ch	càichǎng	cāochí	cáichǎn	cáichǔ
	菜场	操持	财产	裁处
ch—c	chācuò	chóucuò	chǔcáng	chuǎicè
	差错	筹措	储藏	揣测
s—sh	sùshè	suíshí	suīshuō	suǒshǔ
	宿舍	随时	虽说	所属

sh—s	shàngsù	shēnsī	shēngsǐ	shēnsuō
	上诉	深思	生死	伸缩

（4）绕口令练习。

树上有四十四个涩柿子，树下有四十四个石狮子。四十四个十四岁的孩子骑着狮子数柿子：四是四，十是十，十四是十四，四十是四十。谁能数准四十四，就请过来试一试。

表3 普通话平翘舌辨音字表

	zh	z
ɑ	①扎（驻～）渣②闸铡扎（挣～）札（信～）③眨④乍炸榨蚱栅	①扎（包～）匝②杂砸
e	①遮②折哲辙③者④蔗浙这	②泽择责则
u	①朱珠蛛株诸猪②竹烛逐③主煮嘱④注蛀住柱驻贮祝铸筑箸	①租②族足卒③组阻祖
-i	①之芝支枝肢知蜘汁只织脂②直植殖值执职③止址趾旨指纸只④至窒致志治质帜挚掷秩置滞制智稚痔	①兹滋孳姿咨资孜龇甾辎③子仔籽梓滓紫④字自恣渍
ɑi	①摘斋②宅③窄④寨债	①灾哉栽③宰载④再在载（～重）
ei		②贼
ɑo	①昭招朝②着③找爪沼④照召赵兆罩	①遭糟②凿③早枣澡④造皂灶躁燥
ou	①州洲舟周粥②轴③帚肘④宙昼咒骤皱	①邹③走④奏揍
uɑ	①抓	
uo	①桌捉拙②着酌灼浊镯啄琢卓	①作（～坊）②昨凿（确～）③左④坐座作祚做
ui	①追锥④缀赘坠	③嘴④最罪醉
ɑn	①沾毡粘③盏展斩④占战站栈绽蘸	①簪②咱③攒④赞暂
en	①贞侦祯桢真③疹诊枕缜④振震阵镇	③怎
ɑng	①张章樟彰③长掌涨④丈仗杖帐涨瘴障	①赃脏（肮～）④葬藏脏
eng	①正（～月）征争睁挣③整拯④正政症证郑	①曾僧增缯④赠
ong	①中盅忠钟衷终③肿种（～子）④中（打～）种（～植）仲重众	①宗踪棕综鬃③总④纵粽

续上表

	zh	z
uan	①专砖③转④传转（～动）撰篆赚	①钻③纂④钻（～石）
un	③准	①尊遵
uang	①庄桩装妆④壮状撞	

	ch	c
a	①叉杈插差（～别）②茶搽查察③衩④岔诧差（～错）	①擦嚓
e	①车③扯④彻撤掣	④册策厕侧测恻
u	①出初②除厨橱锄躇刍雏③楚础杵储处（～分）④畜触矗处	①粗④卒（仓～）猝促醋簇
-i	①吃痴嗤②池弛迟持匙③尺齿耻侈豉④斥炽翅赤叱	①疵差（参～）②雌辞词祠瓷慈磁③此④次伺刺赐
ai	①差拆钗②柴豺	①猜②才财材裁③采彩踩④菜蔡
ao	①抄钞超②朝潮嘲巢③吵炒	①操糙②曹漕嘈槽③草
ou	①抽②仇筹畴踌绸稠酬愁③瞅丑④臭	④凑
uo	①踔戳④绰（～号）辍啜	①搓蹉撮 ④措错挫锉
uai	③揣④踹	
ui	①吹炊②垂锤捶槌	①崔催摧④萃悴淬翠粹瘁脆
an	①搀掺②蝉禅谗潺缠蟾③铲产阐④忏颤	①餐参②蚕残惭③惨④灿
en	①琛嗔②辰晨宸沉忱陈橙臣④趁衬称（相～）	①参（～差）②岑
ang	①昌猖娼伥②常嫦尝偿场肠长③厂场敞氅④倡唱畅怅	①仓苍舱沧②藏
eng	①称撑②成诚城盛（～水）呈程承乘澄惩③逞骋④秤	②曾层④蹭
ong	①充冲舂②重虫崇③宠④冲（～压）	①匆葱囱聪②从丛淙
uan	①川穿②船传椽③喘④串钏	①蹿④窜篡
un	①春椿②唇纯淳醇③蠢	①村②存③忖④寸
uang	①窗疮创（～伤）②床③闯④创（～造）	

	sh	s
a	①沙纱砂痧杀杉③傻④煞厦（大～）	①撒③洒撒（～种）④卅萨飒
e	①奢赊②舌蛇③舍（～弃）④社舍射麝设摄涉赦	④塞（～责）瑟啬穑（稼～）色（～彩）涩
u	①书梳疏蔬舒殊叔淑输抒纾枢②孰塾赎③暑署薯曙鼠数属黍④树竖术述束漱恕数	①苏酥②俗④素塑诉肃粟宿速
-i	①尸师狮失施诗湿虱②十什拾石时识实食蚀③史使驶始屎矢④世势誓逝市示事是视室适饰士氏恃式试拭轼弑	①司私思斯丝鸶③死④四肆似寺
ai	①筛④晒	①腮鳃塞④塞（要～）赛
ao	①捎稍艄烧②勺芍杓韶③少（多～）④少（～年）哨绍邵	①臊骚搔③扫（～除）嫂④扫（～帚）臊（害～）
ou	①收②熟③手首守④受授寿售兽瘦	①溲嗖飕搜艘馊③叟擞④嗽
ua	①刷③耍	
uo	①说④硕烁朔	①缩娑蓑梭唆③所锁琐索
uai	①衰③甩④帅率蟀	
ui	②谁③水④税睡	①虽尿②绥隋随③髓④岁碎穗隧燧遂
an	①山舢删衫珊姗栅跚③闪陕④扇善膳缮擅赡	①三叁③伞散（～文）④散
en	①申伸呻身深参（人～）②神③沈审婶④慎肾甚渗	①森
ang	①商墒伤③晌垧赏④上尚	①桑丧（～事）③嗓④丧
eng	①生牲笙甥升声②绳③省④圣胜盛剩	①僧
ong		①松③悚④送宋颂诵
uan	①拴栓④涮	①酸④算蒜
un	④顺	①孙③笋损
uang	①双霜③爽	

（二）分清 j、q、x 和 z、c、s、zh、ch、sh

j、q、x 可以跟普通话的 i、ü 行韵母相拼，z、c、s、zh、ch、sh、r 则不能与之相拼。j、q、x 跟 i、ü 行韵母相拼叫做团音，z、c、s、zh、ch、sh、跟 i、ü 行韵母相拼叫做尖音。普通话中没有尖音，只有团音。而许多方言都有尖音，如粤方言中，i、ü 行韵母既可以跟舌面前音 j、q、x 相拼，又可以同 z、c、s、zh、ch、sh、r 相拼，如将“字”“次”“四”等发成尖音。

避免尖音需要注意发准 z、c、s 和 j、q、x 的音：z、c、s 发音时，舌尖对准上齿背后，舌头平伸；j、q、x 发音时，舌尖对准下齿背的下方，舌面前部抵住或接近硬鄂前部，舌头前高后低。

粤西的徐闻、雷州等地的黎话没有送气塞擦音声母，古清、彻、穿、初、昌等声母读擦音［s］，所以容易把“吃饭”读成“思饭”。

1. j 和 z、zh

tóujī—tóuzī　jiāodài—zhāodài　jǐnán—zhǐnán　jìhuà—zìhuà

投机　投资　交待　招待　济南　指南　计划　字画

jūnzhǎng—zūnzhǎng　juānkuǎn—zhuānkuǎn　kāijuàn—kāizuàn

军长　尊长　捐款　专款　开卷　开钻

jiàntóu—zhuàntou

箭头　赚头

2. q 和 c、ch

qìsǐ — cìsǐ　bǐqǐ — bǐcǐ　quánshēn—chuánshēn　shēnqū—shēnchū

气死　刺死　比起　彼此　全身　船身　身躯　伸出

qióngshān—chóngshān　qúnshū—cúnshū　quánqiú—chuánqiú

琼山　崇山　群书　存书　全球　传球

wúqióng—wúcóng

无穷　无从

3. x 和 s、sh

xīfàn—shīfàn　tōngxùn—tōngshùn　xiétóu—shétou　xīwàng—shīwàng

稀饭　师范　通讯　通顺　鞋头　舌头　希望　失望

xìnfú—shùnfú　xiónghuā—sōnghuā　hánxuān—hánsuān

信服　顺服　雄花　松花　寒暄　寒酸

tōngxìn—tōngshùn

通信　通顺

4. 绕口令练习

七巷一个漆匠，西巷一个锡匠，七巷漆匠偷了西巷锡匠的锡，西巷锡匠偷了七巷漆匠的漆。

司机买雌鸡，仔细看雌鸡，四只小雌鸡，叽叽好欢喜，司机笑嘻嘻。

（三）分清 r 和 y、l

粤语中没有翘舌音 r，所以很容易把“肉眼”读成“右眼”，把“温柔”读成“温油”；还有一些方言区的人容易把“肉包”读成“漏包”，把“扔掉”读成“lēng 掉”。发音时，要把舌尖翘起向硬腭前端靠近，软腭上升，堵塞气流通往鼻腔道路，使气流从舌尖和硬腭间的窄缝摩擦而出，声带颤动便发出 r。y 音与 i 音相似，舌尖不翘，舌面前高。l 音则是气流从舌头的两边流出。

1. 词语练习

ràodào—yàodào　róuruǎn—yóuyuǎn　jiàorǎng—jiàoyǎng　rǎnbìng—yǎnbìng
绕道　要道　柔软　游远　叫嚷　教养　染病　眼病
ruǎnzhǐ—yuánzhǐ　rìyǔ—yìyǔ　rújiā—yújiā　rénxìng—yínxìng
软纸　原址　日语　呓语　儒家　渔家　人性　银杏
ránfàng—lánfàng　fǔrǔ—dǎlǔ　ròubāo—lòubāo
燃放　拦放　腐乳　打卤　肉包　漏包

2. 绕口令练习

人是人，银是银，人银要分清。银不是人，人不是银，发不清人银弄不清语音。

肉眼不念右眼，仍然不念棱兰，远山不念软山，入室不念玉室，然后不念言后，日夜不念热夜。假使念错了语音就不准确。

（四）分清 n 和 l

普通话以 n 和 l 做声母的字，在有些方言区（如湖南、四川、安徽以及广东的珠三角地区）不同程度地存在着一些混淆的现象，学习这两个声母，一是要注意读准 n 和 l：n 和 l 都是舌尖抵住上齿龈发音，但 l 比 n 位置稍后，它们的不同主要在于 n 是鼻音，l 是边音。为了分辨 n 和 l，不妨用捏鼻孔的办法来练习：捏住鼻孔后发音，如果觉得发音有困难，而且耳膜有鸣声，那就是 n 音。因为发 n 时软腭下降，气流振动声带后要从鼻孔通过，捏住鼻孔是发不成鼻音的。捏鼻孔而觉得发音不困难，耳膜并无显著鸣声，那就是 l 音。因为发 l 时软腭上升，堵塞鼻腔通路，舌身收窄，气流由舌头两边流出，不带鼻音。二是要分清哪些字的声母是 n，哪些字的声母是 l，这可以根据相应的 n、l 偏旁类推字表去记代表字，然后借助汉字声旁进行类推。如声旁是“尼”的字，声母往往是 n，如“泥、妮、呢”等（见表 4）。

1. 词语练习

wúlài—wúnài　lǚkè—nǚkè　nánbù—lánbù　dàniáng—dàliáng
无赖　无奈　旅客　女客　南部　蓝布　大娘　大梁

shuǐniú—shuǐliú　　nóngzhòng—lóngzhòng　　yǔnnuò—yǔnluò

水牛　水流　　浓重　　隆重　　允诺　陨落

liánjié—niánjié

廉洁　年节

2. 绕口令练习

男旅客女旅客，男旅客穿着蓝上装，女旅客穿着呢大衣，男旅客扶着拎篮子的老大娘，女旅客搀着拿笼子的小男孩儿。

有个面铺门朝南，门上挂着蓝布棉门帘。摘下蓝布棉门帘，面铺门朝南，挂上蓝布棉门帘，面铺仍然门朝南。

表4　n、l 偏旁类推字表

偏　旁	类 推 字
那	nǎ 哪；nà 那；nuó 挪，娜。
乃	nǎi 乃，奶。
奈	nài 奈；nà 捺。
南	nán 南，喃，楠；nǎn 蝻。
脑	nǎo 恼，瑙，脑。
内	nèi 内；nè 讷；nà 呐，衲，钠。
尼	ní 尼，泥，呢。
倪	ní 倪，霓。
念	niǎn 捻；niàn 念。
捏	niē 捏；niè 涅。
聂	niè 聂，蹑。
宁	níng 宁，拧，咛，狞，柠；nìng 宁（~可），泞。
纽	niū 妞；niǔ 扭，纽，钮。
农	nóng 农，浓，脓。
奴	nú 奴，孥，驽；nǔ 努；nù 怒。
诺	nuò 诺；nì 匿。
懦	nuò 懦，糯。
虐	nüè 虐，疟。
剌	lǎ 喇；là 剌，辣，瘌。
腊	là 腊，蜡；liè 猎。

续上表

偏　旁	类　推　字
赖	lài 赖，癞，籁；lǎn 懒。
兰	lán 兰，拦，栏；làn 烂。
蓝	lán 蓝，篮；làn 滥。
览	lǎn 览，揽，缆，榄。
劳	lāo 捞；láo 劳，痨；lào 涝。
乐	lè 乐；lì 砾。
立	lì 立，粒，笠；lā 拉，垃，啦。
厉	lì 厉，励。
力	lì 力，荔；liè 劣；lèi 肋；lè 勒。
历	lì 历，沥。
连	lián 连，莲；liàn 链。
廉	lián 廉，濂，镰。
脸	liǎn 敛，脸；liàn 殓。
炼	liàn 练，炼。
恋	liàn 恋；luán 孪，鸾，滦。
良	liáng 良，粮；láng 郎，廊，狼，榔，螂；lǎng 朗；làng 浪。
梁	liáng 梁，粱。
凉	liáng 凉；liàng 谅，晾；lüè 掠。
两	liǎng 两，俩（伎俩）；liàng 辆；liǎ 俩。
列	liě 咧；liè 列，裂，烈；lì 例。
林	lín 林，淋，琳，霖；lán 婪。
鳞	lín 嶙，璘，磷，鳞，麟。
令	líng 伶，玲，铃，羚，聆，龄；lǐng 岭，领；lìng 令；lěng 冷；lín 邻；lián 怜。
菱	líng 凌，陵，菱；léng 棱。
留	liū 溜；liú 留，馏，榴，瘤。
流	liú 流，琉，硫。
柳	liǔ 柳；liáo 聊。
龙	lóng 龙，咙，聋，笼；lǒng 陇，垄，拢。
隆	lóng 隆，窿，癃。
娄	lóu 娄，喽，楼；lǒu 搂，篓；lǚ 缕，屡。
鲁	lǔ 鲁，橹。

续上表

偏 旁	类 推 字
录	lù 录，禄，碌；lǜ 绿，氯。
鹿	lù 鹿，辘。
路	lù 路，鹭，露。
戮	lù 戮；liáo 寥；liǎo 蓼；liào 廖。
仑	lūn 抡；lún 仑，伦，沦，囵，轮；lùn 论。
罗	luó 罗，逻，萝，锣，箩，啰。
洛	luò 洛，落，络，骆；lào 烙，酪；lüè 略。
吕	lǚ 吕，侣，铝。
虑	lǜ 虑，滤。

（五）分清声母 f 和 h

闽方言中没有唇齿音“f”，所以准确发出带有“f”声母的字音长期以来就是闽方言区（包括广东的潮汕、海丰陆丰地区）学普通话的一个重要难点，很多人把“f”声母发成“h”声母，如把“非常”读成“灰常”，“麻烦”读成“麻黄”，也弄不清楚普通话里哪些字的声母是“f”，哪些字是“h”，混读情况严重。区分 f 和 h，一是要注意发准二者的音：f 和 h 都是清擦音，f 是下唇和上齿形成阻碍，h 是舌面后部和软腭形成阻碍；二是可根据相应的偏旁类推字表，来熟记相应的类推字，进行相应的类推。见表 5。

1. 词语对比训练

kāifā—kāihuā　kāifāng—kāihuāng　fèiqián—huìqián　fǎngfú—huǎnghū
开发　开花　开方　开荒　费钱　汇钱　仿佛　恍惚

fùjìn—hùjìng　fèihuà—huìhuà　jiàofàn—jiàohuàn　fàngdài—huàndài
附近　互敬　废话　绘画　叫饭　叫唤　放贷　换贷

gōngfèi—gōnghuì　dàhū—dàifu　huānyuè—fānyuè　fēnluàn—hūnluàn
公费　工会　大呼　大夫　欢悦　翻阅　纷乱　昏乱

2. 词语连读训练

fāhuī　fánghù　fènghuáng　huàfēn　fāhuāng　fánghài
发挥　防护　凤凰　划分　发慌　妨害

fēihóng　fènhèn　fēnghuà
绯红　愤恨　风化

3. 绕口令练习

黄蜂黄昏飞蜂房，黄昏蜂房放花环。粉红花环泛芬芳，花环芬芳伏凤凰。

一堆肥，一堆灰，肥混灰，灰损肥，不要肥混灰，防止灰损肥。

表 5　f 和 h 对照辨音字表

f	h
fā 发 fá 伐阀乏罚 fǎ 法砝 fà 发（头发）	huā 花哗 huá 华铧滑划 huà 化画话划桦
fó 佛	huō 豁 huó 活 huǒ 火伙 huò 祸或货霍获
fū 夫 fú 福扶服俘幅芙 fǔ 府俯斧釜腐 fù 父付富妇赋腹	hū 呼忽乎惚 hú 胡湖葫瑚狐糊弧 hǔ 虎唬琥浒 hù 户沪护互
	huái 怀怀槐徊 huài 坏
fēi 飞非菲啡霏 féi 肥淝 fěi 匪匪悱斐蜚 fèi 废费沸吠	huī 灰挥晖恢辉徽 huí 回茴蛔 huǐ 悔毁 huì 会卉贿汇讳秽彗
fān 帆翻番 fán 繁凡烦蕃 fǎn 反返 fàn 饭贩犯泛范	huān 欢獾 huán 还环寰 huǎn 缓 huàn 患换焕宦幻
fēn 分吩芬纷 fén 焚坟 fěn 粉 fèn 愤份粪奋	hūn 昏婚荤 hún 混魂 hùn 混
fāng 方芳坊 fáng 防妨房肪 fǎng 访仿纺 fàng 放	huāng 慌荒 huáng 皇黄蝗惶潢簧凰 huǎng 恍晃谎 huàng 晃
fēng 封风疯丰锋蜂 féng 冯逢 fěng 讽 fèng 俸奉凤	hōng 轰哄 hóng 洪红弘虹宏 hǒng 哄 hòng 哄（起哄）

（六）分清声母 h 和 k

普通话中的 h 是舌面后擦音，广州话里的 h 是舌根音喉音。两音十分接近，所以有的学生发 h 音时往往发出普通话里的舌面后送气塞音［k^h］，把“喝水”念成“科水”。

1．词语对比练习

kǎoyā —hǎoyā　　kuānxīn —huānxīn　　dàkēng—dàhēng

烤鸭　好鸭　　宽心　欢心　　大坑　大亨

Kǒngzǐ—hóngzhǐ　　kōngdòng—hōngdòng　　nèikòng—nèihòng

孔子　红纸　　空洞　轰动　　内控　内讧

2．绕口令练习

小娥拿小盒，在小河里拾螺壳，不一会儿，就拾一盒小螺壳。这时来了一群鹅，咯咯咯跳小河，踩翻了小娥的盒踩碎了壳，气得小娥看着鹅，鹅冲小娥咯咯咯。

第三章　韵　　母

一、什么是韵母

韵母是指音节中声母后面主要由元音去充当的部分。如在“jiǎng”（讲）这个音节中，“iang”就是韵母。如果是零声母音节，它的韵母就是音节自身。如“ào（奥）”的韵母是“ao”本身，“wēi（微）”的韵母是“uei”。

普通话的韵母共有39个，《汉语拼音方案》里的韵母只有35个，ê、er、-i[ʅ][ʅ]都没列举出来。其中23个是由元音（单元音或复合元音）充当，16个是由元音附带鼻辅音韵尾构成。根据这种元音组合的情况，39个韵母分为单韵母、复韵母和鼻韵母三类（下面的韵母学习就采用目前通用的这种分类）。以前习惯把韵母按开头字母来排列，分为开口呼、齐齿呼、合口呼和撮口呼，俗称“四呼”。（见表6）

表6　普通话韵母总表

	开口呼	齐齿呼	合口呼	撮口呼
单韵母	-i[ʅ][ʅ]	i	u	ü
	a	ia	ua	
	o		uo	
	e			
	ê	ie		üe
	er			
复韵母	ai		uai	
	ei		uei	
	ao	iao		
	ou	iou		
鼻韵母	an	ian	uan	üan
	en	in	uen	ün
	ang	iang	uang	
	eng	ing	ueng	
			ong	iong

二、韵母的发音

不同类型韵母的发音要领都不一样，下面我们将详细分析它们的不同。

（一）单韵母（单元音）的发音

普通话的单韵母是由10个单元音组成的，10个单元音中有7个是舌面元音，另外3个是舌尖元音和卷舌元音。单韵母是否发音准确取决于这10个单元音的发音标准与否。单元音的发音主要靠舌位和唇形的调节变化来完成。舌头的前伸或后缩、口腔的张开或合拢以及嘴唇的展开或拢圆会影响到每个元音的发音。在舌头、口腔和唇形上控制得当了，元音发音准确，单韵母的音准就能确保。见图2、图3。

7个由舌面元音充当的单韵母，其具体发音情况如下：

ɑ［A］舌面央、低、不圆唇元音

发音方法：口大开，唇不圆呈自然状态，舌位低，舌尖处在口腔的中间位置。发音时，声带颤动，软腭提升，堵塞鼻腔通路。

发音例词：	dǎchà	fǎmǎ	hǎdá	lǎba	shāfā
	打岔	砝码	哈达	喇叭	沙发

o［o］舌面后、半高、圆唇元音

发音方法：上下唇自然拢圆，舌尖后缩，舌位半高。发音时，声带颤动，软腭提升，堵塞鼻腔通路。

发音例词：	bómó	mópò	Fójiào	yuānbó	bóbo
	薄膜	磨破	佛教	渊博	伯伯

e［ɤ］舌面后、半高、不圆唇元音

发音方法：发音时的方法与o基本相同，不过，发e时唇形不圆，自然展开。

发音例词：	géhé	kèchē	shěde	tèsè	zhème
	隔阂	客车	舍得	特色	这么

ê［ɛ］舌面前、半低、不圆唇元音

发音方法：口半开，展唇，舌尖前伸，舌尖抵住下齿背。发音时，声带颤动，软腭提升，堵塞鼻腔通路。

发音例词：欸

除语气词“欸”外，**ê一般不单独使用**，注音时必须跟韵头i、ü结合。韵母ie和üe，实际音值是ê而不是e。

i［i］舌面前、高、不圆唇元音

发音方法：口微开，唇形呈扁平形，舌位最高，舌尖接触下齿背。发音时，声带颤动，软腭提升，堵塞鼻腔通路。

发音例词：	bǐjì	dìlǐ	jīqì	qìtǐ	yìlì
	笔记	地理	机器	气体	毅力

u [u] 舌面后、高、圆唇元音

发音方法：双唇拢圆，开口度小，略向前突出，舌后缩。发音时，声带颤动，软腭提升，堵塞鼻腔通路。

发音例词：chūbù　　chūzū　　shūfu　　túshū　　wúgū

初步　　出租　　舒服　　图书　　无辜

ü [y] 舌面前、高、圆唇元音

发音方法：发音时方法与 i 基本相同，不同的是 ü 的唇形是圆的。

发音例词：lǚjū　　nǚxu　　qūyù　　qǔjù　　yǔxù

旅居　　女婿　　区域　　曲剧　　语序

普通话的单韵母中，还有三个由非舌面元音充当的韵母，其中两个由舌尖元音 -i [ɿ] 和 -i [ʅ] 充当，一个由卷舌元音 er [ɚ] 充当，这三个韵母统称“特殊元音韵母”。它们的发音情况是：

-i [ɿ] 舌尖前、高、不圆唇元音

发音方法：舌尖前伸，靠近上齿，气流通过时不发生摩擦，声带颤动。

发音例词：cǐcì　　zìcí　　sìjì　　xiāngsì　　sīzì

此次　　字词　　四季　　相似　　私自

-i [ɿ] 这个韵母只在声母 z、c、s 后面出现。其发音就是拉长“兹”音，字音后面的部分。

-i [ʅ] 舌尖后、高、不圆唇元音

发音方法：舌尖靠近硬腭前端，软腭提升，堵塞鼻腔通路，声带颤动。

发音例词：shízhì　　zhīchí　　zhīshi　　zhírì　　zhǐshǐ

实质　　支持　　知识　　值日　　指使

-i [ʅ] 这个韵母只在声母 zh、ch、sh、r 后面出现。其发音就是“知”音拉长后，字音后面的部分。

er [ɚ] 卷舌央、中、不圆唇元音

发音方法：口自然张开，舌位居中，在发 e [ə] 的同时，舌尖向硬腭卷起，声带颤动。

发音例词：érgē　　érqiě　　ěrduo　　èrshí　　ǒu'ěr

儿歌　　而且　　耳朵　　二十　　偶尔

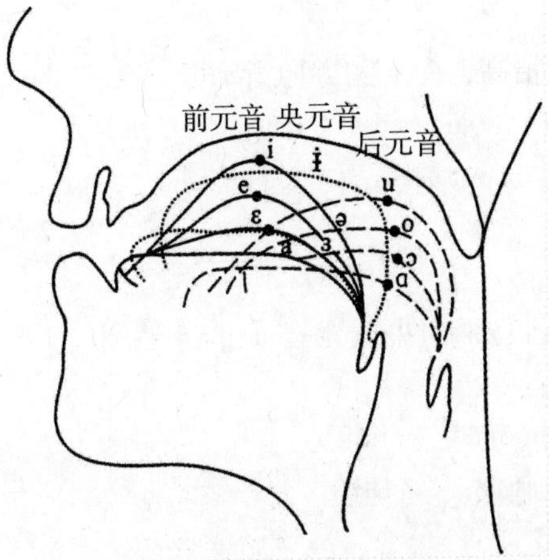

图2　舌面元音舌位示意图

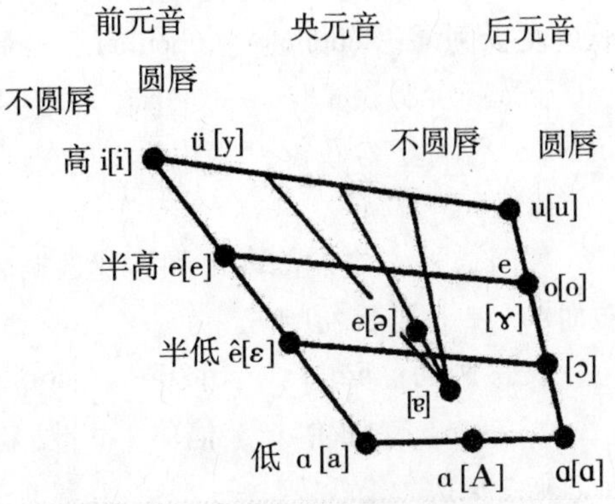

图3　舌面元音舌位唇形图

（二）复韵母（复合元音）的发音

复韵母是由几个元音复合而成，发音时，口腔、舌位和唇形由一个音向另一个音滑动，完成一个逐渐变化的过程。在复韵母的几个元音中，有一个元音发音时开口度最大，响亮度最强，这样的元音叫主要元音（也叫韵腹）。根据主要元音在韵母中所处的位置，复韵母分为前响、中响和后响三种。尽管几个元音的开口度、响亮度各有不同，发音时也要把元音间的过渡变化动程展示出来，否则就很容易变成单元音的发音了。

1. 前响复韵母

ɑi［ai］

发音方法：先发舌位较前的ɑ［a］，接着舌位抬高，口腔缩小，唇形逐渐展开，继续发音到i为止。

发音例词：	báicài	cǎizhāi	kāicǎi	mǎimɑi	zhàitái
	白菜	采摘	开采	买卖	债台

ei［ei］

发音方法：先发舌位较前的e（即很像e但舌位较高的音），然后舌位逐渐抬高，口腔开口度逐渐闭小，唇形逐渐展开，继续发音至i。

发音例词：	Běiměi	bèilěi	pèibèi	mèimei	fěicè
	北美	蓓蕾	配备	妹妹	悱恻

ɑo［ɑu］

发音方法：先发舌位较后的ɑ［ɑ］，然后舌位向u的方向滑动升高，口腔逐渐变小，唇形逐渐变成圆形。

发音例词：	àonǎo	chǎonào	láokào	táopǎo	zǎocāo
	懊恼	吵闹	牢靠	逃跑	早操

ou［ou］

发音方法：先发唇形略圆的 o，然后舌位抬高，向 u 的方向滑动。

发音例词：lòudǒu　chǒulòu　shǒutóu　shòuròu　dǒusǒu

漏斗　丑陋　手头　瘦肉　抖擞

2. 后响复韵母

ia［iA］

发音方法：先发前高不圆唇元音 i，然后舌位滑向央低元音 a［A］为止。i 音短而弱，a 音则长而响。

发音例词：jiājià　qiāxià　fàqiǎ　huàjiā　jiājì

加价　掐下　发卡　画家　佳绩

ie［iɛ］

发音方法：先发前高不圆唇元音 i，然后舌位滑向前半低元音 e［ɛ］为止。i 音短而弱，e 音则长而响。

发音例词：jiēyè　tiěxiè　xièxie　jiēshi　chóngdié

结业　铁屑　谢谢　结实　重叠

ua［uA］

发音方法：先发后高圆唇元音 u，然后舌位滑向央低元音 a［A］为止。唇形由最圆逐步展开到不圆。u 音较短，a 音响而长。

发音例词：huāwà　shuǎhuá　xīguā　zhuājǐn　kuǎdiào

花袜　耍滑　西瓜　抓紧　垮掉

uo［uo］

发音方法：先发后高圆唇元音 u，然后舌位降低，滑向半高元音 o［o］为止。唇形的圆唇度略减。u 音较短，o 音长而响。

发音例词：guòcuò　duōsuo　luòtuo　nuòruò　shuòguǒ

过错　哆嗦　骆驼　懦弱　硕果

üe［yɛ］

发音方法：先发后高圆唇元音 ü，然后舌位下降，滑到前半低元音 e［ɛ］为止。唇形由圆到不圆。ü 音较短而弱，e 音响而长。

发音例词：juéxué　xuěyè　yuēlüè　nüèji　xuèshuān

绝学　雪夜　约略　疟疾　血栓

3. 后响复韵母

iao［iau］

发音方法：先发前高不圆唇元音 i，接着舌位降至后低元音 a［ɑ］，然后滑升到后高元音 u。

发音例词：diàoqiáo　jiàoxiāo　miáotiao　piāomiǎo　xiāoyáo

吊桥　叫嚣　苗条　缥缈　逍遥

iou [**iou**]

发音方法：先发前高不圆唇元音 i，接着舌位降至后半高元音 o [o]，然后滑升到后高圆唇元音 u。

发音例词：Liúqiú　niúyóu　yōujiǔ　yōuxiù　jiùjiu

琉球　牛油　悠久　优秀　舅舅

uɑi [**uai**]

发音方法：先发后高元音 u，接着舌位向下滑到前低元音 ɑ [a]，然后滑升到前高不圆唇元音 i。

发音例词：huáichuāi　shuāihuài　páihuái　wàikuài　zhuàizhù

怀揣　摔坏　徘徊　外快　拽住

uei [**uei**]

发音方法：先发后高元音 u，接着舌位向下滑到前半高元音 e [e]，然后滑升到前高不圆唇元音 i。

发音例词：cuīhuǐ　huíguī　shuǐwèi　chuíwēi　huǐzuì

摧毁　回归　水位　垂危　悔罪

（三）鼻韵母（元音加鼻辅音）的发音

鼻韵母是元音加上鼻辅音韵尾 -n 或 -ng 构成的韵母。有的鼻韵母是以 -n 结尾，有的是以 -ng 结尾，前者称为前鼻韵母，后者称为后鼻韵母。两者发音最大的区别在于尾音，前鼻韵母的 -n 舌位靠前，舌面前部接近硬腭，后鼻韵母的 -ng 舌位后缩，提升到接近软腭。

1. 前鼻韵母

ɑn [**an**]

发音方法：先发前低不圆唇元音 ɑ [a]，然后舌面升高，前部抵住硬腭前端作发 n 状态收音。

发音例词：fánnán　hànshān　kāntàn　tǎnrán　zhǎnlǎn

繁难　汗衫　勘探　坦然　展览

en [**ən**]

发音方法：先发央元音 e [ə]，然后舌面升高，前部抵住硬腭前端，以作发 n 状态收音。

发音例词：běnrén　chénmèn　rénshēn　shēnchén　zhènfèn

本人　沉闷　人参　深沉　振奋

in [**in**]

发音方法：先发前高不圆唇元音 i，然后舌面升高，前部抵住硬腭前端，以作发 n 状态收音。

发音例词：bīnlín　　jìnlín　　mínxīn　　pīnyīn　　yīnqín
濒临　　近邻　　民心　　拼音　　殷勤

ün [yn]

发音方法：先发前高圆唇元音 ü [y]，然后舌面升高，前部抵住硬腭前端，以作发 n 状态收音。

发音例词：jūnxùn　　gōngxūn　　qúnzhòng　　yīngjùn　　yǔnxǔ
军训　　功勋　　群众　　英俊　　允许

ian [iɛn]

发音方法：先发前高不圆唇元音 i [i]，接着舌位向前滑降到半低元音 ê [ɛ]，然后再升高，直到舌面前部抵住硬腭前端，以作发 n 状态收音。

发音例词：biànqiān　　jiǎnbiàn　　jiǎnmiǎn　　piānjiàn　　xiǎnyǎn
变迁　　简便　　减免　　偏见　　显眼

uan [uan]

发音方法：先发后高元音 u，接着舌位向前滑降到前低不圆唇元音 ɑ [a]，然后舌位升高，接续鼻音 -n。

发音例词：chuánhuàn　　kuānhuǎn　　suānruǎn　　wǎnzhuǎn　　zhuānduàn
传唤　　宽缓　　酸软　　婉转　　专断

uen [uən]

发音方法：先发后高元音 u，接着舌位向央元音 e [ə] 滑降，然后升高，接续鼻音 -n。

发音例词：húntun　　Kūnlún　　lùnwén　　wēncún　　hūncài
馄饨　　昆仑　　论文　　温存　　荤菜

üan [yan]

发音方法：先发前高圆唇元音 ü，接着向前低元音 ɑ [a] 滑降，然后升高，接续鼻音 -n。

发音例词：xuānyuán　　yuánquán　　yùyuàn　　shǒujuàn　　quánsuō
轩辕　　源泉　　御苑　　手绢　　蜷缩

2. 后鼻韵母

ang [ɑŋ]

发音方法：先发后低圆唇元音 ɑ，然后舌面后部抬起，贴近软腭，以作发鼻音 -ng状态收音。

发音例词：bāngmáng　　dāngchǎng　　gāngchǎng　　shàngdàng　　cāngmáng
帮忙　　当场　　钢厂　　上当　　苍茫

eng [əŋ]

发音方法：先发央元音 e，然后舌面后部抬起，贴近软腭，以作发鼻音 -ng 状态收音。

发音例词：fēngshèng fēngzheng gēngzhèng shēngchéng chéngméng

丰盛 风筝 更正 生成 承蒙

ing [iŋ]

发音方法：先发前高不圆唇元音 i，然后舌面后部抬起，贴近软腭，以作发鼻音 -ng 状态收音。

发音例词：jīngbīng jīngyíng mìnglìng píngdìng qīngtīng

精兵 经营 命令 平定 倾听

ong [uŋ]

发音方法：先发后高圆唇元音 u，然后舌面后部提升，贴近软腭，以作发鼻音 -ng 状态收音。

发音例词：cóngróng gòngtóng hóngsōng kōngdòng lóngzhòng

从容 共同 红松 空洞 隆重

iang [iaŋ]

发音方法：先发前高不圆唇元音 i，接着舌位向后滑降到后低元音 ɑ [ɑ]，然后舌位升高，接续鼻音 -ng。

发音例词：jiàngxiàng liàngqiàng Xiāng Jiāng niàngjiǔ yángxiàng

将相 踉跄 湘江 酿酒 洋相

uang [uaŋ]

发音方法：先发后高圆唇元音 u，接着舌位滑降到后低元音 ɑ [ɑ]，然后舌位升高，接续鼻音 -ng。

发音例词：kuángwàng shuānghuáng guàngjiē guānguāng kuàngjià

狂妄 双簧 逛街 观光 框架

ueng [uəŋ]

发音方法：先发后高圆唇元音 u，接着舌位滑降到央元音 e [ə]，然后舌位升高，接续鼻音 -ng。

发音例词：shuǐwèng wěngyù yúwēng wèngcài wēngxù

水瓮 蓊郁 渔翁 蕹菜 翁婿

iong [yŋ]

发音方法：先发前高圆唇元音 ü，然后舌位升高，接续鼻音 -ng。

发音例词：jiǒngjiǒng xiōngyǒng dìxiong gēyǒng pínqióng

炯炯 汹涌 弟兄 歌咏 贫穷

三、韵母辨正

方言与普通话在语音系统上的差异，不仅体现在声母方面，也体现在韵母方面。比如，有的韵母普通话有而一些方言没有（er、e 等）；有的韵母却是方言有而普通话没有（-m、-t、-p 等）；有的韵母虽然方言和普通话都有，但是彼此对应的字又不相同。这些差异，令北京语音地区以外的人在学普通话韵母时，存有不少难点。下面我们就以比较普遍出现的难点问题作重点加以分析辨正。

（一）分清 n 与 ng

不管是广东人，还是北方人，在学习前后鼻韵母时，都有分不清或念不准的情况。前后鼻韵母是整个韵母中最难发好的，测试时第一、二题最容易错的语音之一。出现前后鼻韵母念错或不到位，一般有这样两种情况：一是有些地方方言没有前鼻韵母，往往把普通话中的前鼻韵母读成后鼻韵母，如闽方言区的人容易把“谈（tán）”读成“唐（táng）”，把“钱（qián）”读成“强（qiáng）”。一是有的方言虽然有前后鼻韵母，但在具体字的读音上常常分不清前后鼻音。或者是容易将前后鼻韵母以鼻化音的形式结束，西北、西南官话就是这样。要纠正上面所说的问题，办法是：

1. 先把前后鼻韵尾念好、发准

两者的舌位不同，发前鼻韵母，发完前面的元音后，舌尖要迅速向上抵住上牙齿龈；而发后鼻韵母，发完前面的元音后，舌根立即隆起抵住软腭。我们记住两者的区别，再结合词语的对比练习，就能发好这两个音。避免鼻音化，就是当发完主要元音之后，要快速把软腭降下来，最后以舌尖抵住上齿龈和舌根贴近软腭才结束。

（1）字的练习。

an - ang	shān - shāng	bàn - bàng	cán - cáng	fān - fāng	zhān - zhāng
	山 商	半 磅	蚕 藏	翻 方	沾 张
en - eng	bēn - bēng	chén - chéng	fēn - fēng	sēn - sēng	pén - péng
	奔 崩	沉 成	分 风	森 僧	盆 朋
in - ing	yín - yíng	qín - qíng	pín - píng	jìn - jìng	bīn - bīng
	银 莹	琴 晴	贫 平	进 境	彬 冰
ian - iang	yān - yāng	xiàn - xiàng	liàn - liàng	jiàn - jiàng	jiān - jiāng
	烟 央	献 项	练 亮	建 将	尖 姜
uan - uang	wān - wāng	huán - huáng	wàn - wàng	shuān - shuāng	guān - guāng
	弯 汪	还 黄	万 望	栓 霜	官 光

（2）词语练习。

1）词语对比训练。

an - ang

bànwàn - bàngwàn	bānshǒu - bāngshǒu	lànmàn - làngmàn	kāifàn - kāifàng
半碗 傍晚	扳手 帮手	烂漫 浪漫	开饭 开放

sānyè – sāngyè 三夜 桑叶	dānxīn – dāngxīn 担心 当心	gānguǒ – gāngguǒ 干果 刚果	fānàn – fāngàn 翻案 方案
fǎnwèn – fǎngwèn 反问 访问	xīnfán – xīnfáng 心烦 心房	kànbào – kàngbào 看报 抗暴	shuǐtán – shuǐtáng 水潭 水塘

en – eng

zhèndàng – zhèngdàng 震荡 正当	shēnshì – shēngshì 身世 声势	shìzhèn – shìzhèng 市镇 市政	xìngchén – xìngchéng 姓陈 姓成
mùpén – mùpéng 木盆 木棚	zhěnzhì – zhěngzhì 诊治 整治	fāmèn – fāmèng 发闷 发梦	guāfēn – guāfēng 瓜分 刮风
shēnmíng – shēngmíng 申明 声明	qīngzhēn – qīngzhēng 清真 清蒸	tóngmén – tóngméng 同门 同盟	shěnshì – shěngshì 审视 省事

in – ing

qīnxìn – qīngxìn 亲信 轻信	xìnfú – xìngfú 信服 幸福	yínsòng – yíngsòng 吟诵 迎送	pínmín – píngmín 贫民 平民
jīnyú – jīngyú 金鱼 鲸鱼	qīnjìn – qīngjìng 亲近 清净	yǐnzi – yǐngzi 引子 影子	shuǐbīn – shuǐbīng 水滨 水兵
mínxīn – míngxīng 民心 明星	línshí – língshí 临时 零食	tánqín – tánqíng 弹琴 谈情	jìnzhǐ – jìngzhǐ 禁止 静止

ian – iang

xiǎnxiàng – xiǎngxiàng 险象 想象	qiánlì – qiánglì 潜力 强力	liánhǎo – liánghǎo 连好 良好	qiǎnxiǎn – qiǎngxiǎn 浅显 抢险
jiǎnlì – jiǎnglì 简历 奖励	shíyàn – shíyàng 实验 实样	píjiàn – píjiàng 皮件 皮匠	jiānchí – jiāngchí 坚持 僵持
lǎonián – lǎoniáng 老年 老娘	héxián – héxiáng 和弦 和祥		

uan – uang

guānjié – guāngjié 关节 光洁	huānyíng – huāngyín 欢迎 荒淫	shuānzhù – shuāngzhù 拴住 双柱
huánshì – huángshì 环视 皇室	wǎnshì – wǎngshì 晚市 往事	zhuānxiū – zhuāngxiū 专修 装修
guǎnfàn – guǎngfàn 管饭 广泛	chuānhuā – chuānghuā 穿花 窗花	shǒuwàn – shǒuwàng 手腕 守望
chuántóu – chuángtóu 船头 床头		

2）前后鼻韵母辨正训练。

an（ian uan üan）——ang（iang uang）韵母练习

Hándān	Ānyuán	juānxiàn	Bānchán	yǎnqián
邯郸	安源	捐献	班禅	眼前
shāngliang	tánghuáng	yángzhuāng	shàngdàng	xiāngzhǎng
商量	堂皇	洋装	上当	乡长
miǎnqiǎng	fǎnkàng	diǎndàng	hányǎng	mǎngyuán
勉强	反抗	典当	涵养	莽原

in（un）——ing

xīnjīn	bīnlín	jìnjūn	yīnyún	pīnyīn
薪金	濒临	进军	阴云	拼音
xíngxīng	qīngjìng	mìnglìng	xìngqíng	jīngyíng
行星	清净	命令	性情	晶莹
yǐnqíng	jīnxīng	xúnjǐng	yíngxīn	mìngyùn
引擎	金星	巡警	迎新	命运

en（un）——eng

fěnchén	běnrén	wēnshén	chūnfēn	shēnchén
粉尘	本人	瘟神	春分	深沉
shēngténg	chěngnéng	fēngzheng	chéngméng	shēngchéng
升腾	逞能	风筝	承蒙	生成
chūngēng	rénshēng	chéngběn	lěngmén	zhēnzhèng
春耕	人生	成本	冷门	真正

2. 可熟记一些对应规律

（1）利用声旁类推。

今（-n）：qín yín jīn jìn qīn

琴 吟 矜 妗 衾

青（-ng）：qīng qǐng qíng qíng jìng jīng

清 请 晴 情 静 精

（2）声韵相拼规律（见表7）。

表7 声韵相拼规律表

	an	ang
×	①安桉氨鞍庵鹌谙③俺铵④岸按案胺暗黯	①肮②昂④盎
b	①扳颁班斑般搬③阪坂板版钣舨④办半伴拌绊扮瓣	①邦帮梆浜③绑榜膀④蚌棒傍谤磅镑

续上表

	an	ang
p	①番潘攀②爿胖盘磐蟠蹒④判叛畔拚盼襻	①乓滂膀②庞旁膀磅螃③耪④胖
m	②埋蛮谩蔓馒鳗瞒③满螨④曼谩蔓幔慢漫	②邙芒忙盲氓茫硭③莽蟒
f	①帆番藩幡藩翻②凡矾钒烦蕃樊繁③反返④犯范饭贩泛梵	①方坊芳②防坊妨肪房鲂③仿访纺舫④放
d	①丹担单郸殚眈耽③胆疸掸④石旦但担诞淡惮弹蛋氮澹	①当铛裆③挡党谠④当挡档凼砀荡宕
t	①坍贪摊滩瘫②坛昙谈郯痰弹覃谭潭檀③忐坦钽袒毯④叹炭碳探	①汤铴镗②唐塘搪溏瑭糖堂樘膛螳棠③倘惝淌躺傥④烫趟
n	①囡②男南喃楠难③腩蝻④难	①囊囔②囊馕③攮
l	②兰拦栏岚婪谰阑澜斓蓝褴篮③览揽缆榄懒④烂滥	①啷②郎廊榔螂狼琅锒③朗④浪
g	①干杆肝竿甘泔柑尴③杆秆赶擀敢橄感④干赣	①冈刚纲钢扛肛缸罡③岗港④杠钢戆
k	①刊看堪③坎砍侃槛④看阚瞰	①康慷糠②扛④亢伉抗炕钪
h	①鼾酣憨②邗汗邯含晗函涵韩寒③罕喊④汉汗旱捍悍焊颔翰瀚撼憾	①夯②行吭杭航④巷
zh	①占沾毡粘旃詹谵瞻③斩崭盏展搌辗④占战站栈绽湛颤蘸	①张章彰獐漳樟蟑③长涨掌④丈仗杖账帐涨障瘴
ch	①掺搀②单婵禅蝉谗馋孱潺缠廛澶蟾③产铲谄阐④忏颤	①昌菖猖娼鲳②长苌肠尝偿徜常嫦③厂场昶惝敞④怅畅倡唱
sh	①山舢芟杉钐衫删姗珊栅跚苫扇煽膻③闪陕④讪汕疝苫钐单掸禅扇骟善缮膳擅赡蟮	①伤殇商墒③上垧晌埫赏④上尚绱
r	②蚺然燃③冉苒染	①嚷②瓤③壤攘嚷④让
z	①糌簪②咱③攒④暂錾赞瓒	①赃脏臧③驵④脏奘葬藏
c	①参骖餐②残蚕惭③惨④灿孱璨	①仓苍沧舱②藏
s	①三叁③伞散馓糁④散	①丧桑③搡嗓④丧
	en	eng
×	①恩④摁	
b	①奔③本④笨	①崩②甭③绷④迸蹦泵
p	①喷②盆④喷	①烹②朋棚硼鹏彭澎膨③捧④碰
m	①闷②门们④闷	①蒙②盟萌蒙檬朦③猛蜢锰④梦孟

续上表

	en	eng
f	①分芬纷吩②坟焚汾③粉④奋份粪忿愤	①风枫疯蜂峰丰封②逢缝冯③讽④奉风缝
d		①登灯③等④邓凳瞪
t		②疼腾誊滕藤
n	④嫩	②能
l		②棱③冷④愣
g	①根跟②哏③艮	①耕庚羹更③耿梗④更
k	③肯啃垦恳④裉	①坑
h	②痕③很狠④恨	①亨哼②横衡恒④横
zh	①真贞针侦珍胗斟③诊疹枕④振震镇阵	①争筝睁征正挣蒸③整拯④正政证症郑挣
ch	①嗔抻②晨辰沉忱陈臣尘③碜④衬趁称	①称撑②成城诚承呈程惩澄乘盛③逞骋④秤
sh	①申伸呻绅身深②神③沈审婶④甚慎肾渗	①生牲笙甥升声②绳③省④圣胜盛剩
r	②人仁壬③忍④任认刃纫韧	①扔②仍
z	③怎	①曾增憎④赠锃
c	①参②岑	②曾层④蹭
s	①森	①僧
	in	ing
×	①因姻殷音阴②银龈垠吟寅淫③引蚓隐瘾饮尹④印荫	①英应鹰婴樱缨鹦②营莹萤盈迎赢③影④映硬应
b	①宾滨缤彬④殡鬓	①兵冰③丙柄秉饼禀④病并
p	①拼②贫频③品④聘	①乒②平苹萍屏瓶凭
m	②民③敏皿闽悯泯	②名茗铭明鸣冥④命
d		①丁叮钉仃叮③顶鼎④定锭订
t		①听厅汀②亭停廷庭蜓③挺艇
n	②您	②宁狞拧凝③拧④宁佞
l	②林琳淋磷邻鳞麟③凛禀檩④吝赁蔺	②灵伶蛉玲零铃龄菱陵凌绫③岭领④另令

续上表

	in	ing
j	①今斤巾金津襟筋③紧锦仅谨馑④尽劲缙觐烬近晋禁浸	①京惊鲸茎经菁精睛晶荆兢粳③景颈井警④敬镜竞净静境竞径劲
q	①亲侵钦②勤琴芹秦禽擒③寝④沁	①氢轻倾青清蜻卿②情晴擎③顷请④庆亲
x	①新薪辛锌欣心馨④信衅	①星腥猩兴②形刑型邢行③省醒④幸姓性杏兴

(3) 粤方言中是闭口韵尾 m 的字，普通话韵尾一般念 -n。

an：ān　dān　hán　lán　tān　zhǎn　àn　dàn
　庵　担　含　蓝　贪　斩　暗　淡

ian：diǎn　diàn　jiàn　tiān　qiān　yàn　tián　jiǎn
　点　店　剑　添　签　厌　甜　减

en：chén　zhēn　zhěn　shēn　shèn　rèn　zhèn
　沉　针　枕　深　甚　任　朕

in：jīn　jǐn　qīn　yīn　xīn　lín　qín　jìn
　金　锦　侵　音　心　林　琴　禁

(4) 有些广州话念 ng 韵尾的字，普通话要念 n 韵尾。如：

mǐn　pīn　jìn　kěn　zhēn　rèn
皿　拼　劲　肯　贞　认

与此相反，有些广州话念 n 韵尾的，普通话念 ng 韵尾。如：

pàng　bǐng　qìng
胖　禀　亲（亲家）

3. 绕口令练习

这边一个人，挑了一担瓶；那边一个人挑了一担盆。瓶碰烂了盆，盆碰烂了瓶。卖瓶的买盆来赔盆，卖盆的买瓶来赔瓶。瓶不能赔盆，盆不能赔瓶。

装砖船，船装砖，装砖专船专装砖。

（二）不要把 e、er 念成 o、ê 或 a

不少地方的人们在念 e、er 音时也容易念错，把 e、er 念成 o、a 或 ê。如闽方言、粤方言、客家方言的就有上述语音情况。山东地区也多数将部分 e 韵读成 a。而北方方言中也有发 e 时舌头位置较靠前，口形较大，部分 e 韵的字读成 o 韵。如东北、陕西、广西等。

如何发好这两个音呢?

首先，我们要找准舌位和唇形。普通话中 e 是舌面、后、半高、不圆唇元音，er 是卷舌、央、中、不圆唇元音。而误念的 o 是舌面、后、半高、圆唇的元音，ê 是舌面、前、半低、不圆唇元音，a 是舌面、央、低、不圆唇元音。发 e 时，注意不要让唇形拢圆；发 er，就要防止舌尖翘不上去或没有“同时”翘上去。

其次，我们可通过一些字、词、句来练习。

1. 字的练习

念 o 不念 e

bō bō bō bó	pō pō pō pò	mó mó mò mò	fó
波 播 玻 薄	坡 泼 颇 破	模 魔 漠 没	佛

念 e 不念 o、a

gē gē gē gē	gé gé gé	gě gě	gè gè
哥 歌 戈 胳	革 格 阁	舸 葛	个 各
kē kē kē kē kē kē		kě kě	kè kè kè kè
科 棵 颗 柯 苛 蝌		可 渴	刻 克 课 客
hē	hé hé hé hé hé hé hé		hè hè hè
喝	河 和 何 合 核 荷 禾		鹤 贺 赫

念 e 不念 ê

zhē	zhé zhé	zhě	zhè zhè zhè
遮	折 哲	者	这 浙 蔗

念 er 不念 o、ê

	ér ér	ěr ěr ěr	èr èr
	而 儿	耳 饵 尔	二 贰

2. 绕口令练习

哥哥弟弟坡前坐，坡上卧着一只鹅，坡下流着一条河。哥哥说：“宽宽的河。”弟弟说：“肥肥的鹅。鹅要过河，河要渡鹅。不知是鹅要过河，还是河要渡鹅。”

（三）不要把 ü 念成 i、u

有不少方言是没有单韵母 ü 和以 ü 开头的韵母，像客家方言，云南贵州的大部分地区，广西、湖北的部分地区，山东的一些地区。这些地区的人一般都会把 ü 韵母的词语都念成 i 韵。粤方言虽然有 ü 韵母，却没有 üan、üe，通常是把 üan、üe 韵母读成 ian、ie，有的还受声母的影响，读成 uan。总的来讲，ü 和以 ü 开头的韵母的字，多数人容易把它们念成 i 和 i 开头的韵母或者是撮得不够圆，似圆非圆。

要念准撮口呼韵母，关键是念准 ü。可以先发 i，然后把嘴唇收拢成圆形，发出的便是 ü 了。不过，在把嘴拢圆时，须注意舌头不要往后缩，免得发成 u 音。

1. **字的练习**

此练习可利用声旁类推来记。

于（yu）：yū yú yǔ yù yù

迂 盂 宇 芋 吁

俞（yu）：yú yú yú yú yù yù

愉 渝 榆 瑜 喻 愈

宣（xuan）：xuān xuān xuān xuàn xuàn

喧 暄 揎 渲 楦

居（ju）：jù jù jù jù

据 剧 锯 踞

2. **词语练习**

（1）词语对比训练。

qìwèi – qùwèi míngyì – míngyù xìqǔ – xùqǔ fēnqī – fēnqū

气味 趣味 名义 名誉 戏曲 序曲 分期 分区

róngyù – róngyì qínglǐ – qínglǚ xiàolì – xiàolǜ qiēdiǎn – quēdiǎn

荣誉 容易 情理 情侣 效力 效率 切点 缺点

lièqǔ – lüèqǔ yèdú – yuèdú xiéhuì – xuéhuì báiyín – báiyún

猎取 掠取 夜读 阅读 协会 学会 白银 白云

tōngxìn – tōngxùn qiánlì – quánlì qiántou – quántou xiǎnchū – xuǎnchū

通信 通讯 潜力 权力 前头 拳头 显出 选出

shìjuàn – shìzuàn yánliào – yuánliào quánxī – chuánxí juānzhù – zhuānzhù

试卷 试钻 颜料 原料 全息 传习 捐助 专著

（2）词语辨正训练。

xuánlǜ yúnquè xuànyùn juéyuán yúyuè yuánjūn yǔnxǔ

旋律 云雀 眩晕 绝缘 愉悦 援军 允许

yúnǚ jūnyuè xuǎnqū yùnyù nǚjuàn yuānqū yuèjù

渔女 军乐 选区 孕育 女眷 冤屈 越剧

yùyuē xuéyuàn yǔnluò yǔjì yíngqǔ jiāngyù yǒngyuǎn

预约 学院 陨落 雨季 迎娶 疆域 永远

yùnxiāo yǐnyuē yùyán

运销 隐约 预言

3. **绕口令练习**

山前有个阎圆眼，山后有个阎眼圆，二人山前来比眼，不知是阎圆眼比阎眼圆的眼圆，还是阎眼圆比阎圆眼的眼圆。

（四）咬准韵头（介音）i 和 u

容易丢失韵头 i 和 u，这是不少人学普通话时常犯的错误。粤语区内的多数地方没有带韵头的韵母，所以在读有韵头的韵母（iu 和 ü 韵母绝大部分是带韵头的）时，常把韵头念得弱而不清或丢掉，与没有韵头的韵母（主要是开口呼韵母）混同。山东的烟台青岛等地在 uei 韵母与 d、t、z、c、s 等声母相拼时，也是常丢失韵头 u。

为了将介音清清楚楚念出来，我们可以采用声介合拼法，即声母和介音先拼读，再和后面的音相拼，如“jia——ji + a”。或者在念介音时稍停顿一下，突出它的音色。

1. 字的练习

xià – shà	xià – sà	zhuā – zhā	qiǎo – cǎo	jiǔ – zǒu	liú – lóu
吓 煞	夏 萨	抓 扎	巧 草	九 走	流 楼
jiù – zhòu	jiāng – zhāng	qiāng – chāng	chuáng – cáng	sōng – xiōng	
就 咒	江 张	枪 昌	床 藏	松 胸	

2. 词语练习

qiāzhù – chāzhù	jiǎyǎn – zháyǎn	yājià – yāzhà	xiōngshǒu – sōngshǒu
掐住 插住	假眼 眨眼	压价 压榨	凶手 松手
wúqióng – wúcóng	xióngmāo – hóngmāo	shēngjiāng – shēngzhāng	
无穷 无从	熊猫 红猫	生姜 声张	
jiājiǎng – jiāzhǎng	jiùyè – zhòuyè	liúxià – lóuxià	
嘉奖 家长	就业 昼夜	留下 楼下	

wǔjiàng—wǔzàng—wǔzhuàng　　kāiqiāng—kāicāng—kāichuāng

武将　五脏　五幢　　开枪　开仓　开窗

3. 绕口令训练

柳小六没事胡乱走，走到刘老九的大门口，门口的狗咬了柳小六的手，柳小六就喊刘老九快看狗。刘老九屋内一个人也没有，白叫刘老九的狗把柳小六的手咬了一口，柳小六发誓没事不再胡乱走。

（五）辨清 ao、ou

ao、ou 这两个韵母广东方言中都有，不存在念不准或念错的问题，但广东方言中念 ao、ou 韵母的字一部分在普通话中恰好念 ao、ou 韵母，这使得广东人会把两者关系混淆了。学习时只要用心记住容易错位的例词就能克服混读的毛病。

1. 字的练习

ou（普）——ao（方）　　　　ao（普）——ou（方）

mou——móu móu móu móu mǒu
谋 缪 牟 眸 某

dou——dōu dǒu dòu dòu dòu
兜 陡 斗 逗 窦

tou——tōu tóu tóu tòu
偷 头 投 透

lou——lóu lóu lòu lòu
楼 篓 陋 漏

mao——máo mào
毛 冒

dao——dāo dǎo dào
刀 岛 到

lao——láo lǎo lào
牢 老 涝

gao——gāo gǎo gào
高 稿 告

2. 词语练习

(1) 对比练习。

lóufáng－láofáng tōuqián－tāoqián tóubēn－táobēn shōugōng－shāogōng
楼房 牢房 偷钱 掏钱 投奔 逃奔 收工 艄公

kǒuqín－kǎoqín dòuliú－dàoliú chōuchū－chāochū tóuzi－táozi
口琴 考勤 逗留 倒流 抽出 超出 头子 桃子

táojīn－tóujīn kǎoshì－kǒushì lǎobǎn－lóubǎn dàozi－dòuzi
淘金 头巾 考试 口试 老板 楼板 稻子 豆子

(2) ao（iao）——ou（iou）韵母练习。

1）pǎodào láosāo gāocháo zhàoliào xiǎoqiǎo jiàoxiào sāorǎo
跑道 牢骚 高潮 照料 小巧 叫嚣 骚扰

2）móuqiú zǒugǒu shǒutóu lòuyóu shòuròu yōujiǔ dǒusǒu qiúyǒu
谋求 走狗 手头 漏油 瘦肉 悠久 抖擞 球友

3）gāolóu shāojiǔ yāoqiú sàozhǒu jiāoliú xiàoyǒu shǒutào yóutiáo
高楼 烧酒 要求 扫帚 交流 校友 手套 油条

3. 绕口令练习

白猫手里有一顶白帽，白兔手中有一把白毛。白猫想拿手里的白帽去换白兔手中的白毛。白兔不愿拿手中的白毛去换白猫手里的白帽。

第四章 声 调

一、声调概说

（一）什么是声调

声调是声音的高低升降实际变化形式。它决定于音高，音乐中的音阶也是由音高决定的，但声调的音高是相对的，不是绝对。声调的升降变化是连续的、滑动的，不像从一个音阶到另一个音阶那样跳跃式地移动。声调具有区别词义的作用，相同的音素，声调不一样，可以表示不同的意义。如：Yī 一 Yí 怡 Yǐ 矣 Yì 异。声调还可以增强语言的节奏感和感染力。

（二）调值和调类

1．调值

调值是声调的实际读法。调值主要由音高构成，这种音高是相对音高，不是绝对音高。因为不同人的调域是不同的。构成音值的相对音高在语音上是连续的，不能跳跃着发音。

描写声调的高低通常用五度标记法（见图 4）：立一竖的线段，平均分 5 度，依次由低到高标记为 12345。

2．调类

声调按调值进行的分类。凡是调值相同的字，归为一个调类。

普通话有四种基本调值，所以就有四个调类。传统的汉语音韵学把这四个调类称为阴平、阳平、上（shǎng）声、去声，即人们常说的第一声、第二声、第三声、第四声。

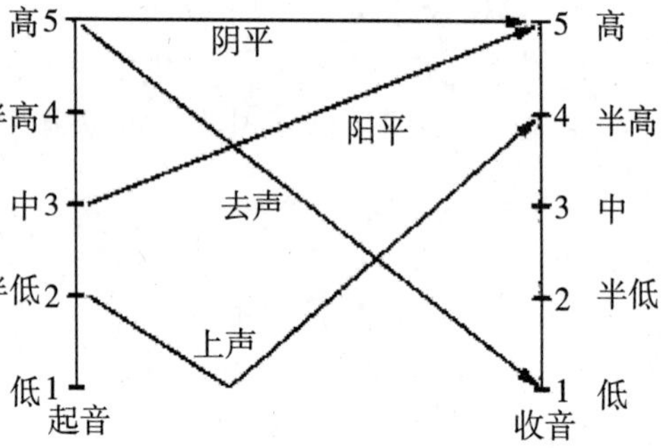

图 4 五度标记法

二、声调发音

（一）阴平（第一声）：

发音保持最高音，声带绷到最
紧，始终无明显变化，。用五度标记法来表示，就是从5到5，写作55。

如：

qīng chūn guāng huī chūn tiān huā kāi gōng sī tōng zhī
青 春 光 辉 春 天 花 开 公 司 通 知

（二）阳平（第二声）：

起音比阴平稍低，然后升高。声带从不松不紧开始，逐步绷紧，直到最紧，声音从中音到最高音。用五度标记法表示，就是从3升到5，写作35。

如：

rén mín yín háng lián nián hé píng nóng mín lí tián
人 民 银 行 连 年 和 平 农 民 犁 田

（三）上声（第三声）：

先降后升，起音半低，声带从略微有些紧张开始，再松弛下来，稍稍延长，然后迅速绷紧，但没有绷到最紧。用五度标记法表示，是从2降到1再升到4，写作214。

如：

lǐ xiǎng měi mǎn yǒng yuǎn yǒu hǎo guǎn lǐ hěn hǎo
理 想 美 满 永 远 友 好 管 理 很 好

（四）去声（第四声）：

起音在最高音，接着往下滑，声带从最紧开始，到完全松弛为止，声音从高到低，音长是最短的。用五度标记法表示，是从5降到1，写作51。

如：

xià cì zhù yì shì jiè jiào yù bào gào shèng lì
下 次 注 意 世 界 教 育 报 告 胜 利

三、声调的辨正

北方方言区里，虽说绝大多数地区的声调与普通话一样，都是四个，但相同的声调所对应的调值却不是很一致。如阴平调在沈阳的调值是44。这种不一致在其他六种方言中表现得更为明显。不但调类不同，调值也不同。这就为普通话的学习也带来了一定的困难。所以要读准声调，先将自己方言的声调与普通话的声调不同的对应情况了解清楚（见表8），然后加大训练量，使得自己的调值与普通话的一致。

表8 汉语方言声调对照表

方言区	古调类 / 例字 / 调类和调值 / 地名	平声		上声			去声		入声				声调数
		天	平	古	老	近	放	大	急	各	六	杂	
北方方言区	北京（普通话）	阴平 55	阳平 35	上声 214		去声 51			入声分别归阴阳上去				4
	沈阳	阴平 44	阳平 35	上声 213		去声 41			入声分别归阴平、阳平、去声				4
	济南	阴平 213	阳平 42	上声 55		去声 31			同上				4
	烟台	平声 31	同去声	上声 214		去声 55			入声分别归上去				3
	兰州	阴平 31	阳平 53	上声 442		去声 13			归去声			归阳平	4
	西安	阴平 31	阳平 24	上声 42		去声 55			入声分别归阴阳上去				4
	成都	阴平 44	阳平 41	上声 52		去声 13			归阳平				4
	南京	阴平 31	阳平 13	上声 22		去声 44			入声 5				5
	太原	平声 11		上声 53		去声 45			阴入 2			阳入 54	5
吴方言区	苏州	阴平 44	阳平 13	上声 52	归阳去	阴去 412		阳去 31	阴入 5		阳入 2		7
	绍兴	阴平 41	阳平 15	阴上 55	阳上 22	阴去 44		阳去 31	阴入 5		阳入 32		8
	上海	阴平 53	阳平 23	阴上 34	归阳去 23	阴去 34		阳去 23	阴入 55		阳入 12		5
湘方言区	长沙	阴平 33	阳平 13	上声 41		阴去 45		阳去 21	入声 24				6

续上表

方言区	古调类 / 调类和调值 / 例字 / 地名	平声		上声			去声		入声				声调数
		天	平	古	老	近	放	大	急	各	六	杂	
赣方言区	南昌	阴平 42	阳平 24	上声 213		阴去 55		阳去 31	入声 5				6
客家方言区	梅州	阴平 44	阳平 11	上声 31		去声 52			阴入 21		阳入 5		6
闽方言区	福州	阴平 44	阳平 52	上声 31		阳去 242	阴去 213	阳去 242	阴入 23		阳入 4		7
闽方言区	厦门	阴平 55	阳平 24	上声 51		阳去 33	阴去 11	阳去 33	阴入 32		阳入 5		7
粤方言区	广州	阴平 53	阳平 21	阴上 35	阳上 13		阴去 33	阳去 22	上阴入 55	下阴入 33	阳入 22		9
粤方言区	南宁（亭子）	阴平 41	阳平 21	阴上 33	阳上 24	阴去 55		阳去 22	上阴入 55	下阴入 33	上阳入 24	下阳入 22	10
粤方言区	玉林	阴平 54	阳平 32	阴上 33	阳上 23	阴去 52		阳去 21	上阴入 5	下阴入 3	上阳入 2	下阳入 1	10

1. 单音节四声练习

bā bá bǎ bà　pāi pái pǎi pài　mā má mǎ mà　fā fá fǎ fà　dā dá dǎ dà

八 拔 把 罢　拍 牌 迫 派　妈 麻 马 骂　发 罚 法 珐　搭 达 打 大

2. 双音节同调练习

阴平 + 阴平　yīngāo　lājī　kāifā　bānfā　dēngguāng　fēnjū　tōngzhī

音高　垃圾　开发　颁发　灯光　分居　通知

阳平 + 阳平　ángyáng　chényín　dúcái　líbié　wénxué　huídá　kuángrén

昂扬　沉吟　独裁　离别　文学　回答　狂人

上声 + 上声　guǎnlǐ　kǎochǎng　kǎnkě　xuějǐng　niǔzhuǎn　yǔsǎn　gǒngshǒu

管理　考场　坎坷　雪景　扭转　雨伞　拱手

去声 + 去声　àihù　bànzòu　shìjiè　kàngyì　yìlùn　èhào　shèhuì

爱护　伴奏　世界　抗议　议论　噩耗　社会

3. 双音节异调练习

阴平+阳平	xīnwén	qīngnián	kēxué	fēicháng	fāyán	sīchóu	shītán
	新闻	青年	科学	非常	发言	丝绸	诗坛
阴平+上声	qīngzǎo	shānshuǐ	kāishǐ	gēnběn	shēngchǎn	duōshǎo	xiāngtǔ
	清早	山水	开始	根本	生产	多少	乡土
阴平+去声	shēngmìng	xūyào	gōngjù	gōngbù	kōngqì	shāmò	chēzhàn
	生命	需要	工具	公布	空气	沙漠	车站
阳平+阴平	shíjiān	tíchū	nántīng	tóujī	yúntī	shíbēi	hóngdēng
	时间	提出	难听	投机	云梯	石碑	红灯
阳平+上声	shípǔ	miáoxiě	hélǐ	chuántǒng	érnǚ	yóuyǒng	liánghǎo
	食谱	描写	合理	传统	儿女	游泳	良好
上声+阴平	chǎnfā	chǔfāng	dǐngfēng	ěrjī	jǐnsuō	kǎishū	kǔzhōng
	阐发	处方	顶峰	耳机	紧缩	楷书	苦衷
上声+去声	bǎwò	cǎoàn	dǎnlüè	fǔshì	guǐmì	huǒsù	jiǒngpò
	把握	草案	胆略	俯视	诡秘	火速	窘迫
去声+阴平	yòngxīn	zhàokāi	diàndēng	nèikē	qiètīng	yìnshuā	xiàtiān
	用心	召开	电灯	内科	窃听	印刷	夏天
去声+阳平	sòngxíng	yuèdú	lùtú	lùnwén	nèiróng	zìyóu	zhìyí
	送行	阅读	路途	论文	内容	自由	质疑
去声+上声	wàiyǔ	sìyǎng	dàilǐ	pòchǎn	wùlǐ	kùnkǔ	ruìxuě
	外语	饲养	代理	破产	物理	困苦	瑞雪

4. 按阴阳上去的顺序念语句

zhōng huá yǒu zhì	jiān chí gǎi jìn	zhōng huá wěi dà	qiān chuí bǎi liàn
中 华 有 志	坚 持 改 进	中 华 伟 大	千 锤 百 炼

5. 按去上阳阴的顺序念语句

pò fǔ chén zhōu	diào hǔ lí shān	nòng qiǎo chéng zhuō	xìn yǐ wéi zhēn
破 釜 沉 舟	调 虎 离 山	弄 巧 成 拙	信 以 为 真

6. 绕口令训练

王家有只黄毛猫，偷吃汪家红糖包，汪家打死王家的黄毛猫，王家要汪家赔黄毛猫，汪家要王家赔红糖包。

路东住着刘小柳，路南住着牛小妞，刘小柳拿着大皮球，牛小妞抱着大石榴，刘小柳把大皮球送给牛小妞。牛小妞把大石榴送给刘小柳。

第五章　音　　变

在连续出现的语流中，某些音素、音节或声调受到前后语音的影响，有时会发生变化，统称音变。普通话中语流音变主要有：变调、轻声、儿化和“啊”的变读等。

一、变调

在语流中，有些音节的声调起了一定的变化，与单读时调值不同，这种变化叫做变调。

（一）上声的变调

上声音节的字单念或在词语的末尾的时候。调值不变。

例如：guǎn lǐ wǔ xuě shuǐguǎn gōnglǐ shàngwǔ xiàxuě
管 理 午 雪 水管 公理 上午 下雪

在下列情况下，调值发生改变：

（1）在非上声前（阴平、阳平、去声）的前面，调值由214变21。如：

hǎishī hǎitún hǎixiàng hǎilàng
海狮 海豚 海象 海浪

（2）两个上声相连，前一个上声调值变成阳平35。如：

shuǐguǒ liǎojiě lǐngdǎo yǎnjiǎng hǎilǐ hǎidǐ hǎigǎng
水果 了解 领导 演讲 海里 海底 海港

（3）三个上声相连。

1）第1音节变21，第二音节变35。

hěnyǒnggǎn xiǎolǎohǔ
很勇敢 小老虎 （21+35+214）

2）第一、第二音节都变35。

zhǎnlǎnguǎn guǎnlǐzǔ
展览馆 管理组 （35+35+214）

（4）多个上声相连，可根据词语含义分组变调。快读时，除最后一音节外，其余音节都可以变为35。

Zhǒngmǎchǎng yǎng yǒu wǔbǎi pǐ hǎo mǔmǎ
种马场 养 有 五百 匹 好 母马。

（5）在轻声前：

pěngqi děngdeng jiǎngjiang xiǎngxiang
1）变阳平：捧起 等等 讲讲 想想 （变35）。

sǎozi jiějie tǎnzi nǎinai
2）变半上：嫂子 姐姐 毯子 奶奶（变21）。

（二）去声的变调

两个去声相连，前一个如果不是重读音节则变53。例如：信念、变化、办事、大会。

（三）“一、不”的变调

（1）单念或用在词句末尾，读原调。

yī èr sān shíyī dìyī bù piānbù Nǐqùbù?
一 二 三 十一 第一 不 偏不 你去不？

（2）在去声前，一律变35。

yīyàng yīxiàng bùpài bùgòu
一样 一向 不怕 不够

（3）在非去声（阴平、阳平、上声）前，都念去声。

yībān yībiān yīnián bùchī bùkāi bùtóng
一般 一边 一年 不吃 不开 不同

（4）在相同的动词的中间，读轻声。

xiǎngyixiǎng tuōyituō guǎnyiguǎn tányitán
想一想 拖一拖 管一管 谈一谈

（5）“不”在可能补语中读轻声。

zuòbuhǎo láibuliǎo
做不好 来不了

（四）“七、八”的变调

在去声前可变为35，也可以保持55。

（五）形容词重叠的变调

（1）单音节形容词重叠后儿化时，第二音节往往读阴平55：

chángchángrde hǎohǎorde dàdàrde
长长儿的 好好儿的 大大儿的

（2）单音节形容词的叠音后缀，不管原来是什么声调的字，多半念55调值：

liàngtángtáng mínghuǎnghuǎng zhítǐngtǐng hēidòngdòng

亮堂堂 明晃晃 直挺挺 黑洞洞

也有念原调的：ruǎnmiánmián jīncàncàn

软绵绵 金灿灿

（3）双音节形容词重叠后，第二个音节变为轻声，第三、四个音节也多半读55调值：

rènrènzhēnzhēn lǎolǎoshíshí qīngqīngchǔchǔ kuàikuàilèlè

认认真真 老老实实 清清楚楚 快快乐乐

二、轻声

（一）什么是轻声

轻声是在一定条件下读得又短又轻的调子。如：人呢、坐坐、馒头、外面、西瓜、两个等。从例子中可以看出，轻声音节均处于语音片断的收煞处。轻声不是独立的声调，没有固定的调值。所有汉字单念时读原调。

（二）轻声的发音特点

音长变短，音强变弱。阴平＋轻声－2 阳平＋轻声－3 上声＋轻声－4 去声＋轻声－1。

（三）轻声的作用

区别意义或者词性。如“东西”，“西”若读轻声，则该词为名词，表“物体”之义；若不读轻声，则该词为方位名词，表“东和西的方向”之义。

附录：普通话水平测试必读的轻声词

A 爱人，案子

B 巴掌，把子，把子，爸爸，白净，班子，板子，帮手，梆子，膀子，棒槌，棒子，包袱，包涵，包子，豹子，杯子，被子，本事，本子，鼻子，比方，鞭子，扁担，别扭，饼子，拨弄，脖子，簸箕，补丁，不由得，不在乎，步子，部分

C 裁缝，财主，苍蝇，差事，柴火，肠子，厂子，场子，车子，称呼，池子，尺子，虫子，绸子，除了，锄头，畜生，窗户，窗子，锤子，刺猬，凑合，村子

D 耷拉，答应，打扮，打点，打发，打量，打算，打听，大方，大爷，大夫，带子，袋子，耽搁，耽误，单子，胆子，担子，刀子，道士，稻子，灯笼，提防，笛子，底子，地道，地方，弟弟，弟兄，点心，调子，钉子，东家，东西，动静，动弹，豆腐，豆子，嘟囔，肚子，缎子，对付，对头，队伍，多么

E 蛾子，儿子，耳朵

F 贩子，房子，份子，风筝，疯子，福气，斧子

G 盖子，甘蔗，杆子，干事，杠子，高粱，膏药，稿子，告诉，疙瘩，哥哥，胳膊，鸽子，格子，个子，根子，跟头，工夫，弓子，公公，功夫，钩子，姑姑，姑娘，谷子，骨头，故事，寡妇，褂子，怪物，关系，官司，罐头，罐子，规矩，闺女，鬼子，柜子，棍子，锅子，果子

H 蛤蟆，孩子，含糊，汉子，行当，合同，和尚，核桃，盒子，红火，猴子，后头，厚道，狐狸，胡琴，糊涂，皇上，幌子，胡萝卜，活泼，火候，伙计，护士

J 机灵，脊梁，记号，记性，夹子，家伙，架势，架子，嫁妆，尖子，茧子，剪子，见识，毽子，将就，交情，铰子，叫唤，轿子，结实，街坊，姐夫，姐姐，戒指，金子，精神，镜子，舅舅，橘子，句子，卷子

K 咳嗽，客气，空子，口袋，口子，扣子，窟窿，裤子，快活，筷子，框子，困难，阔气

L 喇叭，喇嘛，篮子，懒得，浪头，老婆，老实，老太太，老头子，老爷，老子，姥姥，累赘，篱笆，里头，力气，厉害，利落，利索，例子，栗子，痢疾，连累，帘子，凉快，粮食，两口子，料子，林子，翎子，领子，溜达，聋子，笼子，炉子，路子，轮子，萝卜，骡子，骆驼

M 妈妈，麻烦，麻利，麻子，马虎，码头，买卖，麦子，馒头，忙活，冒失，帽子，眉毛，媒人，妹妹，门道，眯缝，迷糊，面子，苗条，苗头，名堂，名字，明白，蘑菇，模糊，木匠，木头

N 那么，奶奶，难为，脑袋，脑子，能耐，你们，念叨，念头，娘家，镊子，奴才，女婿，暖和，疟疾

P 拍子，牌楼，牌子，盘算，盘子，胖子，狍子，盆子，朋友，棚子，脾气，皮子，痞子，屁股，片子，便宜，骗子，票子，漂亮，瓶子，婆家，婆婆，铺盖

Q 欺负，旗子，前头，钳子，茄子，亲戚，勤快，清楚，亲家，曲子，圈子，拳头，裙子

R 热闹，人家，人们，认识，日子，褥子

S 塞子，嗓子，嫂子，扫帚，沙子，傻子，扇子，商量，上司，上头，烧饼，勺子，少爷，哨子，舌头，身子，什么，婶子，生意，牲口，绳子，师父，师傅，虱子，狮子，石匠，石榴，石头，时候，实在，拾掇，使唤，世故，似的，事情，柿子，收成，收拾，首饰，叔叔，梳子，舒服，舒坦，疏忽，爽快，思量，算计，岁数，孙子

T 他们，它们，她们，台子，太太，摊子，坛子，毯子，桃子，特务，梯子，蹄子，挑剔，挑子，条子，跳蚤，铁匠，亭子，头发，头子，兔子，妥当，唾沫

W 挖苦，娃娃，袜子，晚上，尾巴，委屈，为了，位置，位子，蚊子，稳当，我

们，屋子

X　稀罕，席子，媳妇，喜欢，瞎子，匣子，下巴，吓唬，先生，乡下，箱子，相声，消息，小伙子，小气，小子，笑话，谢谢，心思，星星，猩猩，行李，性子，兄弟，休息，秀才，秀气，袖子，靴子，学生，学问

Y　丫头，鸭子，衙门，哑巴，胭脂，烟筒，眼睛，燕子，秧歌，养活，样子，吆喝，妖精，钥匙，椰子，爷爷，叶子，一辈子，衣服，衣裳，椅子，意思，银子，影子，应酬，柚子，冤枉，院子，月饼，月亮，云彩，运气

Z　在乎，咱们，早上，怎么，扎实，眨巴，栅栏，宅子，寨子，张罗，丈夫，帐篷，丈人，帐子，招呼，招牌，折腾，这个，这么，枕头，镇子，柱子，爪子，转悠，庄稼，庄子，壮实，状元，锥子，桌子，字号，自在，粽子，祖宗，嘴巴，作坊，琢磨，芝麻，知识，侄子，指甲，指头，种子，珠子，竹子，主意，主子

三、儿化

（一）什么是儿化

儿化是指一个音节中，韵母带上卷舌色彩的一种特殊音变现象。而这种卷舌化了的韵母就叫儿化韵。

（二）儿化韵的发音

（1）音节末尾是 a、o、e、u 的，韵母直接卷舌。如：
（瓜）→（瓜儿）
（坡）→（坡儿）
（2）韵尾是 i、n（in、un 除外），去掉韵尾后卷舌。如：
（盖）→（盖儿）
（轮）→（轮儿）
（3）韵母是 in、un 的，去掉韵尾后加［ə］。如：
（心）→（心儿）
（裙）→（裙儿）
（4）韵母是 i、u 的，直接加［ə］。
（鸡）→（鸡儿）
（鱼）→（鱼儿）
（5）韵母是 -i［ɿ］、-i［ʅ］的，韵母直接换作［ə］。如：
（丝）→（丝儿）
（事）→（事儿）
（6）韵尾是 ng 的，去掉韵尾，韵腹鼻化并卷舌。如：
（筐）→（筐儿）

（凳）→（凳儿）

（7）韵母是 ing 的，去掉韵尾后加上鼻化的［ə］。如：

（劲）→（颈儿）

（铃）→（铃儿）

（三）儿化的作用

1. 区别词义

头（脑袋）—头儿（领头的），意义由原来的脑袋变成了头领、上司。

眼（眼睛）—眼儿（小孔），由原来的眼睛之义变成了孔洞、窟窿之义。

2. 区别词性

画（名词、动词）——画儿（名词）

尖（形容词）——尖儿（名词）

3. 表示亲切、喜爱的感情色彩

试比较：

老头——老头儿　　嘴唇——嘴唇儿

小鸡——小鸡儿　　小孩——小孩儿

有些代词、副词、动词和重叠的形容词也有儿化现象。

附录：普通话水平测试必读儿化词

a→ar：刀把儿、号码儿、戏法儿 、在哪儿、找茬儿 、打杂儿、板擦儿

ai→ar：名牌儿、鞋带儿、壶盖儿、小孩儿、加塞儿

an→ar：快板儿、老伴儿、蒜瓣儿、脸盘儿、脸蛋儿、收摊儿、栅栏儿、包干儿、笔杆儿、门槛儿

ang→ãr：（鼻化）药方儿、赶趟儿、香肠儿、瓜瓤儿

ia→iar：掉价儿、一下儿、豆芽儿

ian→ier：小辫儿、照片儿、扇面儿、差点儿、一点儿、雨点儿、聊天儿、拉链儿、冒尖儿、坎肩儿、牙签儿、露馅儿、心眼儿

iang→iãr：（鼻化）鼻梁儿、透亮儿、花样儿

ua→uar：脑瓜儿、大褂儿、麻花儿、笑话儿、牙刷儿

uai→uar：一块儿

uan→uar：茶馆儿、饭馆儿、火罐儿、落款儿、打转儿、拐弯儿、好玩儿、大腕儿

uang→uãr：（鼻化）蛋黄儿、打晃儿、天窗儿

üan→üer：烟卷儿、手绢儿、出圈儿、包圆儿、人缘儿、绕远儿、杂院儿

ei→er：刀背儿、摸黑儿

en→er：老本儿、花盆儿、嗓门儿、把门儿、哥们儿、纳闷儿、后跟儿、高跟儿鞋、别针儿、一阵儿、走神儿、大婶儿、小人儿书、杏仁儿、刀刃儿

eng→êr：（鼻化）钢镚儿、夹缝儿、脖颈儿、提成儿

ie→ier：半截儿、小鞋儿

üe→üer 旦角儿、主角儿

uei→uer：跑腿儿、一会儿、耳垂儿、墨水儿、围嘴儿、走味儿

uen→uer：打盹儿、胖墩儿、砂轮儿、冰棍儿、没准儿、开春儿

ueng→uer：（鼻化）小瓮儿

-i（前）→er：瓜子儿、石子儿、没词儿、挑刺儿

-i（后）→er：墨汁儿、锯齿儿、记事儿

i→ier：针鼻儿、垫底儿、肚脐儿、玩意儿

in→ier：有劲儿、送信儿、脚印儿

ing→ier：（鼻化）花瓶儿、打鸣儿、图钉儿、门铃儿、眼镜儿、蛋清儿、火星儿、人影儿

ü→üer：毛驴儿、小曲儿、痰盂儿

ün→üer：合群儿

e→er：模特儿、逗乐儿、唱歌儿、挨个儿、打嗝儿、饭盒儿、在这儿

u→ur：碎步儿、没谱儿、儿媳妇儿、梨核儿、泪珠儿、有数儿

ong→or：（鼻化）果冻儿、门洞儿、胡同儿、抽空儿、酒盅儿、小葱儿

iong→ior：（鼻化）小熊儿

ɑo→ɑor：红包儿、灯泡儿、半道儿、手套儿、跳高儿、叫好儿、口罩儿、绝着儿、口哨儿、蜜枣儿

iɑo→iɑor：鱼漂儿、火苗儿、跑调儿、面条儿、豆角儿、开窍儿

ou→our：衣兜儿、老头儿、年头儿、小偷儿、门口儿、纽扣儿、线轴儿、小丑儿、加油儿

iou→iour：顶牛儿、抓阄儿、棉球儿

uo→ur：火锅儿、做活儿、大伙儿、邮戳儿、小说儿、被窝儿

（o）→or：耳膜儿、粉末儿

四、语气词"啊"的音变

语气词"啊"发音时往往受前字读音的影响而产生音变。主要有以下几种情况：

（1）当前一个音节的尾音是"u"时，要读写作"哇"。如：

他为什么哭哇？/你是嫌我土哇！

（2）当前一个音节的尾音是"n"时，要读写作"哪"。如：

快来看哪！/你不知她有多懒哪！

（3）当前一个音节的尾音是"ng"时，要读作 ngɑ，仍写作"啊"。如：

还炼什么钢啊！/那时候穷啊！

(4) 当前一个音节的尾音是 -i [ɿ] 时，要读作 [zA]，仍写作“啊”。如：

这才是人民的好儿子啊！/快写字啊！

(5) 当前一个音节的尾音是 -i [ʅ] 时，要读作 rɑ，仍写作“啊”。如：

他是我的老师啊！/这哪是什么诗啊！

(6) 当前一个音节的尾音是 ɑ、o、e、 [ɛ]、i、 [y] 时，要读写作“呀”。如：

快点说呀！/应当活下去呀！

需要注意的是，“ɑo”和“iɑo”的尾音不是“o”，而是“u”，所以在这两个韵母后的“啊”不能读写作“呀”，而要读写作“哇”。如：

好高哇！/快点跳哇！

第六章　朗　　读

朗读就是在理解作品的基础上，把书面的文章或文学作品用恰当的语言技巧转化为清晰响亮的有声语言，生动地再现作品思想内容和艺术形象的过程。

朗读训练是普通话语音训练的继续，是普通话水平测试的重要环节，是教师口语训练的有机组成部分。要掌握朗读技巧必须内外功兼修。既要在感受作品上下功夫，又要熟练地掌握抑扬顿挫轻重缓急这些外部表达技巧。

朗读不同于朗诵，尽管两者都是依托文本，把无声的书面语言转化为规范、清晰、响亮、富有感情的有声语言的一种语言艺术活动，有很多相同之处，但也有区别，不能混为一谈。

朗读就是朗声读书，强调的是忠实于文本，所以朗读对声音再现的要求是接近自然化和本色化；朗诵除了必须脱稿用口替作者说话以外，还须有眼神手势形体动作相配合来帮助表情达意。朗诵是要求风格化和个性化的，朗诵者要将自己对作品的理解通过感情传达出来，以声音的艺术去感动听众的心灵。

一、朗读的基本要求和技巧

（一）朗读的基本要求

1. 用规范的普通话朗读

普通话朗读除了要求忠于作品原貌，不添字、漏字、改字外，还要求在声母韵母声调音变等方面符合普通话语音的规范。所以在朗读时，首先要注意普通话和自己方言在语音上的差异。不仅要注意声韵调方面的差异，还要注意语流中的各种音变现象。其次是要注意多音字的读音。还有就是要注意异读词的读音。朗读中，请以国家1985年公布的《普通话异读词审音表》规定的读音为准，规范这些字音。

2. 准确流畅

“准确”是朗读作品的基本要求，“流畅”则是朗读作品的表意需要。准确流畅，就是读音正确、快慢适当、停顿恰当、流畅连贯，不加字、不丢字、不重复，不读破词语句子，做到节奏和谐。

3. 读出感情

这是对朗读的较高要求。当我们拿到一篇作品后，一定要反复认真地阅读，真正地走进作品之中，深入透彻地理解并准确地把握作品的内容和思想内涵，要努力透过字里行间，了解作者的创作意图，感受作者的真情实感，进而激发自己的创作热情，并综合运用多种朗读技巧来朗读。

（二）朗读的基本技巧

1. 停连

停连，指的是朗读时，语流中声音的停顿和连接。停顿分为语法停顿和强调停顿。

（1）语法停顿。

语法停顿是指文章中标点符号和自然段落间的间歇停顿。标点符号停顿时间长短规律一般是：句号、感叹句、问号、省略号 > 分号、破折号、连接号 > 冒号、逗号 > 顿号、间隔号。另外，文章段落间的停顿时间，一般要比句号时间稍长。但要注意，朗读中停顿时间的长短是相对的，不能生搬硬套，而应根据语言表达的实际需要而定。

（2）强调停顿。

强调停顿是不受书面标点的制约，完全是根据感情或心理的需要，为强调突出某个语意或某种感情，而在书面上没有标点，或者在书面上有标点的地方作了较大的停顿，不同的处理，往往意思也不一样。如：

1）男人没有了女人//就恐慌了（男人恐慌）

2）男人没有了//女人就恐慌了（女人恐慌）

2. 重音

重音是指在朗读中，对某些在表情达意上起重要作用的字词或短语加以强调的技巧，一般用增加声音强度的方法来体现。恰当的重音处理，能增强朗读的表现力，使作品的色彩更鲜明，形象更生动，语意更突出，内容更丰富。但“重音”并不等同于加大音量“重读”，朗读中，重音的表达应根据作品内容表达的需要来灵活处理。常见的有以下几种读法：

（1）加强音量。

用加大加强音量的方法来突出重音，以增强语势。一般用于表达明朗的态度观点和描述某些特定鲜明的事物。如高尔基的《海燕》：

让暴风雨来得更猛烈些吧！

（2）拖长音节。

有意将重音音节拖长一些，一般用于号召性，鼓动性的话语呼告（呼口号发口令），往往可以启发思考或表达深挚的情意。如：

我仰望一碧蓝天，心底轻声呼喊：家乡的桥哇，我梦中的桥！——作品 18 号

《家乡的桥》

（3）重音轻吐。

用降低音高减轻音量的方法，用柔声虚声，将重音低沉而有力地轻轻吐出。由这种方式来表现重音往往比简单地增加音高，加大音量效果更好。一般用于表达极为复杂、深沉、含蓄、细腻的感情。如：

在这幽美的夜色中，我踏着软绵绵的沙滩，沿着海边，慢慢地向前走去。——作品12号《海滨仲夏夜》

3. 语调

语调是指声音在语句中高低升降的变化的趋势。语调是有声语言所特有的，它是句子的语音标志，是贯穿整个句子，与句子的语气紧密结合的，只是在句末音节上表现得特别明显。任何句子都带有一定的语调。

语调大致有以下四种：

（1）平调。

朗读时调子始终平直舒缓，没有显著的高低升降的变化。常用于叙述说明及表示严肃、庄重、悲痛、冷漠、沉思、悼念等思想感情的句子。

（2）升调。

朗读时语调由平逐渐升高，前低后高，句尾语势上扬。一般用于疑问句反诘句短促的命令句或表示愤怒、紧张、警告、号召，惊讶、兴奋、激励等语气的句子。

（3）降调。

与升调刚好相反，语调逐渐由高降低，句末语势渐降。一般用在感叹句祈使句或表示坚定、自信、祝福、赞扬、请求等感情的句子，表达沉痛悲伤的感情，一般也用这种语调。一般是半降调，加重语气时则要用全降调。

（4）曲调。

语调由高而低后又高，把句子中某些特殊的音节特别加重加高或拖长，形成一种抑扬升降的曲折变化语势。一般用于表示讽刺、夸张、怀疑，反语、双关、幽默等特殊语气或某些复杂的感情。它不像其他句调多表现在句末，而是根据需要出现在句子的不同位置。

4. 节奏

节奏是指朗读过程中由声音抑扬顿挫、轻重缓急而形成的回环往复的语音变化形式。

节奏虽然不完全等同于速度，但是速度是构成节奏的主要内容。节奏就像乐曲中的主旋律，它的运用是就整篇作品而言，它必须受到朗读目的，作品主题，感情基调的制约。朗读的节奏大致分为四种类型：

（1）轻快型。

语速较快，语势多扬少抑，多轻少重，声音轻柔，词语密度大，有跳跃感，多用于表达喜悦欣慰心情或轻松诙谐的情致。

（2）沉稳型。

语速较慢，语势沉缓，音强有力，多重少轻，多抑少扬，词语密度疏，常用来表现庄重严肃的气氛或悲痛抑郁的情感。

（3）舒缓型。

语速较缓，语势舒展平稳，声音轻松明朗，常用来描绘幽静的场面和优美景色或表达舒展的情怀。

（4）强疾型。

语速较快，语势多扬少抑，多重少轻，明亮高昂，词语密度大，常用来表现紧张急迫的形式或激越振奋的情怀。

二、各种文体朗读要求

（一）政论文的朗读技巧

1. 议论文的朗读技巧

议论文是对某个问题或某件事进行分析评论，表明自己的观点立场态度看法和主张的一种文体。一般来说，议论文具有观点鲜明，态度明朗，逻辑严密，语言准确有力的特点。

议论文的朗读：

要用清晰的重音突出文章观点，并注意停顿，语速和语气。

运用语调的挪腾跌宕表达文章内部各种复杂关系。如运用曲折的语调，较长的停顿，表达语意的转折、因果、假设、选择等关系；运用平直的语调、较短的停顿表达语意的并列连贯；运用层层上扬的语调、较短的停顿表达语意的递进。

运用重音突出关键的词语，以坚定语气显示是非褒贬。表达肯定赞同的态度，语气坚定有力，节奏明快；表达否定反对的态度，则语气严峻，节奏沉郁。总之，要做到泾渭分明、铿锵有力。

我/常想/读书人是世间幸福人，因为/他/除了拥有现实的世界之外，还拥有另一个更为浩瀚/也更为丰富的世界。现实的世界/是人人都有的，而后一个世界/却为读书人所独有。由此/我想，那些失去或不能阅读的人/是多么的不幸，他们的丧失/是不可补偿的。世间/有诸多的不平等，财富的不平等，权力的不平等，而阅读能力的拥有或丧失/却/体现为精神的不平等。（注：“/”线表示略停；“.”着重号表示重读。后面举例均如此，不再单独说明。）

——作品6号《读书人是幸福人》

开头提出论点，后面展开对比认证，通过讲道理点明为什么读书人是世间幸福人。因此在朗读时，在那些强调读书人和丧失阅读人的差别及表现不幸程度的地方要通过重读或短暂停顿表现出来。

看了上述报道，我/突发奇想：为什么没有记者问："二十世纪最糟糕的发明是什么？"其实/二〇〇二年十月中旬，英国的一家报纸/就评出了"人类/最糟糕的发明"。获此"殊荣"的，就是/人们每天大量使用的塑料袋。

诞生于上个世纪三十年代的塑料袋，其家族包括用塑料制成的快餐饭盒、包装纸、餐用杯盘、饮料瓶、酸奶杯、雪糕杯等等。这些废弃物形成的垃圾，数量多、体积大、重量轻、不降解，给治理工作带来很多技术难题和社会问题。

——作品60号《最糟糕的发明》

第一段提出中心论点"二十世纪最糟糕的发明是人们每天大量使用的塑料袋"，第二段用例证法佐证自己的观点，因此在朗读时对那些表现作者观点和塑料袋的危害的重点词句要重读，这样才能把作者的意图很好地传达出来。

2. 驳论文的朗读技巧

驳论文是反驳错误观点，树立正确观点的文体，驳论文朗读语气整体要比政论文更强烈一些，尤其在反驳对方错误观点时更重一些。

在朗读时要弄清作者批驳的错误观点是什么，作者是怎样进行批驳的，用了哪些道理和论据，作者树立的正确的观点是什么。

好个/"友邦人士"！日本帝国主义的兵队强占了辽吉，炮轰机关，他们/不惊诧；阻断铁路，追炸客车，捕禁官吏，枪毙人民，他们/不惊诧。中国国民党治下的连年内战，空前水灾，卖儿救穷，砍头示众，秘密杀戮，电刑逼供，他们/也不惊诧。在学生的请愿中有一点纷扰，他们/就惊诧了！

好个/国民党政府的"友邦人士"！是些什么东西！即使所举的罪状是真的罢，但这些事情，是无论那一个"友邦"也都有的，他们的维持他们的"秩序"的监狱，就撕掉了他们的"文明"的面具。摆什么"惊诧"的臭脸孔呢？

——鲁迅《友邦惊诧论》

本段材料表达作者对国民党政府所谓的友邦人士的辛辣批判和嘲讽，用大量事实来反驳、揭露他们惊诧的实质。在朗读时要深入把握作者的感情基调，用好重音和语调，用来表示揭露和讽刺的重点词语应读重音。本材料短句多，并且多是排比句式，因此在朗读时节奏要快些。

（二）散文的朗读技巧

广义上讲除了韵文以外的文章都是散文，狭义上讲是与诗歌小说戏剧文学并列的一种文体（注：本教材散文专指写景状物抒情说理类散文，写人和事类放在后面的记叙文中）。是作者运用生动形象的语言描摹社会生活中的人事景物，深入挖掘其中的内涵哲理，表达对自然社会人生的感悟的一种文体。

散文的朗读：

状物写景类散文描绘的是物体和景物的具体特征，朗读时，状物可以采用重音、停连等表达技巧，把有关词语句子加以强调突出，把状写的对象表现得鲜明而深刻。而写景类文章，所写之景往往表现其优美迷人或壮观奇丽的特点，朗读时，一般节奏舒缓，语调流畅。

散文是普通话测试中出现最多的文体，我们通过朗读语气、语调和节奏的类型对散文的朗读技巧加以细致说明。

（1）轻快型：这类散文多用来写景，语调轻松快捷，声音形式多扬少抑，多轻少重，语节少，词的密度大。多用来表示欢快欣喜、愉悦诙谐的情感。

纯朴的家乡村边/有一条河，曲曲弯弯，河中/架一弯石桥，弓样的小桥/横跨两岸。

每天，不管是鸡鸣晓月，日丽中天，还是月华泻地，小桥/都印下串串足迹，洒落串串汗珠。那是乡亲为了追求多棱的希望，兑现美好的遐想。弯弯小桥，不时荡过轻吟低唱，不时露出舒心的笑容。

——作品18号《家乡的桥》

这是描写家乡景色的散文。第一段按照空间顺序进行景物描写，读时要连贯，句间停顿时间应短；第二段表达情感，歌颂小桥，赞美乡亲，对偶语句比较多，读时应以较快的节奏饱含情感去读。

没有一片绿叶，没有一缕炊烟，没有一粒泥土，没有一丝花香，只有水的世界，云的海洋。

一阵台风袭过，一只孤单的小鸟/无家可归，落到被卷到洋里的木板上，乘流而下，姗姗而来，近了，近了！……

——作品22号《可爱的小鸟》

这是描写动物的散文，前面写景，后面写小鸟。第一段先用四个排比句烘托氛围，极言水面之大、之单一，读时应以较快的节奏，一气呵成；对于表示数量极少的短语和表示极多的物“水”、“云”应重读。第二段，描写事情发展进程，应以较快的节奏去读，尤其最后两个重复句不要拖沓。

（2）冷静型：句式较短，节奏比较急促，语调冷静，语气深沉。多用来描写高洁、遗世独立、有独特追求的人或物，表达钦佩、赞美之情。

牡丹/没有花谢花败之时，要么烁于枝头，要么归于泥土，它/跨越萎顿和衰老，由青春而死亡，由美丽而消遁。它/虽美却不吝惜生命，即使告别/也要展示给人最后一次的/惊心动魄。

所以/在这阴冷的四月里，奇迹/不会发生。任凭游人扫兴和诅咒，牡丹依然安之若素。它/不苟且、不俯就、不妥协、不媚俗，甘愿自己冷落自己。它遵循自己的花期、自己的规律，它/有权利为自己选择每年一度的盛大节日。它为什么不拒绝寒冷?

——作品30号《牡丹的拒绝》

这是托物言志散文。本材料主要表达作者对独立、有个性、高傲不屈的牡丹的高贵品质的赞美之情，朗读时对于能表现牡丹高贵品格的词语要重读，语气坚定，语调下沉，最后一句表示反问的句子语调要上扬。

那是力争上游的一种树，笔直的干，笔直的枝。它的干呢，通常是丈把高，像是加以人工似的，一丈以内，绝无旁枝；它所有的丫枝呢，一律向上，而且紧紧靠拢，也像是加以人工似的，成为一束，绝无横斜逸出；它的宽大的叶子/也是片片向上，几乎没有斜生的，更不用说倒垂了；它的皮，光滑而有银色的晕圈，微微泛出淡青色。这是虽在北方的风雪的压迫下/却保持着倔强挺立的一种树！哪怕只有碗来粗细罢，它却努力向上发展，高到丈许，两丈，参天耸立，不折不挠，对抗着西北风。

这就是白杨树，西北极普通的一种树，然而决不是平凡的树！

——茅盾《白杨礼赞》

这也是托物言志散文。本材料主要表达作者对白杨树倔强挺立的优秀品质的赞美之情，朗读时对于能表现白杨树这些品质的词语要重读。前面运用的是口语化的语言，读起来语气要轻松，后面的句子比较严肃，读起来要庄重，语气坚定，最后一句表示肯定、赞美的句子语调下沉。

(3) 低沉型：语势下行，句尾落点多显沉重，音节拉长，声音偏暗，多用来表示悲痛伤感哀悼的感情。

我的心/疼得像刀绞一样，眼泪/不住地往下流。多么坚强的同志！为了我这样的小鬼，为了革命，他/被这可恶的草地夺去了生命！

——《草地夜行》

本段材料写战友为了救自己献出了宝贵的生命，作者内心十分悲痛，朗读时应该先升后降，用低沉的语调把作者悲哀的情感表达出来。

(4) 高亢型：语速较快，步步上扬，声音多重少轻，多连少停，语调高昂。常用来表现热烈、豪放、激昂雄浑的气势。

——暴风雨！暴风雨就要来啦！

这是勇敢的海燕，在怒吼的大海上，在闪电中间，高傲地飞翔；这是胜利的预言家在叫喊：

——让暴风雨/来得更猛烈些吧！

——高尔基《海燕》

本段材料具有很强的象征性，借海燕表达对勇敢战士强烈的歌颂，感情非常强烈。朗读时节奏快，有的句与句之间、短语与短语之间停顿要短，采用连读的方式加重语气；重音多，前面句调上扬，表达鼓动号召的感情，最后一句运用降调表达肯定坚信赞美的感情。

（5）舒缓型：这类散文也多用来写景，也有一些是写感受的。语调舒展自如，语气多连少顿，声音较高但不着力，用来描绘幽静淡雅的场景，表达平静舒展的心情。

海上的夜/是柔和的，是静寂的，是梦幻的。我望着许多认识的星，我仿佛看见它们在对我眨眼，我仿佛听见它们在小声说话。这时/我忘记了一切。在星的怀抱中/我微笑着，我沉睡着。我觉得/自己是一个小孩子，现在睡在母亲的怀里了。

——作品8号《繁星》

这是描写海上夜景的材料，四周静谧，内心安详。在朗读时语调应该轻柔，节奏舒缓，重音要轻读。

大雪/整整下了一夜。今天早晨，天放晴了，太阳出来了。推开门一看，嗬！好大的雪啊！山川、河流、树木、房屋，全都罩上了一层厚厚的雪，万里江山，变成了粉妆玉砌的世界。落光了叶子的柳树上/挂满了毛茸茸、亮晶晶的银条儿；而那些冬夏常青的松树和柏树上，则挂满了蓬松松、沉甸甸的雪球儿。一阵风吹来，树枝轻轻地摇晃，美丽的银条儿和雪球儿簌簌地落下来，玉屑似的雪末儿/随风飘扬，映着清晨的阳光，显出一道道五光十色的彩虹。

——作品5号《第一场雪》

这是描写清晨雪景的材料，突出银白色的世界，微风拂雪更衬托四周的安静。在朗读时也应该语调轻柔，节奏舒缓，重音要轻读。

（三）记叙文（含小说）的朗读技巧

记叙文，是以叙述为主要表达方式，以写人物的经历和事物发展变化为主要内容的一种文体。

记叙文的朗读：

记叙文的朗读就是把你知道的这件事告诉别人，所以语言要平实准确、鲜明生动感人。记叙文一般采用顺叙的写法，但是，在顺叙中也往往夹有其他叙述方式，如倒叙、插叙、补叙等，朗读时要处理好这些内容与前后内容的衔接。以插叙为例，朗读时，我们在插叙与上文之间要有意识地作一个停顿，插叙部分的语气语调要与上文区别开，以提醒听者注意。

小说朗读：

要注意区分叙事语言和人物语言，以及不同人物语言，突出人物个性，但不要扮演角色。对人物的外貌举止、心理活动、谈吐对话等加以生动而又恰当的表现，对其对话进行声音造型，以塑造人物形象。

两个同龄的年轻人/同时受雇于一家店铺，并且/拿同样的薪水。

可是/一段时间后，叫阿诺德的那个小伙子青云直上，而那个叫布鲁诺的小伙子却仍在原地踏步。布鲁诺/很不满意老板的不公正待遇。终于有一天/他到老板那儿发牢骚（轻读）了。老板一边耐心地听着他的抱怨，一边在心里盘算着怎样向他解释清楚（轻读）他和阿诺德之间的差别。

——作品2号《差别》

这段材料是写人的，交代两个年轻人供职相同、起步相同，但后来两者待遇相差甚远，引起待遇低者不满。朗读时掌握事情进程，前面介绍两个年轻人的基本情况时语言要平实，后面叙述两个人的变化语言要有起伏，注意揣摩“布鲁诺”和“老板”的内心世界，朗读时运用停顿重音等技巧。

十五分钟过去，胡适/让同学举手，报告用字的数目，然后挑了一份用字最少的文言电报稿，电文是这样写的：

“才疏学浅，恐难胜任，不堪从命。”白话文的意思是：学问不深，恐怕很难担任这个工作，不能服从安排。

胡适说，这份写得确实不错，仅用了十二个字。但我的白话电报却只用了五个字：“干不了，谢谢！”

——作品15号《胡适的白话电报》

这段材料是写事的，叙述胡适的白话电报比学生的文言电报在说同样一件事上用字的言简意赅。材料语言朴实，基本没有什么波澜，语气也没什么太大的起伏变化，因此在朗读时用平实的语气，平直的语调，语速适中。

（四）说明文的朗读技巧

说明文是以说明为主要表达方式来解说事物、阐明事理、而给人以知识的文体。

说明文的朗读：

朗读者作为作者的代言人，朗读时也必须持严谨客观的态度，避免带有浓郁强烈的感情色彩，表达应朴实自然，不夸张不渲染。运用声区自如，声音状态稳定，不大起大落。情绪平静，节奏舒缓从容，语速较慢，停顿恰当。语调平实，较少起伏变化。

与说明文的文体特征相符，朗读时要重点突出说明对象顺序及说明方法，也要准确无误地把被说明事物的特点加以最明白的表现。我们在朗读时要运用重音停连快慢等表达技巧，将最能把说明对象的特征表现出来的词语加以突出。

我们知道，水/是生物的重要组成部分，许多动物组织的含水量/在百分之八十以上，而一些海洋生物的含水量/高达百分之九十五。水是新陈代谢的重要媒介，没有它，体内的一系列生理和生物化学反应/就无法进行，生命也就停止。因此，在短时期内/动物缺水要比缺少食物更加危险。水/对今天的生命是如此重要，它对脆弱的原始生命，更是举足轻重了。生命/在海洋里诞生，就不会有缺水之忧。

森林/涵养水源，保持水土，防止水旱灾害的作用非常大。据专家测算，一片十万亩面积的森林，相当于一个两百万立方米的水库，这正如农谚所说的："山上多栽树，等于修水库。雨多它能吞，雨少它能吐。"

——作品 31 号《"能吞能吐"的森林》

（五）诗歌的朗读技巧

诗歌是一种运用高度凝练而形象的语言来反映社会生活抒发感情的文学体裁。诗歌的语言节奏鲜明，韵律和谐，随着诗人感情的起伏波动而呈现有节律的变化。一般来说，表现轻松喜悦的情感，诗歌的节奏就明快；表现昂扬激越的情感，节奏就急促有力；表现悲哀伤感，诗歌的节奏就缓慢低沉……。鲜明的节奏和韵律，使诗歌琅琅上口，悦耳动听，极富音乐美。诗歌表达感情是有层次的。从语音上说，感情强烈并不一定用高音来表示。在研究诗歌朗读时，应该明确什么地方是高潮，什么地方用重音，重音用什么读法。

诗歌的朗读：

要充分表现诗歌充沛的感情。朗读者是诗人和听众之间的桥梁。朗读者要在理解、感受诗歌所表达的深厚的情感的基础上，融入自己对作品的理解，并准确地将诗歌所要表达的感情和自己的感受传递给听众，努力引起听众情感的共鸣。作为诗人的代言人，朗读者要将诗歌中炽热的情感转化为能打动听众心弦的有声语言去感染听众。

要全面展现诗歌的意境之美。

意境是指诗歌运用各种手段创造出来的情景交融、神形兼备的艺术境界，是诗人强烈的思想感情和生动形象的客观事物的契合。

充分展现诗歌的意境，朗读者要注意以下几点：

（1）了解诗人和诗作产生的时代背景。

（2）以意象为突破口进入意境。

（3）以诗歌内在的情感逻辑来统领跳跃的画面。

《囚歌》："爬出来吧，给你自由！"有的朗读者以敌人的语气，甚至某种怪腔怪调表达，这样的处理背离了诗歌内在情感的发展逻辑，是不妥的。事实上，这句话是诗人转述自己的所听所感，而并不是以一个说客的身份表达，应该在表达中充满憎恶否定的态度感情，从而进一步表现诗人内心的赤诚。

"我将在烈火与热血中得到永生！"如果朗读者为加重语气分量，采用上扬语势，作发号召状态，就破坏了应有的意境。事实上，这一句本是表达诗人的热烈期望，是诗人的自励自勉，应采用下降语势来表达深沉内在的感情。

要重视表现诗歌的音韵之美。音乐美是诗歌区别于其他文学体裁的重要特征，念好韵脚，分好音步。一般来说，格律诗的音步比较整齐，一句诗中各诗行的音步基本相同，五言诗以"二三"格、七言诗以"二二三"格较为普遍。自由诗，在字数句数音步对偶平仄押韵等方面比较自由，可以说，自由诗并不具有诗的形式。自由诗的音步不一定整齐，长句子一般分为三四个音步，短的句子则只有一个音步。确定音步要根据诗歌的内容和情感的表达需要出发，音步的多少不能形成一个固定的格式。

国破/山河在，
城春/草木深。
感时/花溅泪，
恨别/鸟惊心。
烽火/连三月，
家书/抵万金。
白头/搔更短，
浑欲/不胜簪。

—— 杜甫《春望》

日照/香炉/生紫烟，
遥看/瀑布/挂前川。
飞流/直下/三千尺，
疑是/银河/落九天。

——李白《望庐山瀑布》

枯藤/老树/昏鸦，小桥/流水/人家，古道/西风/瘦马。
夕阳/西下，断肠人/在天涯。

——马致远的《天净沙·秋思》

大堰河，是我的/保姆。
她的名字/就是/生她的村庄的名字，
她是/童养媳，
大堰河，是/我的保姆。

——艾青《大堰河，我的保姆》

三、朗读测试

（一）普通话测试中的朗读要求

1．语音准确吐字清晰

语音规范，口齿清晰，不读错字、不添字、不丢字、不颠倒。

2．语气自然流畅自如

以气带声、声情合一，技巧得当、自然和谐，不重复、不中断。

3．语义明晰，语速适中

理解准确，表达到位，不疾不拖，和谐动听。一般采用中速朗读，即每分钟240个音节左右。

附：广东省普通话水平测试朗读部分评分参考标准（见前面）

（二）普通话测试中朗读存在的问题

1．总的问题

应试者在语音语调的规范性表达的准确性方面存在的问题最大，其次是停断不当的问题，语速的问题最小。

2．测试中常见的问题

（1）读错（漏）字与回读。

有些考生由于对朗读的作品不熟悉，音节读错，增读或者音节漏读现象比较严重；方言区的考生，尤其是说粤方言或闽方言的考生在读舌尖后音、后鼻音、舌面音、撮唇音音节时错误较多，另外由于他们不习惯发轻声和儿化音，不读轻声、把儿化音发成两个音节的现象也比较多；有些考生不了解测试评分标准，在考试时追求完美，对于自己读音不满意，不断回读，使得朗读不流畅，因此被扣分。

（2）方言语调比较明显。

由于受方言的影响，方言区的考生在测试时最难克服的就是方言语调，主要表现在重音不当、轻重格式不对、声调有系统性缺陷、语调不自然这些方面。普通话的双音节词语大都是“中、重”的轻重音格式，有的考生把握不好词语的轻重格式，容易把这种词语读“重、轻”的格式，如“家庭”、“友谊”。方言区有考生不清楚也发不准轻声词，发音时把音读长读重。另外有考生也处理不好变调的发音。如：

盼望着，盼望着，东风来了，春天的脚步近了。

父亲说：花生的好处很多，有一样最可贵，它的果实埋在地里，不像桃子石榴苹果那样，把鲜红嫩绿的果实高高地挂在枝头上，使人一见就生爱慕之心。

没有一片绿叶，没有一缕炊烟，没有一粒泥土，没有一丝花香，只有水的世界，云的海洋。

是啊，我们有自己的祖国，小鸟也有它的归宿，人和动物都是一样啊……

(3）停顿、断句不正确，导致语义表达错误或不完整。

在应该停顿断句的地方不停顿断句，不该停顿断句的地方停顿断句了，结果造成歧义或句子不完整。如：

第一次看到班上男同学搂着女同学/跳舞，吓得心跳脸红。

盼望着，盼望着，东风来了，春天的/脚步近了。

一切都像刚睡醒的样子，欣欣然张/开了眼。山朗润/起来了，水涨/起来了，太阳的脸红/起来了。

小草偷偷地/从土里钻出来，嫩嫩的，绿绿的。园子里，田野里，瞧去，一大片/一大片/满是的。坐着，躺着，打/两个滚，踢/几脚球，赛/几趟跑，捉几/回迷藏。风轻/悄悄的，草软/绵绵的。

恰当的读法应该是：

第一次看到班上男同学搂着女同学跳舞，吓得心跳脸红。

盼望着，盼望着，东风来了，春天的脚步/近了。

一切都像刚睡醒的样子，欣欣然/张开了眼。山/朗润起来了，水/涨起来了，太阳的脸/红起来了。

小草/偷偷地从土里钻出来，嫩嫩的，绿绿的。园子里，田野里，瞧去，一大片一大片/满是的。坐着，躺着，打两个滚，踢几脚球，赛几趟跑，捉几回迷藏。风/轻悄悄的，草/软绵绵的。

(4）用固定腔调朗读。

固定腔调，在朗读里，指的是使用某种固定不变的声音形式，把词语纳入一种单一的格式，以不变的声音形式应万变的朗读材料，不管什么内容什么体裁，也不管是书面语言还是口头语言，都同样对待，从朗读中听不出什么区别。

固定腔调有不同的类型，大致可分四类。

1）念字式，一个字一读，蹦豆式的腔调。听不出完整的句子段落，毫无思想感情的流露。主要问题是停顿多，停顿位置和时间都差不多，没有重音，语气近似，听者很难听懂朗读的内容。

2）念经式，小而快的腔调。属于背书的读法，缺乏语气的起伏，语速较快，不符合朗读的要求。

3）唱书腔，声与义分隔，只闻声而不知意，听不清所读句子段落的内涵，只剩下节拍一律、简单声音的外壳，这也不符合朗读的要求。

4）朗诵腔，用夸张渲染的声音，铿锵有力的音调来表达。不分场合一味模仿舞台上的朗诵，这种夸张的表达也不符合朗读的要求。

（5）外国人名误读。

在朗读作品2、4、19、20、28、35和53号中都有外国人名的出现，按英语的发音和模仿部分译制片中个别配音演员的发音来念外国人名是错的，应该根据该字的汉语发音来读。

（三）提高普通话朗读水平的方法

1. 熟读60篇朗读作品，扫清字音障碍，达到流畅朗读

普通话朗读测试是以大纲中规定的60篇目为测试内容，熟读每篇作品，把不认识或容易读错的字词注音并熟读，在练习的过程中养成不回读的好习惯。开始读时速度放慢，尽力做到把每个音节读准确，对轻声和儿化音节重点练习，在读准确的基础上，提高速度，达到流畅朗读。多听60篇作品示范朗读，并一句句跟读。

2. 熟读60篇朗读作品，把握作品的基调，处理好停顿和断句

基调是指作品的基本情调，即作品的总的态度感情，总的色彩和分量。任何一篇作品，都会有一个统一完整的基调。朗读作品必须把握住作品的基调，因为作品的基调是一个整体概念，是层次段落语句中具体思想感情的综合表露。要把握好基调，必须深入分析理解作品的思想内容，力求从作品的体裁、作品的主题、作品的结构、作品的语言，以及综合各种要素而形成的风格等方面入手，进行认真充分和有效的解析，朗读者才能产生出真实的感情、鲜明的态度，产生出内在的急于要表达的律动。在此基础上处理好停顿断句、语速语调，只有经历这样一个复杂的过程，朗读者才能以作品思想内容出发，把握住基调。

3. 注意普通话和自己方言在语音上的差异。

普通话和方言在语音上的差异，大多数的情况是有规律的。这种规律又有大的规律和小的规律，规律之中往往又包含一些例外，这些都要靠自己去总结。要多查字典和词典，要加强记忆，反复练习。平时养成说普通话的习惯，多听中央台新闻联播节目主持人播音。

4. 全身松弛，用声自如

全身松弛不是自始至终全紧或全松，而是指能松能紧，需要松时即松，需要紧时即紧。用声自如不是完全像生活中说话那样用声，但也不是完全脱离自己说话时的用声，而是选取自如声区，选取最佳音域最佳音量。全身松弛，用声自如，目的是使朗读者在朗读过程中保持一种弹性状态，以自身最大的优势，表情达意，言志传神。

附：普通话水平测试60篇文章

第七章　一般口语表达

一、一般口才的理论

（一）什么是口才

口才就是人们运用口语表达思想，进行沟通的才能。包括交谈、演讲、论辩等技能。能进行一般的口语表达、交流就具备了初级口才。在交际中将语言准确、得体、生动传达，取得最佳表达效果的口才属于高级口才，这是一种通过后天训练才能拥有的才能。

（二）口才的特点

1．明确的目的性

交流中人们想传达什么和收集什么都意图非常明显，看似漫无目的的交流也有它的目的。

2．高度的灵活性

人们表达、交流的内容会随着对象和环境而改变。

3．严密的逻辑性

语言表达的准确、富有逻辑。

4．全面的综合性

表达者的知识积累、应变能力、表达技巧等都要具备。

（三）口才素质的形成

1．知识修养

知识修养包括专业知识、社会人文知识、自然社会知识。古今中外演讲家的知识都非常渊博，所以都能口若悬河、旁征博引，把每一次的演讲都说得具体、生动，具有说服力。

2．思维能力

思维能力指逻辑思维能力、形象思维能力、灵感思维能力。演讲中演讲者的思维能力越活跃，越能把演讲内容说得充实、新颖和多彩。

3．语言修养

演讲的成功离不开语言的准确运用。这里的语言修养是广义上的说法，除了是指语言本身的语法修辞和逻辑要准确，也指副语言特征——态式语的得体。平时就应注意积累丰富的语言养料。

（四）衡量口才的标准

1. 语言清楚

咬字发音准确、声音清晰响亮，让听众听清你要表达的内容。

2. 技巧得当

不管是语言上还是体态上的技巧都应恰当、得体，不宜过度。

3. 态度真诚

真情实感比虚情假意要容易打动人。

二、复述

（一）什么是复述

复述就是把读过、看过、听过的语言材料重新叙述一遍。换句话说，就是在理解记忆的基础上，对有关读物的内容加以整理，有重点、有条理、有感情地把内容再现出来的一种表达方式，它是熔理解、记忆、归纳、表达于一炉。

（二）复述要求

条理清楚，详略得当，重点突出，语言力求准确。要在忠于原材料的基础上，把书面语转换为口头语，用自己的话重新组织，并准确反映主题，必要时可以加入个人想象。

复述时，除了充分发挥有声语言的优势外，还要借助必要的态势语言，将原材料的内容更生动地讲给听者，力求收到更为理想的效果。

不能以背诵原材料代替复述，或偷梁换柱，歪曲原意。

（三）复述的分类

1. 简要复述

简要复述又叫概要复述，是对材料作浓缩概括，要求在保留原材料的中心意思的前提下，简明扼要地讲述原材料的内容。

举例：简要复述下面的故事。

林则徐请客

林则徐五十三岁那年，道光皇帝派他到广州担任湖广总督，负责查禁鸦片烟。一些外国人，总想找机会摸摸林则徐的底细。

一次，英国领事查理设宴，邀请林则徐参加。宴会快结束时，送上来的最后一道点心，是甜食冰淇淋。那时候，冰淇淋还很罕见。林则徐见冰淇淋冒着气，以为很烫，送到嘴边时，还用口吹了吹。这一来，在座的外国人便趁机哄笑。林则徐受到侮辱，心里非常生气。但是，他压住怒火，似乎毫不在意地说："这道点心，外面像在冒热气，其实是冷冰冰的。今天，我算是上了一次当。"

过些天，林则徐在总督府设宴请客，回敬上次参加宴会的那些外国人。宴席上，一道道端上的都是中国名菜。那些外国人，一个个张大了嘴巴狼吞虎咽。他们一边吃喝，一边赞不绝口。酒足饭饱之后，有个外国人说："中国菜，好吃得没话说，只可惜少了一道甜食。"

"有！"林则徐便吩咐道，"上甜食！"话音刚落，一盆槟榔芋泥端上来了。外国人见是甜食，便举起汤匙，兴冲冲地舀着往嘴里倒。这一下，可够那些外国人尝的了。他们"啊——"，"啊——"，嚷成一片，喉咙里比卡着鱼骨还要难受。有的挥起手，想伸进嘴巴去抓；有的按住嘴，泪水直淌。一个个洋相出尽，狼狈不堪。

林则徐不动声色，若无其事地说："这是我家乡福建的名点，叫槟榔芋泥。这甜食，看上去外面冰冷，内里却滚烫非常，正好和似热实冷的冰淇淋相反。吃的时候，性急不得，性急了就要烫了喉咙！"

外国人瞪圆了蓝眼睛，个个呆似猴样。

他们这才感到林则徐不是个好对付的中国官员。

复述提纲：

1）开头：事情的起因——一些外国人想摸摸林则徐的底细。

2）正文：事情的经过——查理设宴，林则徐吃冰淇淋受侮辱；林则徐请客，外国人吃槟榔芋泥出洋相。

3）结尾：事情的结果——外国人感到林则徐是不好对付的。

2. 详细复述

要求保留文章的主要内容、主要观点和主要情节，基本上保持原貌，而在语言风格、叙述顺序、人称上进行改动。详细复述不同于背诵，复述要把复杂的长句改成简单的短句，将难懂晦涩的书面语词改成通俗晓畅的口语词。

举例：下面是赵树理小说《李有才板话》的一小段。如果这位老杨同志"事后"对别人讲述这一段经历，该怎么说呢?

过了阴历八月十五日，正是秋收时候，县农会主席老杨同志，被分配到第六区来检查督促秋收工作。老杨同志叫区农会给他介绍一个比较进步的村，区农会常听章工作员说阎家山是模范村，就把他介绍到阎家山去。

老杨同志吃了早饭起程，天不晌午就到了阎家山。他一进村公所，正遇着广聚跟小元下棋。他两个因为一步棋争起来，就没有看见老杨同志进去。老杨同志等了一会儿，还没有人跟他搭话，他就在这争吵中问道："哪一位是村长?"广聚跟小元抬头一看，见他头上箍着块白手巾，身上是白小布衫深蓝裤，脚上穿着半旧的硬鞋至少也有二斤半重。从这服装上看，村长广聚以为他是哪村派来的送信的，就懒洋洋地问道："哪村来的?"老杨同志答道："县里。"广聚仍问道："到这里干什么?"小元棋快输了，在一边催道："快走棋嘛!"老杨同志有些不耐烦，便道："你们忙得很！等一会儿闲了再说吧!"说了把背包往台阶上一丢，坐在上面休息。广聚见他的话头有点不对，也就停住了棋，凑过来搭话。老杨同志也看出他是村长，却又故意问了一句："村长哪里去了?"他红着脸答过话，老杨同志才把介绍信给他。

老杨的复述：

过了八月十五日，正是秋收的时候，我作为县农会主席，被分配到第六区去检查督促秋收工作。我叫区农会给我介绍一个比较进步的村，区农会常听章工作员说阎家山是模范村，就把我介绍到阎家山去。

我吃了早饭动身，天不晌午就到阎家山。一进村公所，正遇着两个人在下棋。他两个因为一步棋争起来，就没看见我进去。我等了一会儿，还没人跟我搭话，我就在这争吵中问了一句："哪一位是村长?"那两个人抬起头来，上下打量我。我那天头上箍着块白手巾，身上是白小布衫深蓝裤子，脚上穿着半旧的硬鞋——那鞋至少也有二斤半重。大概是从这打扮上看，其中一个把我当成哪村派去送信的，就懒洋洋的问道："哪村来的?"我回答说："县里。"他又问："到这里干什么?"另外一个人因为棋快输了，在一边催着说："快走棋嘛!"这时候我真有点不耐烦了，就说："你们忙得很！等一会儿闲了再说吧!"说完我就把背包往台阶上一扔，坐在上面休息。跟我搭话的那人见我的话头有点不对，也就停住了棋，凑过来跟我搭话。我看出他就是村长，但故意问了一句："村长哪里去了?"他红着脸答过话，我才把介绍信给他。

3. 创造性复述

创造性复述又称扩展复述，是要求在不改变原材料主题和重点的基础上根据表达的需要对原材料进行合理加工、大胆想象，使内容更生动、更完整的一种表达形式。所谓的"合理"，指的是加工、想象的内容与原材料的内容吻合，不发生矛盾；所谓的"加工"，指的是对原材料中没有展开的内容有选择地进行发挥，其目的是为了更好地表现主题和重点。改变顺序、改变角度、变换结构、改变人称、改变体裁、增删内容等都是创造性复述的具体方法。

举例：对李白的诗歌《赠汪伦》进行创造性复述。

赠汪伦

李　白

李白乘舟将欲行，
忽闻岸上踏歌声。
桃花潭水深千尺，
不及汪伦送我情。

创造性复述：李白在汪伦家住了数日，突然接到消息，老母病危。李白心急如焚，在早晨匆匆收拾了一阵，不辞而别。此时正值春季，花开茂盛，李白远远的就闻到了一阵阵花香，远远望去桃树一棵挨着一棵，密密层层，整个桃花林犹如一片粉红粉红的“海洋”，桃花开得那么灿烂，那么美丽，姹紫嫣红、鲜艳娇美。可李白早已无心观赏美景，直奔桃花潭。突然，岸上响起了边用脚拍打地面边唱歌的声音。李白心头一热，遁声望去，只见汪伦边唱边走了过来：“天下茫茫知己难寻啊！”李白高呼：“我这一生有你这么一个知己真是我的福气，可是我们这么匆匆已分别又不知何时才能相见！”“只要我们有缘就一定可以相见，如果没缘我们也会在心中想念对方的。”汪伦意味深长地喊到。李白心中升起一团暖云，心想：桃花潭固然很深，但也比不上汪伦对我的情谊深呀！于是，李白诗性大发，高声吟到：“李白乘舟将欲行，忽闻岸上踏歌声。桃花潭水深千尺，不及汪伦送我情。”他俩离别了，汪伦注视着李白的船，一直到小船从他的视线中消失……

【训练】

1）对孟郊的《游子吟》进行创造性复述。

2）将详细复述中的例子内容概要复述。

三、解说（讲解）

（一）什么是解说（讲解）

口头上介绍、解释说明或者分析某一件事情或现象的表达方式。与其他的口头表达方式不同的是，它更强调要用言简意明的文字，把事物的形状、性质、特征、成因、关系、功能等解说清楚。主要有影视解说、实物图片解说、专题展览解说、产品用途解说、导游解说等。

（二）解说（讲解）的原则

1. 客观性

解说要言之有理，让人信服。通过解说，可以将自然科学、社会科学上的知识传达到社会各个阶层。解说的内容必须客观、正确，不能言过其实，误导听众。如果是历史的人事物景，现在只有残存的遗迹，讲解者可以客观事实为依据，在客观现实的基础上进行意境的再创造。

如，导游向游客介绍一些残留的历史遗迹曾经的繁华时，可以根据历史的真实，用形象化的语言创造意境，再现当时的盛景，这样虽然游人看到的是残垣断壁，但却穿越时空，眼前浮现往日的情景，既让人们惊叹，又让人们惋惜。如果信口开河，毫无事实根据进行主观臆造，游人会感觉被欺骗愚弄，对导游失去信任感。

2. 针对性

要根据听众的具体情况，在讲解内容、语言运用、讲解的方式方法上有所区别，即看人说话，投其所好。讲解时要考虑听众的年龄层次、文化层次、地域特点、民族特点等，所讲内容是听众想知道、感兴趣的、有能力接受的。

如，一位导游在带领游客参观唐寅的故宅时，对文化层次较低的游客就讲“唐伯虎点秋香”这一类家喻户晓的故事，对一般文化水平的游客就讲“唐伯虎戏弄权贵”之类维护百姓利益的故事，对文化层次较高的游客就客观地讲唐寅坎坷的一生和不为名利的品格。

3. 丰富性

讲解既要言之有理，也要言之有物。讲解要有具体的指向，不能空洞无物。讲解员要最大程度地“物化”讲解内容，使所要传递的知识深深地印在听众脑海里。

如，在讲一座雪山时，光是介绍雪山的基本概况、游览的线路还不够，还可以将相关的民间传说、民族风情、当地特产等告诉听众。让听众对雪山有一个全方位的了解。

4. 灵活性

讲解员讲解要因人而异、因时制宜、因地制宜，根据不同情况制定讲解内容、讲解方法。

如，某导游要介绍梁子湖水质纯净、清澈见底的特点，原计划通过“分明看见青山顶，船在青山顶上行”的诗句来说明，可是旅行中不巧下起了小雨，这时导游随机应变改用了“水光潋滟晴方好，山色空濛雨亦奇”的诗句进行讲解。

5. 健康性

在讲解中可以适当增加一些娱乐性的细节，这样会使事实更加生动，引起听众的兴趣，但在讲解中不能掺杂迷信、低级庸俗的内容。

（三）解说（讲解）的要求

1. 语言表达的要求

（1）语言表达明确、流畅、自然，条理清楚，层次分明，逻辑严密。

（2）讲解内容健康规范。事物的背景、价值、成因及特征必须交代清楚。

（3）使用标准的普通话，语音规范，吐字清晰，语速适当，声音洪亮圆润。

（4）措辞恰当，激发情趣。在词汇选用方面，应尽量使用大众化词语，包括浅显易懂的常用的基本口语词汇，以及人们喜闻乐见的成语、歇后语、谚语等等；

忌用有歧义和生僻的词汇。在修辞手法上，可运用比喻、引用、对偶、排比等修辞格，使讲解更加生动形象，给听众美的享受。

2. 礼仪要求

（1）着装雅致大方，外表整洁，仪态端庄，举止自然得体。

（2）善于通过态势语传情达意。讲解时，面带微笑，精神饱满，既充满热情和激情，又充满温情和友情。

（3）态度诚恳谦逊，表达得体。讲解过程或与听众沟通时耐心细致不急不躁；用语动作和行为要文雅礼貌谦逊，让听众感到受到尊敬。例如："请您随我参观"、"请您抓紧时间，闭馆时间到了"、"欢迎您下次再来"等。

（4）讲解者的目光应正视听众，即视线与听众平行。在讲解中还需环视以观察听众的动向和反应，讲解者的视线停留在某一游客处的时间不宜过长，以免引起听众的误解和反感。

【训练】

1）试以解说员或导游的身份，介绍"我们的校园"。

2）试对地球的内部构造或地震的成因作形象性解说。

四、演讲

（一）什么是演讲

演讲又叫讲演演说。就是演讲者在特定的现实时境中，借助有声语言和无声语言等艺术表达手段，针对现实社会中的某一问题，或围绕一个中心，公开向听众传递信息，表述见解，阐明事理，抒发感情，以期达到感召听众目的的实践活动。

主体（演讲者）和客体（听众）共同处在一个时境当中，三要素缺一不可。

（二）演讲的特点

1. 社会性

演讲是一种社会活动，它不是个人的自言自语。演讲活动发生在社会成员之间，它是演讲者通过对社会现实的判断和评价，直接向听众陈述自己的观点见解和态度的一种现实活动。

2. 现实性

演讲的内容要能反映当下群众关心的比较典型的社会问题，反映群众熟悉的事物和感兴趣的问题，演讲中涉及的人和事不仅要真实，而且要切中时代脉搏。古今中外的著名演讲，都是如此，对那个时代产生了较为深远的影响。

3. 综合性

演讲又称演说，"讲"是讲明道理，诉说对某一问题的看法。"演"是借助声音表情动作来加强演讲的生动性。演讲以讲为主，以演为辅，综合运用有声语言和态势语言及多种艺术表现形式使演讲达到较高水平。

4. 艺术性

演讲不是一般地使用有声语言和态势语言，而是刻意追求有声语言和态势语言的运用技巧，使之带上强烈的艺术色彩，因此，演讲本身就是一门艺术。不但如此，它还吸收其他一些艺术形式——小说、戏剧、诗歌、曲艺、舞蹈、雕塑等，有机、和谐、自然地统一在一起，使之具有强大的吸引力和感召力。

著名的演讲家李燕杰说，在每一场演讲中，他都力求做到：相声、小说、戏剧和朗诵等艺术形式都用到。就是“演讲开始几分钟内，就要有相声般的幽默；在演讲过程中，贯穿小说般的形象；讲到高潮时，必须有戏剧般的冲突；结束之前，要出现诗歌般的激情。”这可以说是演讲艺术的最高境界。

5. 鼓动性

鼓动性是演讲的一个显著特征。演讲的目的就是传播知识，歌颂真善美、抨击假丑恶，开启智慧、陶冶情操，使人振奋、使人鼓舞，如果没有鼓动性，就不称其为演讲。好的演讲总是饱含炽烈的情感，以自己的情感之火去点燃听众的热情之火，拨动听众的心弦，引起共鸣。

（三）演讲的要求

1. 内容主题要求

（1）主题明确深刻，观点正确鲜明，见解独到。

演讲时要弄清自己要讲什么，要告诉听众什么，这就是演讲的主题。大教育家叶圣陶说过，“一篇演讲总得是一个独立的东西，要对准一件事情来写来说”。一个好的演讲主题就是灵魂，演讲主题犹如三军统帅，统领全篇材料，要考虑如何排兵布阵、如何选材料布局、如何开头结尾等等，正因有统帅，才能有效地调动语言，很好地表达思想感情。每个演讲总要表明自己的态度和主张，这就是观点。观点必须鲜明，不能含糊不清，提倡什么、反对什么、歌颂什么、鞭笞什么，要讲清楚。观点要正确，符合主流价值观，能经得起推敲，而且要有自己独到见地，不是人云亦云。

（2）材料真实、典型、新颖，实例生动，事迹感人，有较强吸引力。

1962年，82岁高龄的麦克阿瑟回到母校——西点军校。一草一木，令他眷恋不已，浮想联翩，仿佛又回到了青春时光。在授勋仪式上，他即席发表演讲，他这样开的头：

今天早上，我走出旅馆的时候，看门人问道：“将军，你上哪儿去？”一听说我到西点时，他说：“那可是个好地方，您从前去过吗？”

这个故事情节极为简单，叙述也朴实无华，但饱含的感情却是深沉的、丰富的。既说明了西点军校在人们心中非同寻常的地位，从而唤起仪式上听众的强烈的自豪感，也表达了麦克阿瑟深深的眷恋之情。接着，麦克阿瑟不露痕迹地过渡到

"责任——荣誉——国家"这个主题上来，水到渠成，自然妥帖。

（3）结构严谨，构思巧妙，逻辑严密，文字简练流畅。

毕业欢送会上一位班主任的致词。他一开口就让学生疑窦丛生——"我原来想祝福大家一帆风顺，但仔细一想，这样说不恰当。"这句话把学生弄得丈二和尚摸不着头脑，大家屏声静气地听下去——"说人生一帆风顺就如同祝某人万寿无疆一样，是一个美丽而又空洞的谎言。人生漫漫，必然会遇到许多艰难困苦，比如……"最后得出结论："一帆风不顺的人生才是真实的人生，在逆风险浪中拼搏的人生才是最辉煌的人生。祝大家奋力拼搏，在坎坷的征程中，用坚实有力的步伐走向美好的未来！"多年过去了，班主任的话语犹在耳边，给学生留下了永难磨灭的印象。"一帆风顺"是常见的吉祥祝语，而老师偏偏反弹琵琶，从另一角度悟出了人生哲理。第一句话无异于平地惊雷，又宛若异峰突起，怎能不震撼人心？

2. 语言表达要求

（1）语言准确、鲜明生动、流畅委婉。

（2）语音规范，吐字清晰，声音洪亮圆润，语气和语调富于节奏感和韵律美。用普通话脱稿演讲。

（3）语言技巧处理得当。语气、语调、语速、音量、节奏、张弛、抑扬顿挫符合思想感情的起伏变化，情感表达真挚、坦诚、适度。

3. 态势礼仪要求

（1）举止自然，大方得体——态势美。

能较好地运用姿态、动作、手势、表情等态势语表达对演讲内容的理解。

（2）自然潇洒，落落大方——装饰美。

着装整洁大方、雅致庄重，色彩和谐，装饰打扮得体，适合自己的体型、肤色、年龄、性格、气质、教养和所处的场合。一登台亮相就给听众一种美感，具有一种把听众吸引过来的力量。

（3）精神饱满，神态自然——神态美。

双眼有神，神采奕奕；朝气蓬勃，充满活力；面部柔和，多显笑意；神色自然，充满活力。

（四）演讲稿的撰写

演讲稿一般有四个组成部分：题目（标题）、开头、主体和结尾。

1. 题目

除了命题演讲，一般的演讲都需自拟题目。这题目要能概括出演讲的基本内容或者是演讲的中心论题。词语尽量简短、准确，能表明某种态度、情感。如《要为自由而战斗》、《反对八股文》。

2. 开头

演讲的开头也就是开场白，好的演讲开头可以起到拉近与听众的距离、吸引他们的注意力、引入正文的作用，所以一定要精心准备好开头。

常见的开头写法如下：

（1）直接点题。

以演讲的题目开头，简单明了，直接点明要说的主题，旗帜鲜明，让听众立即知晓演讲的主要观点。一般人认为这种开头有些难以取胜，但我们不少名人也常用。如妇女运动领袖蔡畅在《一个女人能干什么》的演说中就是直奔主题：今天讲一个问题，就是一个女人能干什么？鲁迅在暨南大学做过的一次演讲，开头也是开门见山式：我今天想和诸位讲的，是《离骚与反离骚》。毛泽东主席的《反对八股文》的开场白也是这种类型。

（2）名言警句开头。

这类句子言简意赅、哲理性强，不少是听众耳熟能详的，容易引起听众的共鸣，且有较强的说服力。要注意的是这些句子的引用一定要跟主题相关。《追求，让大学更美》的演讲开头就是引用了名言：曾经有人用鲁迅先生作品的书名描述大学生活——大一“彷徨”，大二“呐喊”，大三“伤逝”，大四“朝花夕拾”。大学四年就这样在徘徊中如水一般流逝。我想用岳飞的名言来否定这种生活——莫等闲，白了少年头，空悲切。

（3）故事导入。

爱听故事，这是人的共性。通过一个跌宕起伏的情节，让听众的注意力高度集中，所讲的观点就自然而然地被听众接受。

（4）情景渲染开头。

根据现场的情况，渲染一种与主题相吻合的情境，为听众记住、理解主题埋下情感伏笔。

（5）设置悬念导入。

人都天生好奇，在开场白中设置悬念，能激发听众的好奇心和兴趣，对演讲者所讲的内容必然就洗耳恭听了。

演讲稿的开头写法还有很多，如幽默式、提问式、语出惊人式等等，究竟哪种好，要看具体情况，因人、因事、因时、因地而制宜。

3. 主体

主体是演讲稿的中心、重点部分，主要是围绕中心论点来分析论证、解决问题、感染听众。解决问题时可以按“是什么?”、“为什么?”、“怎么办?”来进行。

4. 结尾

“兵家成败决定最后五分钟。”（拿破仑）在演讲上，“最后”——结尾，也非常重要，它的好坏决定着演讲的成功与否。开头巧妙，中间精彩，结尾如果能继续锦上添花，就能强化主题，给听众留下深刻而又难忘的印象。否则，听众只能“意犹未尽”，留有遗憾地离去。因此，对演讲稿的结尾设计也要高度重视。

常见的形式有：

（1）总结式。

在演讲的最后，用简洁、精炼的语言将前面所讲的内容和观点高度概括，突出中心，强化主题。如毛泽东的《纪念白求恩》的结尾：一个人的能力有大小，但只要有这点精神，就是一个高尚的人，一个纯粹的人，一个有道德的人，一个脱离了低级趣味的人，一个有益于人民的人。

（2）号召式。

这种结尾或发出号召，或提出希望，或展示未来，对听众有强烈的感召力和鼓动性。如郭沫若在全国科学大会的闭幕式上的演讲结尾：这是革命的春天，这是人民的春天，这是科学的春天！让我们张开双臂，热烈地拥抱这个春天吧！

（3）宣誓式。

在讲明了前进的方向和奋斗的目标后，往往可以通过表决心、发誓言的方式结尾。如闻一多的《最后一次演讲》的结尾：我们不怕死，我们有牺牲的精神！我们随时像李先生一样，前脚跨出大门，后脚就不准备再跨进大门！

（4）祝愿式。

充满激情的祝愿，更能引导听众憧憬和创造美好的未来。如《迎新茶话会上的演讲》的结尾：祝老年人春节愉快、身体健康、寿比南山！祝中年人春节快乐、家庭幸福、事业成功！祝年轻人春节欢乐、爱情甜蜜、前程无量！祝大家年年幸福年年富，岁岁平安岁岁欢！

（5）名言式。

名言警句不仅可在开头引起注意，也可在结尾增强说服力。如《谈毅力》的结尾：记住："顽强的毅力可以征服世界上任何一座高峰！"（狄更斯语）

除了以上五种方式，演讲稿的结尾还可以采用幽默式、点题式、抒情式等。

【训练】

1）自选题目写一篇演讲稿。

2）模拟演讲。

五、交谈（时下应聘所需的技巧）

（一）什么是交谈

交谈是以有声语言的方式来表达各自的思想及情感的重要工具。交谈不仅是人际交往的主要手段，也是学习知识增长才干的重要途径。

（二）交谈的原则

1. 真诚坦率的原则

真诚是做人的美德，也是交谈的原则。交谈双方态度要认真诚恳，有了直率诚笃，才能有融洽的交谈环境，才能奠定交谈成功的基础。认真对待交谈的主题，坦诚相见，直抒胸臆，不躲不藏，明明白白地表达各自的观点和看法。“出自肺腑的语言才能触动别人的心弦”，真心实意的交流是自信的结果，是信任人的表现，只有用自己的真情激起对方感情的共鸣，交谈才能取得满意的效果。

2．互相尊重的原则

交谈是双向活动，要取得满意的交谈效果，就必须顾及对方的心理需求。交谈中，双方无论地位高低，年纪大小，在人格上都是平等的，要互相尊重。尽量使用礼貌语，谈到自己时要谦虚，谈到对方时要尊重。恰当地运用敬语和自谦语，可以显示个人的修养风度和礼貌，有助于交谈的成功。

（三）交谈的技巧

1．言之有物

交谈的双方都想通过交谈，获得知识、拓宽视野、增长见识、提高水平，因此我们在交谈时，要有观点、有内容，要明确地把话说出来，将所要传递的信息准确地输送到对方的大脑里，正确反映客观事物，恰当地揭示客观事理，贴切地表达思想感情。

2．言之有序

根据讲话的主题和中心设计讲话的次序，安排讲话的层次，即交谈要有逻辑性。交谈时，先讲什么，后讲什么，思路要清晰，内容有条理，布局要合理。

3．言之有礼

交谈时要讲究礼节礼貌。讲话者，态度要谦逊，语气要友好，内容要适宜，语言要文明；听话者，要目视对方，认真倾听，表情加以配合，不做其他事情。

（四）面试谈话

1．一般面试

（1）不同面试阶段谈话内容及所要达到的目的。

面试过程中，面试官会向应聘者发问，而应聘者的回答将成为面试官考虑是否接受他的重要依据。对应聘者而言，了解这些问题背后的“意图”至关重要。不同的单位对面试过程的设计会有所不同，有的单位会非常正式，有的单位则相对比较随意，但一般来说，面试可以分为以下四个阶段。

第一阶段：准备阶段。准备阶段主要是以一般性的社交话题进行交谈，例如主考会问类似“从宿舍到这里远不远”、“今天天气很好，是吗?”这样的问题，目的是使应聘者能比较自然地进入面试情景之中，以便消除毕业生紧张的心情，建立一种和谐友善的面试气氛。毕业生这时就不需要详细地对所问问题进行一一解答，可利用这个机会熟悉面试环境和考官。

第二阶段：引入阶段。社交性的话题结束后，毕业生的情绪逐渐稳定下来，开始进入第二阶段，这阶段主要围绕其履历情况提出问题，给应聘者一次真正发言的机会。例如主考会问类似“请用简短的语言介绍一下你自己”、“在大学期间所学的主要课程有哪些”、“谈谈你在学习期间最大的收获是什么”等问题。毕业生在面试前就应对类似的问题进行准备，回答时要有针对性。

第三阶段：正题阶段。进入面谈的实质性内容，主要是从广泛的话题来了解应聘者不同侧面的心理特点、行为特征、能力素质等，提问的范围也较广，主要是为了针对应聘者的特点获取评价信息，提问的方式也各有不同。因此，毕业生在回答此类问题时应用发散思维，有一定广度和深度，有观点、有见解，回答正确与否并不关键，重要的是能自圆其说。

第四阶段：结束阶段。主考在该问的问题都问完后，会问类似“我们的问题都问完了，请问你对我们有没有什么问题要问”这样的话题进入结束阶段，这时毕业生可提出一些自己想问的问题，但不要问类似“请问你们在我们学校要招几个人”这样的问题，大部分单位都会回答你“不一定，要看毕业生的素质情况”，可以就如果被公司录用可能会接受的培训项目中的主要职责等问题进行提问。

（2）公司面试时常问的一些问题。

本文对面试中经常出现的一些典型问题进行了整理，并给出相应的回答思路和参考答案。读者不必过分关注分析的细节，重在从这些分析中悟出面试的规律及回答问题的思维方式，从而达到活学活用。

问题一：请你自我介绍一下

解析：①这是面试的必考题目，通过自我介绍，使考官对应聘者有个大致了解。②介绍内容要与个人简历相一致。③表述方式上尽量口语化。④要切中要害，不谈无关无用的内容。⑤条理要清晰，层次要分明。⑥事先最好以文字的形式写好背熟。

问题二：谈谈你的家庭情况

解析：①这对于了解应聘者的性格、心理、思想观念等有一定的作用，这是招聘单位问该问题的主要原因。②简单地罗列家庭人口。③宜强调温馨和睦的家庭氛围。④宜强调父母对自己教育的重视。⑤宜强调各位家庭成员的良好状况。⑥宜强调家庭成员对自己工作的支持。⑦宜强调自己对家庭的责任感。

问题三：你有什么业余爱好

解析：①业余爱好能在一定程度上反映应聘者的性格、生活方式和生活态度，这是招聘单位问该问题的主要原因。②最好不要说自己没有业余爱好。④应尽量说自己在读书、听音乐、上网以外的爱好。③避免谈自己令人感觉不好的爱好。

问题四：你最崇拜谁

解析：①最崇拜的人能在一定程度上反映应聘者的价值观和人生追求，这是面试官问该问题的主要原因。②所崇拜的人最好与自己所应聘的工作有一定关系。③最好说出自己所崇拜的人的哪些品质、哪些思想感染着自己、鼓舞着自己。④不宜说自己谁都不崇拜或只崇拜自己，也不宜说崇拜一个虚幻的或是不知名的人，更不宜说崇拜一个明显具有负面形象的人。

问题五：你的座右铭是什么

解析：①座右铭能在一定程度上反映应聘者的品质和人生追求，这是面试官问这个问题的主要原因。②座右铭最好能反映出自己某种优秀品质，如“只为成功找方法，不为失败找借口”。③不宜说那些太长的或太抽象的座右铭，那些容易引起不好的联想的座右铭更不宜说。

问题六：谈谈你的缺点

解析：①通过谈缺点，可以考查一个人的自我认知程度。②应该坦诚但又有策略地说出自己的缺点，比如一些对于所应聘工作“无关紧要”的缺点，甚至是一些表面上看是缺点，从工作的角度看却是优点的缺点。③不宜说自己没缺点或把那些明显的优点说成缺点。

问题七：谈一谈你的一次失败经历

解析：①通过谈失败经历，考查应聘者对待失败的态度及意志品质。②所谈经历的结果应是失败的。③宜说明失败之前自己曾信心百倍、尽心尽力，由于外在客观原因及自己考虑不周导致失败，失败后曾经很痛苦，但经受失败后自己很快振作起来，积极总结经验教训，以更加饱满的热情面对以后的工作。④不宜说自己没有失败的经历，也不宜把那些明显的成功说成是失败。

问题八：你为什么选择我们公司

解析：①面试官试图从中了解你求职的动机、愿望以及对此项工作的态度。②建议从行业、企业和岗位及自身能力这些角度来回答。

问题九：你是应届毕业生，缺乏经验，如何能胜任这项工作

解析：① 如果招聘单位对应届毕业的应聘者提出这个问题，说明招聘单位并不真正在乎“经验”，关键看应聘者怎样回答。②对这个问题的回答最好要体现出应聘者的诚恳、机智、果敢及敬业。如：“作为应届毕业生，在工作经验方面的确会有所欠缺，因此在读书期间我一直利用各种机会在这个行业里做兼职。我也发现，实际工作远比书本知识丰富复杂，但我有较强的责任心、适应能力和学习能力，而且比较勤奋，所以在兼职中均能圆满完成各项工作，从中获取的经验也令我受益匪浅。请贵公司放心，学校所学的知识及兼职的工作经验使我一定能胜任这个职位。”

问题十：你希望与什么样的上级和同事共事

解析：①通过应聘者对上级的“希望”可以判断出应聘者对自我要求的意识和人际关系处理能力。②最好回避对上级具体的希望，多谈对自己的要求。如“作为刚步入社会的新人，我应该多要求自己尽快熟悉环境、适应环境，学会与不同类型的上司和同事和谐相处，而不应该对环境提出什么要求，只要能发挥我的专长就可以了。”

2. 公务员面试基本测评要素及注意事项：

(1) 综合分析能力——综合分析能力要求考生能从宏观、微观两个方面把握事物，能注意整体和部分之间的相互关系及各部分之间的有机协调组合。不仅仅要求考生明是非，还要从多角度、多侧面透彻分析事物与现象之间的因果联系，既有广度也要有深度，揭示事物的本质。如：广州亚运会期间市政府推行免费公交地铁导致人满为患，一周后取消，对此你怎么看？

(2) 言语表达能力——该项能力是指以言语的方式针对不同的材料及对象采用不同的方式风格将自己的思想观点明白无误地表达出来。重点考查：用普通话表达，口齿清晰，用词准确，表达流畅；内容有条理；语言富有说服力和感染力。

(3) 应变能力——该项能力的定义是指在有压力的情境下，思考解决问题时能够迅速而灵巧地转移角度，随机应变，触类旁通，作出正确的判断和处理。如：单位让你组织一次会议，当会议时间快到的时候领导来了，但还有一些与会人员没到，请问遇到这种情况怎么办？

(4) 计划组织协调能力——该能力一般是指对部门的活动做出计划、排出日程、调配资源，并对冲突各方的利益根据一定的标准进行协调。回答这类问题要先调查，分清事情主次，制定具体可行的计划，合理安排调配人员物资。如：为纪念抗日战争胜利60周年，某市团委计划组织青年代表参观革命历史遗迹，开展爱国主义教育活动。假如这项活动由你负责，你如何做好前期筹备工作？

(5) 举止仪表——主要看一个人的穿着打扮和言行举止，以及身体和精神状态的外在表现。主要考查应考者穿着打扮是否得体、言行举止是否符合一般的礼节、精神状态是否饱满。面试时要穿正装，面洁、衣整、发顺、坐端，精神焕发，表情柔和，听、答题时注视考官，回答完毕要告知。

【训练】

就上面所列举的十个问题来练习。

六、命题说话（主要指普通话测试说话）

（一）说话的基本要求

命题说话就是根据给定的话题以独白形式连续说活。这是考查在没有文字材料依托的情况下说话者语音、词汇、语法的规范程度以及自然流畅的水平，也是对说话者心理素质的考验。

附：广东省计算机辅助普通话水平测试“命题说话”项评分细则（见前面）

（二）普通话测试中“说话”项目容易出现的问题

1. 看错题目或者没有报出所选择题目的名称

看错题目的情况虽然不太多，但也偶有发生。如在两个二选一题目中有《我喜欢的节日》、《我最尊敬的人》，学生一看很简单，便说出了“我选择的题目是《我喜欢的节目》”，一个是节日，一个是节目，二者仅一字之差，却谬之千里，出现了严重偏题现象。

有的学生上来就急于表达内容，口若悬河般说起来，但测试员始终不知道其所说题目是什么，只能猜测性地来给分。如果遇到两个题目联系紧密，如：《我的家乡》和《我熟悉的地方》，测试员就很难判断出其所选择的题目，所以在给分时可能会适当扣分。所以请大家一定要看好题目，并说出自己所选择题目的名称后再进行说话。

2. 不会使用计算机辅助测试工具

虽然普通话测试前进行过机测辅导讲解工作，但是有些学生或者因为没有参加培训或者因为没有认真听，不知道怎么操作计算机，还有的因为面对电脑异常紧张，不敢大声说话，机子已经开始计时了，还以为没有开始，造成缺时扣分；还有的学生在测试到中途时竟然以为没有录制成功，对计算机测试不够信任，觉得没有录上而停止说话造成缺时或表达不畅。

3. 准备不充分，缺时严重

这种现象较为普遍，考生在考试前没有将所有考试题目及考试范围了解透彻、没有做精心的准备，以至于在考试过程中出现话语中断、无话可说的缺时现象。

4. 说话语速过快或过慢

这种现象也较普遍，一种原因是觉得速战速决，反正普通话都说了这么多年了，应该不成问题，这种大意思想以及本身说话语速较快的人，在机测面前有时控制不住自己的语速，说得太快，以至于好多不当的细节或方言反而会出现。另一种是过于谨慎，每一句话、每一个字都想发音到位，越是这样反而越是出现了语言不流畅的现象，甚至是说话腔调怪异等。所以在进行命题说话时最好是有意识地将语速保持在适中状态，既要保证速度又要保证清晰。

5. 不时出现流行语、方言词、方言语法现象

网络语言和时尚用语在多数90后的大学生中非常流行，但这些词汇有时在普通话中是不被认可的，因此这一类大学生在普通话测试中一定要注意这一点。另一点是有的学生口语化太过，时常出现将家乡方言中的词汇语法运用到普通话测试中的现象，这一点在普通话测试中也是容易失分的地方。

（三）普通话测试中提高“说话”水平

1. 语音自然

所谓“自然”指的是能够按照日常口语的语音语调来说话，要有真诚、亲切、朴实无华的语气语调，不要带着朗诵或背诵的腔调。这对于平时用普通话讲话的人而言比较容易，但对于方言区平时很少机会听、说规范的普通话日常口语的人而言是件难事，他们在学习过程中往往把戏剧朗读、朗诵的发音当作了楷模来仿效，这就造成了有些人说话时的“朗读腔”或“朗诵腔”。

2. 用词恰当

(1) 首先是用词规范，不用方言词语。

我大佬（哥哥）花钱过度，我老豆（爸爸）拿他奈何不得，昨日送一部单车（自行车）和一对（双）高踭鞋（高跟鞋）搞掂（搞妥当）一个靓女（漂亮的姑娘）。

在这句话中，“大佬”、“老豆”、“单车”、“高踭鞋”、“搞掂”、“靓女”这些词语都是粤方言词语，在普通话测试“说话”中不能使用，如果用了就要被扣分。

(2) 多用口语词，少用书面语。

我们试看一位学生在讲述自己爱好滑冰时的一段话：

所以回到家里母亲看见很心痛，但是我下定了决心一定要学会。现在我已基本上掌握了要领，但是还不会转弯，转弯就要跌倒。

所以回到家里呢，我妈看见挺心疼的。但是我说我一定要学会。现在呢，学得差不多了，就是不会转弯，转弯就要摔跟斗。

(3) 不用时髦语。

社会上常流行一些“时髦语”，如前些年从北方传来的“没治了”、“盖了帽了”等说法，这些年又从网络上演绎出“坑爹”、“酱紫”、“小盆友”、“伤不起”、“hold 住”、“羡慕嫉妒恨”、“有木有”等流行语。这些时髦语虽然可以风靡一时，但它们是不规范的，不宜在普通话测试说话中使用。

(4) 避免同音词。

在口语中没有文字材料做依托，如果遇到同音现象，就容易造成误解。“油船”容易被听成“游船”，“期中”容易被误听成“期终”，“向前看”容易被听成“向钱看”，因此在说话时，应尽量避免使用同音词。

3. 语句流畅

(1) 多用短句，多用单句。

听话时如果句子长了，或者结构复杂了，那么当句子末尾进入听话人脑海中时，句子的开头或许已经印象不深了，所以，口语中的句子不要太长，能讲两句的，不要合为一句。

(2) 冗余适当，避免口头禅。

口语表达时，有时为了强调某个意思，加深听众的印象，可以采用有目的的重复这种方法，但不能机械地无意义地重复，更不能在句子中夹带“这个”、“就是说”、“的话”，这样会使语句断断续续，使听者感到很不流畅，也很不舒服。

(3) 思路清通，符合逻辑。

确定说话中心，并精心选择材料。如，“谈谈社会公德”，说话的中心可以选择“通过我周边的大学生的社会公德现状折射出当代大学生的素质”，也可以选择“通过社会公德看一个国家（或地区）公民的整体素养”，凡是与此有关的内容都可以谈，材料很多，用哪些不用哪些，要精心选材，有清晰的思路，先说什么、后说什么都要设计好。若不作精心准备，可能思路混乱，自己都不知讲了什么，或者讲着讲着不知该讲什么，出现缺时现象。

4. 谋篇得法

（1）认真审题、设计框架。

将普通话测试的话题加以分类，找出它们的类型来，可分为记叙、说明和议论三大类。记叙，它要求中心突出、交待清楚，信息丰富。记人的，要有外貌的描述，也要有精神的描述，如“我尊敬的人”，首先要说清楚这个人是谁，什么样，因为什么使我尊敬他，我是如何表达尊敬的。写事的，时间、地点、事件的发生、发展和结局要交待，如“难忘的旅行”，这次旅行是在什么时间，从什么地方到什么地方，都发生了什么让我难忘的事。议论的讲话要求立论明确，发挥充分，结构完整，不能有头无尾或者虎头蛇尾。无论是立论或者驳论，都不能中途偷换话题。

（2）精心剪裁、合理布局。

在“说话”前，应该广泛收集材料，并从所收集的材料中选取适量的材料，所选的材料应该紧扣中心，要避免选择无效语料或者与话题中心联系不紧密的材料，讲起来洋洋洒洒离题万里，但也要防止无话可说。收集好材料后，也要合理裁剪，如“我的学习生活”，时间很久，内容很多，选择哪些，如何安排这些材料，先讲什么，后讲什么，如何过渡，通过这些材料要表达什么主题，事先都应想好。

（3）结构相对完整。

普通话测试虽然对“说话”的结构是否完整这一项没有做明确要求，但作为命题“说话”而言还应该讲究有始有终，结构大致完整。比如，“我向往的地方”，应先说明为什么向往这个地方，如何对待这种向往，今后有何打算，这样结构就比较完整。但在测试时由于严格计时，考生有一点内容没有讲完，这并不影响测试成绩。

5. 对以下30个话题做精心准备

1）我的愿望（或理想）。

2）我的学习生活。

3）我尊敬的人。

4）我喜爱的动物（或植物）。

5）童年的记忆。

6）我喜爱的职业。

7）难忘的旅行。

8）我的朋友。

9）我喜爱的文学（或其他）艺术形式。

10）谈谈卫生与健康。

11）我的业余生活。

12）我喜欢的季节（或天气）。
13）学习普通话的体会。
14）谈谈服饰。
15）我的假日生活。
16）我的成长之路。
17）谈谈科技发展与社会生活。
18）我知道的风俗。
19）我和体育。
20）我的家乡（或熟悉的地方）。
21）谈谈美食。
22）我喜欢的节日。
23）我所在的集体（学校、机关、公司等）。
24）谈谈社会公德（或职业道德）。
25）谈谈个人修养。
26）我喜欢的明星（或其他知名人士）。
27）我喜爱的书刊。
28）谈谈对环境保护的认识。
29）我向往的地方。
30）购物（消费）的感受 。

第八章　教 师 口 语

教师口语是指教师在日常工作中经常使用的行业用语，是用标准的或比较标准的普通话表达符合教育教学要求的教师工作用语。它包括教师在从教过程中使用的教学口语、教育口语，也包括与教学、教育相关工作的口语，即在对学生进行教育、教学活动中运用的一系列口语表达方式与口语技能、技巧。

一、教师口语的要求和特征

（一）教师口语的要求

1. 教师口语的规范性

主要是指教师使用普通话的规范性。

（1）首先应注意普通话语音规范。

（2）其次要注意用词的规范性。

2. 教师口语的科学性

教师口语的科学性是指教师口语能准确无误地反映客观实际，教师口语的形式，又能准确地表现思想内容。具体地说，教师口语必须能表现出正确的立场观点，所用语言材料必须确切、真实、可靠，从发音到用词，从概念定义的阐述到教学内容的分析，从课堂讲解到释疑，都能达到准确、科学的程度。

首先，教师口语的科学性，要求对教学内容准确表述。要做到这一点，认真钻研教材，深刻把握教材本质，便成为一个不容忽视的关键。

其次，教师口语的科学性，要求在教师口语中排除歧义，避免费解。

第三，教师口语的科学性，要求教师口语合乎逻辑。

3. 教师口语的明晰性

教师口语的明晰性主要是指口语表达语脉相通，条理清晰。要达到教学用语的明晰性，可以从下面几个方面着手组织。

（1）多使用短句。

书面语中多用长句以示严谨，而口语中应尽可能用短句，方便听众在短时间内理解。

（2）使用明白易懂的词语。

教学中的用语要浅白、易懂，不要随意简缩词语、生造词语和滥用文言词。

（3）言简意赅，避免多余信息。

要避免废话过多，就应该抓住教材内容的实质来讲述，力避无意义的重复，还有就是剔除口语杂质。

4. 教学用语的生动性

教学用语的生动性是指在课堂教学过程中所使用的语言既不是枯燥呆板、机械老套，也不是矫揉造作、华而不实，而是妙趣横生、新鲜活泼、通俗质朴。

（1）用语形象直观，富于表现力。

（2）用语深入浅出，具有可接受性。

（3）用语生动活泼，具有幽默感。

5. 教学用语的启发性

教学语言的启发性，是指教师的语言对学生能起到调动自觉性和积极性的作用。启发性有三重意义，启发学生对学习目的和意义的认识，激发他们的学习兴趣、热情和求知欲；启发学生进行联想、想象、分析、对比、归纳、演绎；启发学生的情感和审美情趣。

教学用语启发性的具体要求主要有三点：

（1）用语具有诱发和启示的内涵，以期形成学生的情感共鸣和心理震颤。

（2）用语引疑求趣，以形成对学生智力、智能的刺激。

（3）用语符合学生的心理特点，以利于发展学生的想象力。

（二）教师口语的基本特征

1. 口语语体与书面语体的结合

口语与书面语在语言学上是两个不同的概念。前者作用于人们的听觉，后者作用于人们的视觉，前者存在的方式是语音，后者存在的方式是文字。教师语言就是这两种语体特点的结合。

2. 单向表述语言与双向交流语言的结合

单向表述语言与双向交流语言是教师职业口语的两种主要表现形式。一个合格的教师应当能自如地转换这两种语言表述形式。

3. 预设语言与应变语言的结合

一般来说，教师的教学语言和教育语言是预设性的。即教师在说话前一定是经过精心准备的，即课前的认真备课和反复熟悉教案，也清楚要讲的重点和难点。但是，教师职业语言也有随意的一面。随意的一面是指在按照准备好的教案或讲稿上课时，又不能拘泥于教案或讲稿，照本宣科，教学中教师往往会面临一些新情况、新问题，这就要根据课堂情境做随机性的变化，临场发挥，或调或改或增或减。

二、教学口语特点

教学口语是教师在教学过程中，用以传道、授业、解惑的作用语，是教师教书育人的重要工具。教学口语是教师职业口语中的重要组成部分。

（一）调控性强

教师在上课所说的话语主要是根据教学资料来设计的，该说什么，什么时候说，都是“有备而来”，并不是信口开河。

（二）综合性强

所教的内容涉及面比较广，有时还得跨学科、跨专业；教师的语言技巧、应变能力都有讲究。

（三）科学性强

“传道、授业、解惑”就体现在讲述的内容要科学、正确。

（四）激励性强

给学生以正能量的影响，从而使其达到“乐学”的状态。

三、主要教学环节的口语技能

依据在教学中的不同作用，教学口语一般分为组织教学口语、课堂结构口语、阐释教材口语三大类型。组织教学口语分为提示语和指导语。课堂结构口语包括导入语、过渡语和结束语。阐释教材口语则包括提问语和讲授语。

（一）导入语

导入语又叫开讲语，指教师上课开始时对学生讲的与教学目标有关、能调动学生学习兴趣的一席话。“良好的开端，是成功的一半”。好的导入语有不可忽视的教学功能。

1. 导入语的基本任务

导入语或把新旧知识有机联系起来，或介绍有关背景材料，或摘要本课所讲内容，或渲染一种气氛，或引发一种情绪。导入语的基本任务是激发学生学习的欲望和兴致，使他们进入预定的教学轨道。

2. 导入语的设计原则

（1）要具有趣味性，能激起学生学习的兴趣，激起学生的求知欲。

（2）要富有鼓动性，能调动学生的课堂情绪，使之跃跃欲试。

（3）要具有启发性，能激发学生的智力活动，引起思索，吸引学生的注意力。

（4）要有一定的情感性，起到缩小师生之间心理距离的作用。

3. 导入语的类型

（1）开门见山式。

直接点题，一开始上课教师就将本节课的主要内容和要达到的教学目的说出来，让学生可以很快地找到学习的目标。

（2）回顾式。

也叫复习式，在上新课之前先对以前所学的一些知识进行复习、回顾，以便更好地引导到这节课要学的新内容上。

【示例】师：上一节课我们学习了林则徐领导的虎门销烟，这把火烧掉了英国侵略者妄图通过鸦片来打开中国贸易大门的幻想。可是，英国侵略者并不肯就此罢休，在密谋着一场大规模的侵华战争以挽回自己的损失。1840 年的 6 月，英国侵略者找到理由，挑起了鸦片战争。今天我们就来学习“鸦片战争”这一课。

（3）故事式。

通过一些与教学内容有关的趣闻轶事引入，激发学生的学习兴趣。

【示例】师：上课前，我们先讲几个小故事。美国一个汽车工厂有个“电焊工”，他每天工作 20 个小时，生产效率比一般工人高 10 ～ 20 倍。还有一个“怪”人，他是美国科罗拉多州的，他能把盛有剧毒的钚元素粉末的容器，送到华氏 950 度高温的炉膛里，直到这种粉末变成纽扣状的物体，这个“人”又把这些物体送出炉膛，而他自己却没有受到任何损害。还有个叫“科沃”的美国“人”，他能潜到海底 750 米深处，捞起一枚掉进大海里的氢弹。同学们，你们说这些“人”是什么人呀？生：机器人。师：好，让我们一起学习《机器人》这一课吧。

理科老师可以在讲某个概念、定理时，先将与这个概念、定理有关的科学家的故事、轶事说出，引起学生的兴趣。

（4）设疑式。

又称悬念式，教师常用设问、反问的形式设置悬念，使学生对未知充满好奇，更易集中注意力去探求背后的答案。

【示例】师：大家都知道任何物体被盛夏的太阳光一照都要变热。今天，我们要讲一个越晒越凉的故事。一位植物学家到欧洲的巴尔干半岛去考察，太阳烤得他口干舌燥。当他看到一位头顶瓦罐的妇女后，向她要杯牛奶喝，希望是越凉的牛奶越好。那妇女让植物学家在旁等着，用湿毛巾把装有牛奶的瓦罐左一层右一层地包裹起来，放在灼热的太阳底下晒起来。植物学家开始很纳闷，这样牛奶不是越晒越热吗？很快他就想明白其中的奥秘了。同学们，你们想知道这奥秘是什么吗？学完了“蒸发”这节课，你们就会明白其中的道理的。

（5）抒情式。

这主要是先由教师渲染一种情绪，营造一种氛围，学生在不知不觉中被感染，顺理成章地进入课文的学习。

【示例】一位老师在讲朱自清的《背影》时，先让学生说说自己的父亲，在学生沉浸在浓浓的父爱氛围中后再抛出要学的课文，同样也是一篇描写父爱的文章——《背影》。

（6）释题式。

由题目的讲解来引导课文的学习，学生较容易把握课文的主要内容是什么。

【示例】 有的教师在教授《荷塘月色》这一课时就释题导入："荷塘月色"是一个偏正结构的短语。从这一短语中，我们知道，课文主要写的应该是月光下的景色。"荷塘"修饰"月色"，那也就是说，这月光下的景色必须是荷塘周围的。所以，通过分析这题目，我们明白了作者主要是写月光下荷塘周围的景色。至于这景色是否美丽，我们一起来学习这篇课文就可以知道了……

（7）表演式。

将课文中一些抽象的内容通过形象、直观的表演，使学生能较快地理解学习。这种方法在理科教学中用的多，往往是物理、化学科目。文科偶尔也可用，如话剧表演或做实验。

【示例】 一位语文老师在上《死海不死》时就是做实验导入的，用同样一个鸡蛋放在装有盐水和淡水的杯子里，鸡蛋却出现"浮"和"沉"两种情况。学生由这个实验初步了解到有一处人掉入湖里也不沉的"死海"的存在，随后对详细的课文内容就会饶有兴趣地学习下去。

（二）讲授语

讲授语，也叫阐释语，是教师向学生传授知识和技能时进行叙述并解释的语言。它是使用频率最高、运用最广的教学语言，一节课中常常需要多次使用它。

1．讲授语的特点

（1）逻辑性。

主要指准确地使用概念，恰当地进行判断，严密地进行推理的特点。

（2）透辟性。

主要指阐发得透彻、尖锐，引导得清楚、明晰。

（3）启发性。

主要指充分激发学生学习的内在诱因，培养学生的认识兴趣和思维能力。

2．讲授语的类型

（1）叙述语。

客观、清楚地将事物在时空间的发展变化、状态和事物间的联系陈述出来。

（2）描述语。

用具体、生动的语言描绘事情的状况、再现某种场景。

（3）解说语。

准确、清晰、简明、生动地解释某些概念。

（4）评述语。

对某种情景、话题或某个观点发表见解。

（三）提问语

提问语是教师用发问形式开发学生智力，以唤起学生进行思维活动而使用的语言，是教学口语中使用最广泛、最普遍的用语。

教学过程的实质就是提出问题、分析问题、解决问题的过程，所以提问是一种常规教学手段。提问是深入的阶梯，是触发的引信，是觉悟的契机。提问效果的好坏，往往成为一堂课成败的关键。

1. 提问语的作用

（1）可以启发学生思考，使学生的学习变得积极主动。

（2）可以及时地反馈教学信息，便于教师调整教学内容。

（3）可以诱导学生向知识更深处挖掘。

2. 提问语的设计原则

（1）目的明确。

教师所提的问题必须与教学目标紧密联系，服从教学目标的需要。

（2）启发思维。

提问语的意图是要使学生在教学过程中自己思考问题。

（3）语意明确。

提问语要明白易懂，含义不明的提问语只会使学生不知所措，或者答非所问、不得要领。

（4）新颖有趣。

课堂提问要激发学生思考，引发学生兴趣，就不能采用固定的模式。

（5）有层次性。

教师要将不同层次的问题和不同水平的学生优化组合

（6）以尊重学生为前提。

提问时的态度要和蔼，言语要礼貌，决不能把提问作为惩罚学生的手段。

3. 提问语的类型

（1）独立式提问语。

这类提问语的发话形式就是一个问句，没有前言后语。

（2）铺垫式提问语。

这类提问语本身并不能独立，或者说，如果单听这样的提问句，对问题内容的理解可能不太完整，需要在提出问句之前作一些铺垫。如，“祥子，大热天不知道躲避；下雨天也不会遮挡自己。老舍为什么写这么一个大笨人呢?”

（3）解释式提问语。

这类提问语往往是先提出问句，再说明和问题有关的情况，或注释说明这个问题的答域。如，“愚公花那么多时间和精力去移山，何苦呢？搬家不是更省事吗？他这样做不是名副其实的‘愚公’吗？”

（4）总分式提问语。

这是指一组提问语。教师先提一个总问题，紧接着再提出这个问题之下的分问题。

（5）连锁式提问语。

这是指一组提问语。教师往往事先设计好了，先预测学生会有什么回答，再根据学生的回答继续提问，有追问的性质。如，“老师问学生：孔乙己叫什么？学生不假思索回答：叫孔乙己。师：孔乙己是他的名字吗？学生稍沉吟答道：是绰号。师又问：“孔乙己读了一辈子书，为什么连个名字都没有？”

（四）过渡语

过渡语又称课堂衔接语、转换语等。指在教学中从一个环节到另一个环节，由一个大问题到另一个大问题之间的过渡用语。

过渡语是引路语，提示和引导学生从一个方面的学习，顺利地通向下一个方面的学习。过渡语是粘连语，它可以把一节课的内容衔接成一个整体，给学生以层次感、系统感。

1．过渡语的作用

（1）对各环节内容穿针引线。

（2）提醒注意、激发思维。

（3）温故知新。

（4）给课堂教学增加美感。

过渡语应从教材出发，贴近学生实际，发挥教师个人优势，准确而又简洁，亲切而且生动，通俗中不乏时尚，机智下充满幽默，富于变化，合乎情理，创造生动活泼的课堂，引领学生有滋有味地学习，使每一位学生有所思、有所得。

2．过渡语的类型

（1）顺流式过渡语。

教师用一句话把上一环节内容说出来，然后提出问题，引入下一环节施教内容。这类过渡语可以提高学生注意力，启发学生思维，激发学习兴趣，是课堂教学中常用而又较好的一种过渡手段。如，“好。我们了解了根从土壤里吸收水分用的是渗透的方式。可是，除了植物根从土壤中吸收水分外，植物生活还需要什么物质呢？”

（2）提示式过渡语。

指出上下环节或问题之间关系的过渡语。如，“车夫品质高尚，人虽渐渐远去，身影却越来越大。而我为什么变小了呢？”

（3）悬念式过渡语。

运用前面问题推导的结果，制造一种悬念效应，巧妙引出下文的过渡语。如，

“同学们，你们想知道这奥秘是什么吗？学完了‘蒸发’这节课，你们就会明白其中的道理的。”

（五）结束语

讲完一部分内容或讲完一节课之后的一段小结语就是结束语。常言道：编筐织篓，贵在收口；描龙画凤，贵在点睛。课堂教学的结束语是课堂教学的有机组成部分，是课堂教学不可或缺的重要环节。

1. 结束语的作用

适时帮助学生对所学知识加以总结，既能起到阶段性消化和巩固的作用，又可以为学习新知识做好准备。结语的作用就在于让学生当堂消化、理解、巩固、强化新学知识，并帮助他们理清思路，更好地从感性认识上升到理性认识。

运用结束语要注意的问题：

（1）忌拖沓。

（2）忌仓促。

（3）忌平淡。

2. 结束语的类型

（1）概括（归纳）式。

这是最常用的一种结束语。它是对教学内容、课文特色作提纲挈领的总结和归纳，是对知识进行的条理化和系统化的工作，意在让学生由博返约，纲举目张，牢固地掌握所学知识。

【示例】“在《茶花赋》这篇课文里，作者运用了丰富的想象和巧妙的艺术构思，分别从茶花的美姿和春色、茶花的栽培者以及茶花的含露乍开三幅构图，去寓意人民精神的感人和祖国的伟大。三幅构图各具一格，意境步步深化……”

（2）悬念（启下）式。

在课堂教学结束时，有时采用巧设悬念的方法，能收到“欲知后事如何，且听下回分解”的艺术效果。

【示例】“二次世界大战以来，美国的军事战略经历了这样五次演变；80年代以来，美国的军事战略又有了新的变化，这种变化同以往的战略相比有什么不同呢？下节课我们再讲。”

（3）延伸式。

教师除了在课堂上向学生传授知识，还应把学生的视野由课内引向课外，使学生自觉地去课外寻求知识，以弥补课堂教学之不足。

【示例】“有人说‘对现状不满，渴望改变是一种可贵的精神，正是这种精神才使人类不断前进。因此，马蒂尔德对梦想的追求无可厚非。’也有人说‘爱慕虚荣是套在马蒂尔德脖子上的一挂项链，其实，它又何尝不是拴在我们人类精神上的一根项链呢?’同学们，你们是怎么看的呢？请写一篇短文，阐述你的观点。”

（4）升华式。

教育工作者必须既教书，又育人；既是科任教师，又是生活导师和品德引路人。在教学终了之时，教师运用准确精练的语言，对课文的精要之处进行点化、揭示，激发学生的相关思想感情，真正达到文章“如出我手，如出我口”的境界。

【示例】“关于圆的知识我们已经讲完了。通过对圆的知识的学习，我们知道，圆内的面积小于圆外的面积。可以说，人类已经掌握的知识只是相当于圆的面积，还有很多像圆外的区间无限大的无穷领域人们还不知道。我们应该谦虚谨慎，不满足于自己已知的知识，不骄不躁，勤奋好学、刻苦钻研，掌握更多的文化知识以造福人类。”

（5）对照式。

在课堂教学结束之际，从内容、结构、语言等方面，有所侧重地将课文与以前学过的其他课文进行对照比较，同中求异，异中求同，从而加深对课文的理解。

四、教育口语的特点

“教育口语”指的是教师在教育学生的活动及过程中使用的语言。更具体的说是指教师对学生进行思想品德教育、行为规范和情商教育而使用的语言。它包括课堂教学过程中教育学生的谈话，班主任、少先队以及其他工作、其他场合中的教育性谈话。

（一）针对性

指对学生实施教育时，要注意根据不同的时间、场合和对象来调整内容和技巧，要求做到因人因事因时因地施言。

1. 因人施言

不同的学生个体有不同的性格特征，不同的学生集体也往往在兴趣、爱好、行为习惯上表现出不同的风格色彩。在教育过程中，教师应针对不同对象采取不同的言语策略，作到因人施言。例如：一位教师对三个不愿登台讲话的同学采用了不同的动员和激励方式。

对一个胆小、以“没准备”为借口不愿上台的女同学，教师说：在没有准备的情况下登台，是一种自信；在没准备的情况下，敢于面对听众，是一种伟大；在没有准备的情况下，说的不好，可以理解；在没有准备的情况下，说得很精彩，更是难能可贵。你愿意试一试吗？

对一个腼腆、扭捏、自认为“不善辞令”的男同学，教师说：内秀的人不靠辞令取胜，靠的是他的真诚、他的智慧。我相信你有比一般辞令更能打动大家的真知灼见。

对第三个性格倔强、冷冰冰地抛出“我说不好”的同学，教师说：具有谦虚美德的人，往往对自己要求过高，但决不会让大家失望，请你说几句并非至善至美但却辞恳意切的心里话。

2. 因事施言

教师的教育活动总是针对学生中出现的某种倾向、发生的事件或矛盾而进行的，因此教育口语决不能无的放矢，而应当在对事情本身进行细致分析的基础上，找准问题的症结所在，选择恰当的话语对症下药。

3. 因时施言

教师的教育口语不在于多或少，重要的是话要说得切合时机，因时施言。要做到因时施言，教师在日常工作中应注意细致地观察学生，了解学生，善于抓住学生思想转变的契机以因势利导。

4. 因地施言

人的情感具有不同的情境性，环境往往会对人的心理产生影响，尤其是自尊、敏感的青少年的情绪更易受环境左右。因此，教师在实施教育的过程中就必须注意区分不同的谈话场合，采用或严肃、或平和、或诙谐的谈话方式，以使学生坦然释怀、心悦诚服。

（二）诱导性

诱导，即诱发、引导。教育过程中教师仅仅将事理明白地告诉学生是不够的，还必须根据学生的思维习惯，采用灵活多样的语言，在思想上给以点拨、引导，促使其思考，鼓励其行动。

一位教师在发现他的学生出现“早恋”现象时，巧妙地向学生讲起家乡果园的事情。他说：“我们村子周围有大片的果树园，寒来暑往，春花秋实。有一年秋末冬初，我突然惊奇的发现，有些就要落叶的果树枝上竟然开出了一簇簇小小的果花。不久，花谢了，居然也结出了山楂般大小的果子。可惜没过几天，霜冻就来了，叶落尽了，小果实也烂掉了。小时候我每每捧着这些可怜的小果子发呆。后来，我才明白：不该开花的时候开花了，不该结果的时候结果了，是会受到自然规律惩罚的。今天，同学们中的一些事情又引起了我的思索，你们是否也从中得到了一些启迪呢?”同学们深有感触，早恋的现象就在这个班消失了。

（三）说理性

说理就是用摆事实讲道理的方法说明是非曲直。教育口语的核心在于一个“理”字。在教育中，对学生的说服、劝导或者批评都要以理服人，启迪暗示或者褒扬激励也要以理为据。

同样是面对学生的早恋问题，有个老师在进行教育时，引用了女作家程乃珊富有哲理性的一段话：“……把它（指早恋）看得淡一点，不那么严阵以待，它反而会很快地过去，然后在你的一生中留下一阵幽幽的芬芳。但如果你确认这是一种‘山盟海誓’的爱情，双方都深深地陷了进去，那才是天下第一大傻瓜呢！初恋的成功率极低，一旦成功了，当你踏入社会见到真正的世界时，你会感到过早地把自己的未来缠在一个异性的身上，是一个多么沉重的羁绊！它处处妨碍着你投入更广阔的人生。你还年轻，有着多少新事情，新的课题在前面等着你呀！”

（四）感染性

指在对学生教育时要以情感人，引起学生在感情上的共鸣。在思想工作的谈话中，教师饱满的热情和精彩的言辞，一方面可唤起学生深刻的理性感悟，另一方面，又可造成学生强烈的情感体验。例如一位教师放寒假前对学生进行安全教育的一段话：

就快放寒假了。这将是一个快乐的假期，燃鞭炮、放焰火、观灯展、看狮舞……。不过，大家别忘了春节过后将是莺歌燕舞、花红柳绿的春天。可明媚的春天只属于耳聪目明的人哪！那时我们将要去春游，我们要采花、捉虫、制作各种标本。这都需要敏捷的足和灵巧的手啊！新的一年，我们将要学会多少新的知识，取得多少新的成绩啊！而这些，都需要强健的身体做本钱。谁如果发誓不要这一切，那么他就可以不注意安全。

五、常用教育口语基本技能训练

（一）启迪语

启迪语就是教师针对学生思想上存在的问题所使用的启发、引导性的话语。启迪语运用得好，可以激发学生积极思考，形成正确的观念并付诸行动。

［示例］开学的第三天，老师没有按惯例给同学们排座位，而是让学生自己讨论排座位的原则。同学们积极响应，大家争先恐后地发言。讨论发言告一段落后，老师把排座位的原则归纳为三条：

1）按高低个儿顺序。

2）照顾有生理缺陷的同学。

3）把方便让给别人。

老师就此原则征求同学们的意见，同学们一致响亮地回答“同意”。这时，班主任老师用充满信任的语气说：“我完全相信同学们说话算数，会把原则变成每一个人的具体行动。下面这样好了，我们改变过去由老师排座位的老办法，不到外面排队，由你们自己按讨论的三条原则，自邀同位，两人商议共找一个恰当的座位坐好，然后由大家评议，看谁最能按原则办事，谁就是言行一致的好少年。”办法一宣布，同学们先是感到意外，继而表现出欣喜的神情。全班同学，按照这三条原则很快入座了。

［训练］

1）分析讨论［示例］中教师如何运用启迪语启发诱导学生自我教育。

2）饭厅里，有位学生将一个肉包子随手扔进泔水桶里，扬长而去。

就这一现象设计启迪语对学生进行教育。要求：启迪学生自己认识问题，思考反省，进行自我教育。

3）有位学生，父母离异后学习成绩下降，常常逃学。但他很喜欢打乒乓球，也喜欢帮助别人。最近他又旷课两天。针对如上情况设计启迪语对其进行教育。

（二）暗示语

暗示语是指教师运用讲故事、寓言、笑话、聊天等含蓄、间接的方法给学生以启示的教育口语。暗示语从内容上来分，有故事暗示、笑话暗示、寓言暗示和赠言暗示。

[示例] 有一位生物老师，在帮助一位曾受学校纪律处分、萎靡不振的学生时说了一段话：

"海参遇到污染和不良环境，难免要把毒素吸到内脏去。海参吸入毒素，一经发作，身躯就会发生强烈的收缩，甚至把中毒内脏全部或部分排出体外。还有的海参为了排除毒素，把身体裂开，排出内脏。待游到适宜生存的良好环境时，再重新生长或长好，继续生活下去。"老师看了看这位同学，语重心长地说："一个人有了缺点错误，就应该学习海参的排毒精神。"

暗示语减少了直言的刺激性，且老师的话语中充满了鼓励和期待，能有效地让学生自省自悟，达到教育的目的。

[训练]

针对下列情况，采用讲故事或赠言的形式设计暗示语。

1）对学习偷懒的人。

2）对过分追求打扮的学生。

3）对不能吃苦害怕困难的学生。

4）对犯过错误萎靡不振的学生。

（三）激励语

激励语是指教师通过赞美、表扬、激将等方式激起学生的荣誉感、责任心和奋发精神的一种教育口语。激励语带有明显的鼓动性，适用于任何学生。相比之下，后进生更需要肯定和激励。

[示例] 有位后进生，学习不努力，经常翻墙逃学。虽然班主任多次教育，但转变不大。一天，他翻墙进校被领导发现送到班里，同学们议论纷纷。班主任了解到是因为他回校迟到，正遇上学校统计各班迟到人数，他怕影响班级荣誉，又怕耽误上课，就翻墙了。这时，班主任便对全班同学说："过去王××翻墙，今天他又翻墙了，但这不是简单的重复错误。过去，他是向外翻，是逃避上课去玩了；今天，他是向里翻，是为了学习。这中间有进步。试想，这样考虑学习和班级荣誉，我们大家谁能不相信他一定会成为好学生？"老师的话使他激动得流下了热泪，以后上进的步子越来越大。

［训练］

班主任王老师一早起来去班上查自习。他边走边想，纷纷扬扬的大雪下了大半天，天亮时，又刮起了大风。这样大的雪，路远的孩子一定要迟到了，更不会有人列队去操场坚持长跑了。

走进教室，王老师楞住了。全班同学无一缺席，都坐在座位上等老师辅导早读。不少同学头上还冒着热气呢，一种责任心和兴奋感使他发问："这么大的雪还有人坚持跑步吗？"只见 20 多个孩子同时举起了手。

针对上述情境，为王老师设计一段激励赞美语。

（四）批评语

批评语是针对受教育者的缺点、错误进行否定性评价的一种教育口语。在批评学生时，一要注意弄清事实真相，找出原因；二是注意批评的场合、环境；三是注意语言艺术，应因人而异地采用以褒代贬、间接提醒等方法引导学生。

［示例］有个老师批评迟到的同学：昨天早自习，我们班有三个同学迟到，今天早自习，我们班又有五个同学迟到。这个情况，大家大概都从大门口的学生考勤公开栏里看到了。这八位同学是谁，大家都清楚，我就不一一点名了。在这里，我要对这八位同学提出公开批评。我知道，前几天下了场大雪，路不像过去那样好走，然而同样是这种情况，班上的其他同学怎么就没有迟到呢？表面上看，这似乎是个早晨是不是早动身十分八分钟的问题，实际上这里面有个纪律观念强不强的问题，遵守时间，是现代人的一个必备素质。很难设想，工厂的生产流水线已经启动，却还有几个工人没有到岗；战斗已经打响，却还有几个战士没有进入阵地。那将会带来什么样的后果呢？我希望，明天学校考勤栏上我们班的迟到人数是个"零"。

这是一个公开批评。公开批评的内容一般是带有普遍倾向的问题。迟到是一种比较普遍的现象。这位教师在批评时叙述了批评的事情及其原因，列举了危害，提出了希望。而在批评时，做到了就事论事，保全了迟到学生的自尊，分析合情合理，易为迟到学生所接受，同时，对全班学生也是一次教育。

教师在批评学生时，要用饱含爱心和富有情感的生动语言，切忌说过火的话，更不要以尖刻指责、讽刺挖苦，或粗话漫骂、行为失态来代替教育语言。

［示例］一次期中考试，一位女生考了个倒数第一。成绩公布后，她伤心得一天未到校上课。第二天，她红肿着眼睛走进教室。班主任老师一看见她，就当着全班同学挖苦说："怎么？考个第一，为班争了光，就不想上学了？没关系，脸上搽粉搽厚一点就行了。"

听了这话，那位女同学趴在桌子上，失声痛哭，整个上午再没抬起头来。

［训练］根据下面情景提示，设计一段批评语：

一位班里学习很好的女生，有时逃避做课间操，平日也不锻炼身体，体质明显下降了。

主要参考书目

[1] 黄伯荣，廖序东．现代汉语［M］．增订5版．北京：高等教育出版社，2011.
[2] 宋欣桥．普通话语音训练教程［M］．王均，刘照雄，审订．北京：商务印书馆，2004.
[3] 王茜，杨晓瑜．普通话口语训练［M］．郑州：河南大学出版社，2005.
[4] 宋欣桥．普通话水平测试员实用手册［M］．北京：商务印书馆，2000.
[5] 翟雅丽．教师口语技巧［M］．广州：暨南大学出版社，2001.
[6] 赵林森，郭启明．教师口语［M］．郑州：河南大学出版社，1996.
[7] 唐树芝．教师口语技能［M］．长沙：湖南师范大学出版社，1996.
[8] 王伟．教师口语学［M］．郑州：河南大学出版社，2007.
[9] 蔡玉芝，赵江，王新宇，等．新编普通话口语［M］．郑州：河南大学出版社，2003.
[10] 国家教育委员会师范教育司组．教师口语（试用本）［M］．北京：北京师范大学出版社，1996.

朗读作品60篇

作品1号

那是力争上游的一种树，笔直的干，笔直的枝。它的干呢，通常是丈把高，像是加以人工似的，一丈以内，绝无旁枝；它所有的桠枝呢，一律向上，而且紧紧靠拢，也像是加以人工似的，成为一束，绝无横斜逸出；它的宽大的叶子也是片片向上，几乎没有斜生的，更不用说倒垂了；它的皮，光滑而有银色的晕圈，微微泛出淡青色。这是虽在北方的风雪的压迫下却保持着倔强挺立的一种树！哪怕只有碗来粗细罢，它却努力向上发展，高到丈许，两丈，参天耸立，不折不挠，对抗着西北风。

这就是白杨树，西北极普通的一种树，然而决不是平凡的树！

它没有婆娑的姿态，没有屈曲盘旋的虬枝，也许你要说它不美丽，——如果美是专指“婆娑”或“横斜逸出”之类而言，那么，白杨树算不得树中的好女子；但是它却是伟岸，正直，朴质，严肃，也不缺乏温和，更不用提它的坚强不屈与挺拔，它是树中的伟丈夫！当你在积雪初融的高原上走过，看见平坦的大地上傲然挺立这么一株或一排白杨树，难道你就只觉得树只是树，难道你就不想到它的朴质，严肃，坚强不屈，至少也象征了北方的农民；难道你竟一点儿也不联想到，在敌后的广大土//地上，到处有坚强不屈，就像这白杨树一样傲然挺立的守卫他们家乡的哨兵！难道你又不更远一点想到这样枝枝叶叶靠紧团结，力求上进的白杨树，宛然象征了今天在华北平原纵横决荡用血写出新中国历史的那种精神和意志。

节选自茅盾《白杨礼赞》

Zuòpǐn 1 Hào

Nà shì lìzhēng－shàngyóu de yī zhǒng shù，bǐzhí de gàn，bǐzhí de zhī. Tā de gàn ne，tōngcháng shì zhàng bǎ gāo，xiàng shì jiāyǐ réngōng shìde，yī zhàng yǐnèi，jué wú pángzhī；tā suǒyǒu de yāzhī ne，yīlǜ xiàng shàng，érqiě jǐnjǐn kàolǒng，yě xiàng shì jiāyǐ réngōng shìde，chéngwéi yī shù，jué wú héng xié yì chū；tā de kuāndà de yèzi yě shì piànpiàn xiàng shàng，jīhū méi・yǒu xié shēng de，gèng bùyòng shuō dàochuí le；tā de pí，guānghuá ér yǒu yínsè de yùnquān，wēiwēi fànchū dànqīngsè. Zhè shì suī zài běifāng de fēngxuě de yāpò xià què bǎochízhe juéjiàng tǐnglì de yī zhǒng shù！Nǎpà zhǐyǒu wǎn lái cūxì ba，tā què nǔlì xiàngshàng fāzhǎn，gāo dào zhàng xǔ，liǎng zhàng，cāntiān sǒnglì，bù zhé bù náo，duìkàngzhe xīběifēng.

Zhè jiùshì báiyángshù，xīběi jí pǔtōng de yī zhǒng shù，rán'ér jué bù shì píngfán de shù！

Tā méi · yǒu pósuō de zītài，méi · yǒu qūqū pánxuán de qiúzhī，yěxǔ nǐ yào shuō tā bù měilì，——Rúguǒ měi shì zhuān zhǐ "pósuō" huò "héng xié yì chū" zhīlèi ér yán，nàme，báiyángshù suàn · bù · dé shù zhōng de hǎo nǚzǐ；dànshì tā què shì wěi'àn，zhèngzhí，pǔzhì，yánsù，yě bù quēfá wēnhé，gèng bùyòng tí tā de jiānqiáng－bùqū yǔ tǐngbá，tā shì shù zhōng de wěizhàngfu！Dāng nǐ zài jīxuě chū róng de gāoyuán · shàng zǒuguo，kàn · jiàn píngtǎn de dàdì · shàng àorán－tǐnglì zhème yī zhū huò yī pái báiyángshù，nándào nǐ jiù zhǐ jué · dé shù zhǐshì shù，nándào nǐ jiù bù xiǎngdào tā de pǔzhì，yánsù，jiānqiáng－bùqū，zhìshǎo yě xiàngzhēngle běifāng de nóngmín；nándào nǐ jìng yīdiǎnr yě bù liánxiǎng dào，zài díhòu de guǎngdà tǔ//dì · shàng，dàochù yǒu jiānqiáng－bùqū，jiù xiàng zhè báiyángshù yīyàng àorán－tǐnglì de shǒuwèi tāmen jiāxiāng de shàobīng！Nándào nǐ yòu bù gèng yuǎn yīdiǎnr xiǎngdào zhèyàng zhīzhīyèyè kàojǐn tuánjié，lìqiú shàngjìn de báiyángshù，wǎnrán xiàngzhēngle jīntiān zài Huáběi Píngyuán zònghéng juédàng yòng xuè xiěchū xīn Zhōngguó lìshǐ de nà zhǒng jīngshén hé yìzhì.

Jiéxuǎn zì Máo Dùn《Báiyáng Lǐzàn》

作品2号

两个同龄的年轻人同时受雇于一家店铺，并且拿同样的薪水。

可是一段时间后，叫阿诺德的那个小伙子青云直上，而那个叫布鲁诺的小伙子却仍在原地踏步。布鲁诺很不满意老板的不公正待遇。终于有一天他到老板那儿发牢骚了。老板一边耐心地听着他的抱怨，一边在心里盘算着怎样向他解释清楚他和阿诺德之间的差别。

"布鲁诺先生，"老板开口说话了，"您现在到集市上去一下，看看今天早上有什么卖的。"

布鲁诺从集市上回来向老板汇报说，今早集市上只有一个农民拉了一车土豆在卖。

"有多少？"老板问。

布鲁诺赶快戴上帽子又跑到集上，然后回来告诉老板一共四十袋土豆。

"价格是多少？"

布鲁诺又第三次跑到集上问来了价格。

"好吧，"老板对他说，"现在请您坐到这把椅子上一句话也不要说，看看阿诺德怎么说。”

阿诺德很快就从集市上回来了。向老板汇报说到现在为止只有一个农民在卖土豆，一共四十口袋，价格是多少多少；土豆质量很不错，他带回来一个让老板看看。这个农民一个钟头以后还会弄来几箱西红柿，据他看价格非常公道。昨天他们铺子的西红柿卖得很快，库存已经不//多了。他想这么便宜的西红柿，老板肯定会要进一些的，所以他不仅带回了一个西红柿做样品，而且把那个农民也带来了，他现在正在外面等回话呢。

此时老板转向了布鲁诺，说：“现在您肯定知道为什么阿诺德的薪水比您高了吧！”

节选自张健鹏、胡足青主编《故事时代》中《差别》

Zuòpǐn 2 Hào

Liǎng gè tónglíng de niánqīngrén tóngshí shòugù yú yī jiā diànpù, bìngqiě ná tóngyàng de xīn · shuǐ.

Kěshì yī duàn shíjiān hòu, jiào Ānuòdé de nàge xiǎohuǒzi qīngyún – zhíshàng, ér nàgè jiào Bùlǔnuò de xiǎohuǒzi què réng zài yuándì tàbù. Bùlǔnuò hěn bù mǎnyì lǎobǎn de bù gōngzhèng dàiyù. Zhōngyú yǒu yī tiān tā dào lǎobǎn nàr fā láo · sāo le. Lǎobǎn yībiān nàixīn de tīngzhe tā de bào · yuàn, yībiān zài xīn · lǐ pánsuanzhe zěnyàng xiàng tā jiěshì qīngchu tā hé Ānuòdé zhījiān de chābié.

“Bùlǔnuò xiānsheng,” Lǎobǎn kāikǒu shuōhuà le, “Nín xiànzài dào jíshì · shàng qù yīxià, kànkan jīntiān zǎoshang yǒu shénme mài de.”

Bùlǔnuò cóng jíshì · shàng huí · lái xiàng lǎobǎn huìbào shuō, jīnzǎo jíshì · shàng zhǐyǒu yī gè nóngmín lāle yī chē tǔdòu zài mài.

“Yǒu duō · shǎo?” Lǎobǎn wèn.

Bùlǔnuò gǎnkuài dài · shàng màozi yòu pǎodào jí · shàng, ránhòu huí · lái gàosu lǎobǎn yīgòng sìshí dài tǔdòu.

“Jiàgé shì duō · shǎo?”

Bùlǔnuò yòu dì – sān cì pǎodào jí · shàng wènláile jiàgé.

“Hǎo ba,” Lǎobǎn duì tā shuō, “Xiànzài qǐng nín zuòdào zhè bǎ yǐzi · shàng yī jù huà yě bùyào shuō, kànkan Ānuòdé zěnme shuō.”

Ānuòdé hěn kuài jiù cóng jíshì · shàng huí · lái le. Xiàng lǎobǎn huìbào shuō dào xiànzài wéizhǐ zhǐyǒu yī gè nóngmín zài mài tǔdòu, yīgòng sìshí kǒudai, jiàgé shì duō · shǎo duō · shǎo; tǔdòu zhìliàng hěn bùcuò, tā dài huí · lái yī gè ràng lǎobǎn kànkan. Zhège nóngmín yī gè zhōngtóu yǐhòu hái huì nònglái jǐ xiāng xīhóngshì, jù tā kàn jiàgé fēicháng gōngdao. Zuótiān tāmen pùzi de xīhóngshì mài de hěn kuài, kùcún yǐ · jīng bù//duō le. Tā xiǎng zhème piányi de xīhóngshì lǎobǎn kěndìng huì yào jìn yīxiē de, suǒyǐ tā bùjǐn dàihuíle yī gè xīhóngshì zuò yàngpǐn, érqiě bǎ nàge nóngmín yě dài · lái le, tā xiànzài zhèngzài wài · miàn děng huíhuà ne.

Cǐshí lǎobǎn zhuǎnxiàngle Bùlǔnuò, shuō: "Xiànzài nín kěndìng zhī · dào wèi shénme Ānuòdé de xīn · shuǐ bǐ nín gāo le ba!"

Jiéxuǎn zì Zhāng Jiànpéng、Hú Zúqīng zhǔbiān《Gùshi Shídài》zhōng《Chābié》

作品 3 号

我常常遗憾我家门前的那块丑石：它黑黝黝地卧在那里，牛似的模样；谁也不知道是什么时候留在这里的，谁也不去理会它。只是麦收时节，门前摊了麦子，奶奶总是说：这块丑石，多占地面呀，抽空把它搬走吧。

它不像汉白玉那样的细腻，可以刻字雕花，也不像大青石那样的光滑，可以供来浣纱捶布。它静静地卧在那里，院边的槐阴没有庇覆它，花儿也不再在它身边生长。荒草便繁衍出来，枝蔓上下，慢慢地，它竟锈上了绿苔、黑斑。我们这些做孩子的，也讨厌起它来，曾合伙要搬走它，但力气又不足；虽时时咒骂它，嫌弃它，也无可奈何，只好任它留在那里了。

终有一日，村子里来了一个天文学家。他在我家门前路过，突然发现了这块石头，眼光立即就拉直了。他再没有离开，就住了下来；以后又来了好些人，都说这是一块陨石，从天上落下来已经有二三百年了，是一件了不起的东西。不久便来了车，小心翼翼地将它运走了。

这使我们都很惊奇！这又怪又丑的石头，原来是天上的啊！它补过天，在天上发过热、闪过光，我们的先祖或许仰望过它，它给了他们光明、向往、憧憬；而它落下来了，在污土里，荒草里，一躺就//是几百年了！

我感到自己的无知，也感到了丑石的伟大，我甚至怨恨它这么多年竟会默默地忍受着这一切！而我又立即深深地感到它那种不屈于误解、寂寞的生存的伟大。

节选自贾平凹《丑石》

Zuòpǐn 3 Hào

Wǒ chángcháng yíhàn wǒ jiā mén qián nà kuài chǒu shí: Tā hēiyǒuyǒu de wò zài nà · lǐ, niú shìde múyàng; shéi yě bù zhī · dào shì shénme shíhou liú zài zhè · lǐ de, shéi yě bù qù lǐhuì tā. Zhǐshì màishōu shíjié, mén qián tānle màizi, nǎinai zǒng shì shuō: Zhè kuài chǒu shí, duō zhàn dìmiàn ya, chōukòng bǎ tā bānzǒu ba.

Tā bù xiàng hànbáiyù nàyàng de xìnì, kěyǐ kèzì diāohuā, yě bù xiàng dà qīng shí nàyàng de guānghuá, kěyǐ gōng lái huànshā chuíbù. Tā jìngjìng de wò zài nà · lǐ, yuàn biān de huáiyīn méi · yǒu bìfù tā, huā'ér yě bùzài zài tā shēnbiān shēngzhǎng. Huāngcǎo biàn fányǎn chū · lái, zhīwàn shàngxià, mànmàn de, tā jìng xiùshàngle lǜtái、hēibān. Wǒmen zhèxiē zuò háizi de, yě tǎoyàn · qǐ tā · lái, céng héhuǒ yào bānzǒu tā, dàn lìqi yòu bùzú; suī shíshí zhòumà tā, xiánqì tā, yě wúkě－nàihé, zhǐhǎo rèn tā liú zài nà · lǐ le.

Zhōng yǒu yī rì, cūnzi · lǐ láile yī gè tiānwénxuéjiā. Tā zài wǒ jiā mén qián lùguò, tūrán fāxiànle zhè kuài shítou, yǎnguāng lìjí jiù lāzhí le. Tā zài méi · yǒu líkāi, jiù zhùle xià · lái; yǐhòu yòu láile hǎoxiē rén, dōu shuō zhè shì yī kuài yǔnshí, cóng tiān · shàng luò xià · lái yǐ · jīng yǒu èr－sānbǎi nián le, shì yī jiàn liǎo · bùqǐ de dōngxi. Bùjiǔ biàn láile chē, xiǎoxīn－yìyì de jiāng tā yùnzǒu le.

Zhè shǐ wǒmen dōu hěn jīngqí! zhè yòu guài yòu chǒu de shítou, yuánlái shì tiān · shàng de a! Tā bǔguo tiān, zài tiān · shàng fāguo rè、shǎnguo guāng, wǒmen de xiānzǔ huòxǔ yǎngwàngguo tā, tā gěile tāmen guāngmíng、xiàngwǎng、chōngjǐng; ér tā luò xià · lái le, zài wūtǔ · lǐ, huāngcǎo · lǐ, yī tǎng jiù//shì jǐbǎi nián le!

Wǒ gǎndào zìjǐ de wúzhī, yě gǎndàole chǒu shí de wěidà, wǒ shènzhì yuànhèn tā zhème duō nián jìng huì mòmò de rěnshòuzhe zhè yīqiè! Ér wǒ yòu lìjí shēnshēn de gǎndào tā nà zhǒng bùqū yú wùjiě、jìmò de shēngcún de wěidà.

Jiéxuǎn zì Jiǎ Píngwā《Chǒu Shí》

作品 4 号

在达瑞八岁的时候，有一天他想去看电影。因为没有钱，他想是向爸妈要钱，还是自己挣钱。最后他选择了后者。他自己调制了一种汽水，向过路的行人出售。可那时正是寒冷的冬天，没有人买，只有两个人例外——他的爸爸和妈妈。

他偶然有一个和非常成功的商人谈话的机会。当他对商人讲述了自己的“破产史”后，商人给了他两个重要的建议：一是尝试为别人解决一个难题；二是把精力集中在你知道的、你会的和你拥有的东西上。

这两个建议很关键。因为对于一个八岁的孩子而言，他不会做的事情很多。于是他穿过大街小巷，不停地思考：人们会有什么难题，他又如何利用这个机会？

一天，吃早饭时父亲让达瑞去取报纸。美国的送报员总是把报纸从花园篱笆的一个特制的管子里塞进来。假如你想穿着睡衣舒舒服服地吃早饭和看报纸，就必须离开温暖的房间，冒着寒风，到花园去取。虽然路短，但十分麻烦。

当达瑞为父亲取报纸的时候，一个主意诞生了。当天他就按响邻居的门铃，对他们说，每个月只需付给他一美元，他就每天早上把报纸塞到他们的房门底下。大多数人都同意了，很快他有//了七十多个顾客。一个月后，当他拿到自己赚的钱时，觉得自己简直是飞上了天。

很快他又有了新的机会，他让他的顾客每天把垃圾袋放在门前，然后由他早上运到垃圾桶里，每个月加一美元。之后他还想出了许多孩子赚钱的办法，并把它集结成书，书名为《儿童挣钱的二百五十个主意》。为此，达瑞十二岁时就成了畅销书作家，十五岁有了自己的谈话节目，十七岁就拥有了几百万美元。

节选自［德］博多·舍费尔《达瑞的故事》，刘志明译

ZuòPǐn 4 Hào

Zài Dáruì bā suì de shíhou，yǒu yī tiān tā xiǎng qù kàn diànyǐng. Yīn · wèi méi · yǒu qián，tā xiǎng shì xiàng bà mā yào qián，háishì zìjǐ zhèngqián. Zuìhòu tā xuǎnzéle hòuzhě. Tā zìjǐ tiáozhìle yī zhǒng qìshuǐ，xiàng guòlù de xíngrén chūshòu. Kě nàshí zhèngshì hánlěng de dōngtiān，méi · yǒu rén mǎi，zhǐyǒu liǎng gè rén lìwài——tā de bàba hé māma.

Tā ǒurán yǒu yī gè hé fēicháng chénggōng de shāngrén tánhuà de jī · huì. Dāng tā duì shāngrén jiǎngshùle zìjǐ de "pòchǎnshǐ" hòu，shāngrén gěile tā liǎng gè zhòngyào de jiànyì：yī shì chángshì wèi bié · rén jiějué yī gè nántí；èr shì bǎ jīnglì jízhōng zài nǐ zhī · dào de、nǐ huì de hé nǐ yōngyǒu de dōngxi · shang.

Zhè liǎng gè jiànyì hěn guānjiàn. Yīn · wèi duìyú yī gè bā suì de háizi ér yán，tā bù huì zuò de shìqing hěn duō. Yúshì tā chuānguo dàjiē xiǎoxiàng，bùtíng de sīkǎo：rénmen huì yǒu shénme nántí，tā yòu rúhé lìyòng zhège jī · huì?

Yī tiān，chī zǎofàn shí fù · qīn ràng Dáruì qù qǔ bàozhǐ. Měiguó de sòngbào yuán zǒngshì bǎ bàozhǐ cóng huāyuán líba de yī gè tèzhì de guǎnzi · lǐ sāi jìn · lái. Jiǎrú nǐ xiǎng chuānzhe shuìyī shūshūfúfú de chī zǎofàn hé kàn bàozhǐ，jiù bìxū líkāi wēnnuǎn de fángjiān，màozhe hánfēng，dào huāyuán qù qǔ. Suīrán lù duǎn，dàn shífēn máfan.

Dāng Dáruì wèi fù · qīn qǔ bàozhǐ de shíhou，yī gè zhǔyi dànshēng le. Dàngtiān tā jiù ànxiǎng lín · jū de ménlíng，duì tāmen shuō，měi gè yuè zhǐ xū fùgěi tā yī měiyuán，tā jiù měitiān zǎoshang bǎ bàozhǐ sāidào tāmen de fángmén dǐ · xià. Dàduōshù rén dōu tóngyì le，hěn kuài tā yǒu //le qīshí duō gè gùkè. Yī gè yuè hòu，dāng tā nádào zìjǐ zhuàn de qián shí，jué · dé zìjǐ jiǎnzhí shì fēi · shàngle tiān.

Hěn kuài tā yòu yǒule xīn de jī · huì，tā ràng tā de gùkè měitiān bǎ lājīdài fàngzài mén qián，ránhòu yóu tā zǎoshang yùndào lājītǒng · lǐ，měi gè yuè jiā yī měiyuán. Zhīhòu tā hái xiǎngchūle xǔduō háizi zhuànqián de bànfǎ，bìng bǎ tā jíjié chéng shū，shūmíng wéi《Értóng Zhèngqián de Èrbǎi Wǔshí gè Zhǔyi》. Wèicǐ，Dáruì shí'èr suì shí jiù chéngle chàngxiāoshū zuòjiā，shíwǔ suì yǒule zìjǐ de tánhuà jiémù，shíqī suì jiù yōngyǒule jǐ bǎi wàn měiyuán.

Jiéxuǎn zì［Dé］Bóduō Shěfèi'ěr《Dáruì de Gùshi》，Liú Zhìmíng yì

作品 5 号

这是入冬以来，胶东半岛上第一场雪。

雪纷纷扬扬，下得很大。开始还伴着一阵儿小雨，不久就只见大片大片的雪花，从彤云密布的天空中飘落下来。地面上一会儿就白了。冬天的山村，到了夜里就万籁俱寂，只听得雪花簌簌地不断往下落，树木的枯枝被雪压断了，偶尔咯吱一声响。

大雪整整下了一夜。今天早晨，天放晴了，太阳出来了。推开门一看，嗬！好大的雪啊！山川、河流、树木、房屋，全都罩上了一层厚厚的雪，万里江山，变成了粉妆玉砌的世界。落光了叶子的柳树上挂满了毛茸茸亮晶晶的银条儿；而那些冬夏常青的松树和柏树上，则挂满了蓬松松沉甸甸的雪球儿。一阵风吹来，树枝轻轻地摇晃，美丽的银条儿和雪球儿簌簌地落下来，玉屑似的雪末儿随风飘扬，映着清晨的阳光，显出一道道五光十色的彩虹。

大街上的积雪足有一尺多深，人踩上去，脚底下发出咯吱咯吱的响声。一群群孩子在雪地里堆雪人，掷雪球儿。那欢乐的叫喊声，把树枝上的雪都震落下来了。

俗话说，“瑞雪兆丰年”。这个话有充分的科学根据，并不是一句迷信的成语。寒冬大雪，可以冻死一部分越冬的害虫；融化了的水渗进土层深处，又能供应//庄稼生长的需要。我相信这一场十分及时的大雪，一定会促进明年春季作物，尤其是小麦的丰收。有经验的老农把雪比做是“麦子的棉被”。冬天“棉被”盖得越厚，明春麦子就长得越好，所以又有这样一句谚语：“冬天麦盖三层被，来年枕着馒头睡。”

我想，这就是人们为什么把及时的大雪称为“瑞雪”的道理吧。

节选自峻青《第一场雪》

ZuòPǐn 5 Hào

Zhè shì rùdōng yǐlái，Jiāodōng Bàndǎo · shàng dì – yī cháng xuě.

Xuě fēnfēnyángyáng，xià de hěn dà. Kāishǐ hái bànzhe yīzhènr xiǎoyǔ，bùjiǔ jiù zhǐ jiàn dàpiàn dàpiàn de xuěhuā，cóng tóngyún – mìbù de tiānkōng zhōng piāoluò xià · lái. Dìmiàn · shàng yīhuìr jiù bái le. Dōngtiān de shāncūn，dàole yè · lǐ jiù wànlài – jùjì，zhǐ tīng de xuěhuā sùsù de bùduàn wǎngxià luò，shùmù de kūzhī bèi xuě yāduàn le，ǒu'ěr gēzhī yī shēng xiǎng.

Dàxuě zhěngzhěng xiàle yī yè. Jīntiān zǎo · chén，tiān fàngqíng le，tài · yáng chū · lái le. Tuīkāi mén yī kàn，hè！Hǎo dà de xuě a！Shānchuān、héliú、shùmù、fángwū，quán dōu zhào · shàngle yī céng hòuhòu de xuě，wànlǐ jiāngshān，biànchéngle fěnzhuāng – yùqì de shìjiè. Luòguāngle yèzi de liǔshù · shàng guàmǎnle máoróngróng liàngjīngjīng de yíntiáor; ér nàxiē dōng – xià chángqīng de sōngshù hé bǎishù · shàng, zé guàmǎnle péngsōngsōng chéndiàndiàn de xuěqiúr. Yī zhèn fēng chuīlái, shùzhī qīngqīng de yáo · huàng, měilì de yíntiáor hé xuěqiúr sùsù de luò xià · lái, yùxiè shìde xuěmòr suí fēng piāoyáng, yìngzhe qīngchén de yángguāng, xiǎnchū yī dàodào wǔguāng – shísè de cǎihóng.

Dàjiē · shàng de jīxuě zú yǒu yī chǐ duō shēn, rén cǎi shàng · qù, jiǎo dǐ · xià fāchū gēzhī gēzhī de xiǎngshēng. Yī qúnqún háizi zài xuědì · lǐ duī xuěrén, zhì xuěqiúr. Nà huānlè de jiàohǎn shēng, bǎ shùzhī · shàng de xuě dōu zhènluò xià · lái le.

Súhuà shuō, "Ruìxuě zhào fēngnián". Zhège huà yǒu chōngfèn de kēxué gēnjù, bìng bù shì yī jù míxìn de chéngyǔ. Hándōng dàxuě, kěyǐ dòngsǐ yī bùfen yuèdōng de hàichóng; rónghuàle de shuǐ shènjìn tǔcéng shēnchù, yòu néng gōngyìng // zhuāngjia shēngzhǎng de xūyào. Wǒ xiāngxìn zhè yī cháng shífēn jíshí de dàxuě, yīdìng huì cùjìn míngnián chūnjì zuòwù, yóuqí shì xiǎomài de fēngshōu. Yǒu jīngyàn de lǎonóng bǎ xuě bǐzuò shì "màizi de miánbèi". Dōngtiān "miánbèi" gài de yuè hòu, míngchūn màizi jiù zhǎng de yuè hǎo, suǒyǐ yòu yǒu zhèyàng yī jù yànyǔ: "Dōngtiān mài gài sān céng bèi, láinián zhěnzhe mántou shuì".

Wǒ xiǎng, zhè jiùshì rénmen wèishénme bǎ jíshí de dàxuě chēngwéi "ruìxuě" de dào · lǐ ba.

Jiéxuǎn zì Jùn Qīng《Dì – yī Cháng Xuě》

作品6号

我常想读书人是世间幸福人，因为他除了拥有现实的世界之外，还拥有另一个更为浩瀚也更为丰富的世界。现实的世界是人人都有的，而后一个世界却为读书人所独有。由此我想，那些失去或不能阅读的人是多么的不幸，他们的丧失是不可补偿的。世间有诸多的不平等，财富的不平等，权力的不平等，而阅读能力的拥有或丧失却体现为精神的不平等。

一个人的一生，只能经历自己拥有的那一份欣悦，那一份苦难，也许再加上他亲自闻知的那一些关于自身以外的经历和经验。然而，人们通过阅读，却能进入不同时空的诸多他人的世界。这样，具有阅读能力的人，无形间获得了超越有限生命的无限可能性。阅读不仅使他多识了草木虫鱼之名，而且可以上溯远古下及未来，饱览存在的与非存在的奇风异俗。

更为重要的是，读书加惠于人们的不仅是知识的增广，而且还在于精神的感化与陶冶。人们从读书学做人，从那些往哲先贤以及当代才俊的著述中学得他们的人格。人们从《论语》中学得智慧的思考，从《史记》中学得严肃的历史精神，从《正气歌》中学得人格的刚烈，从马克思学得人世//的激情，从鲁迅学得批判精神，从托尔斯泰学得道德的执着。歌德的诗句刻写着睿智的人生，拜伦的诗句呼唤着奋斗的热情。一个读书人，一个有机会拥有超乎个人生命体验的幸运人。

节选自谢冕《读书人是幸福人》

Zuòpǐn 6 Hào

Wǒ cháng xiǎng dúshūrén shì shìjiān xìngfú rén, yīn · wèi tā chúle yōngyǒu xiànshí de shìjiè zhīwài, hái yōngyǒu lìng yī gè gèng wéi hàohàn yě gèng wéi fēngfù de shìjiè. Xiànshí de shìjiè shì rénrén dōu yǒu de, ér hòu yī gè shìjiè què wéi dúshūrén suǒ dúyǒu. Yóu cǐ wǒ xiǎng, nàxiē shīqù huò bùnéng yuèdú de rén shì duōme de bùxìng, tāmen de sàngshī shì bùkě bǔcháng de. Shìjiān yǒu zhūduō de bù píngděng, cáifù de bù píngděng, quánlì de bù píngděng, ér yuèdú nénglì de yōngyǒu huò sàngshī què tǐxiàn wéi jīngshén de bù píngděng.

Yī gè rén de yīshēng, zhǐnéng jīnglì zìjǐ yōngyǒu de nà yī fèn xīnyuè, nà yī fèn kǔnàn, yěxǔ zài jiā · shàng tā qīnzì wén zhī de nà yīxiē guānyú zìshēn yǐwài de jīnglì hé jīngyàn. Rán'ér, rénmen tōngguò yuèdú, què néng jìnrù bùtóng shíkōng de zhūduō tārén de shìjiè. Zhèyàng, jùyǒu yuèdú nénglì de rén, wúxíng jiān huòdéle chāoyuè yǒuxiàn shēngmìng de wúxiàn kěnéngxìng. Yuèdú bùjǐn shǐ tā duō shíle cǎo – mù – chóng – yú zhī míng, érqiě kěyǐ shàngsù yuǎngǔ xià jí wèilái, bǎolǎn cúnzài de yǔ fēicúnzài de qífēng – yìsú.

Gèng wéi zhòngyào de shì, dúshū jiāhuì yú rénmen de bùjǐn shì zhīshi de zēngguǎng, érqiě hái zàiyú jīngshén de gǎnhuà yǔ táoyě. Rénmen cóng dúshū xué zuòrén, cóng nàxiē wǎngzhé xiānxián yǐjí dāngdài cáijùn de zhùshù zhōng xuédé tāmen de réngé. Rénmen cóng《Lúnyǔ》zhōng xuédé zhìhuì de sīkǎo, cóng《Shǐjì》zhōng xuédé yánsù de lìshǐ jīngshén, cóng《Zhèngqìgē》zhōng xuédé réngé de gāngliè, cóng Mǎkèsī xuédé rénshì//de jīqíng, cóng Lǔ Xùn xuédé pīpàn jīngshén, cóng Tuō'ěrsītài xuédé dàodé de zhízhuó. Gēdé de shījù kèxiězhe ruìzhì de rénshēng, Bàilún de shījù hūhuànzhe fèndòu de rèqíng. Yī gè dúshūrén, yī gè yǒu jī · huì yōngyǒu chāohū gèrén shēngmìng tǐyàn de xìngyùn rén.

Jiéxuǎn zì Xiè Miǎn《Dúshūrén Shì Xìngfú Rén》

作品 7 号

一天，爸爸下班回到家已经很晚了，他很累也有点儿烦，他发现五岁的儿子靠在门旁正等着他。

“爸，我可以问您一个问题吗?”

“什么问题?”“爸，您一小时可以赚多少钱?”“这与你无关，你为什么问这个问题?”父亲生气地说。

“我只是想知道，请告诉我，您一小时赚多少钱?”小孩儿哀求道。“假如你一定要知道的话，我一小时赚二十美金。”

“哦，”小孩儿低下了头，接着又说，“爸，可以借我十美金吗?”父亲发怒了：“如果你只是要借钱去买毫无意义的玩具的话，给我回到你的房间睡觉去。好好想想为什么你会那么自私。我每天辛苦工作，没时间和你玩儿小孩子的游戏。”

小孩儿默默地回到自己的房间关上门。

父亲坐下来还在生气。后来，他平静下来了。心想他可能对孩子太凶了——或许孩子真的很想买什么东西，再说他平时很少要过钱。

父亲走进孩子的房间：“你睡了吗?”“爸，还没有，我还醒着。”孩子回答。

“我刚才可能对你太凶了，”父亲说，“我不应该发那么大的火儿——这是你要的十美金。”“爸，谢谢您。”孩子高兴地从枕头下拿出一些被弄皱的钞票，慢慢地数着。

“为什么你已经有钱了还要?”父亲不解地问。

“因为原来不够，但现在凑够了。”孩子回答：“爸，我现在有//二十美金了，我可以向您买一个小时的时间吗? 明天请早一点儿回家——我想和您一起吃晚餐。”

节选自《二十美金的价值》，唐继柳编译

Zuòpǐn 7 Hào

Yī tiān, bàba xiàbān huídào jiā yǐ · jīng hěn wǎn le, tā hěn lèi yě yǒu diǎnr fán, tā fāxiàn wǔ suì de érzi kào zài mén páng zhèng děngzhe tā.

“Bà, wǒ kěyǐ wèn nín yī gè wèntí ma?”

“Shénme wèntí?” “Bà, nín yī xiǎoshí kěyǐ zhuàn duō · shǎo qián?” “Zhè yǔ nǐ wúguān, nǐ wèishénme wèn zhège wèntí?” Fù · qīn shēngqì de shuō.

“Wǒ zhǐshì xiǎng zhī · dào, qǐng gàosu wǒ, nín yī xiǎoshí zhuàn duō · shǎo qián?” Xiǎoháir āiqiú dào. “Jiǎrú nǐ yīdìng yào zhī · dào de huà, wǒ yī xiǎoshí zhuàn èrshí měijīn.”

“Ò,” Xiǎoháir dīxiàle tóu, jiēzhe yòu shuō, “Bà, kěyǐ jiè wǒ shí měijīn ma?” Fù · qīn fānù le: “Rúguǒ nǐ zhǐshì yào jiè qián qù mǎi háowú yìyì de wánjù de huà, gěi wǒ huídào nǐ de fángjiān shuìjiào · qù. Hǎohǎo xiǎngxiang wèishénme nǐ huì nàme zìsī. Wǒ měitiān xīnkǔ gōngzuò, méi shíjiān hé nǐ wánr xiǎoháizi de yóuxì.”

Xiǎoháir mòmò de huídào zìjǐ de fángjiān guān · shàng mén.

Fù · qīn zuò xià · lái hái zài shēngqì. Hòulái, tā píngjìng xià · lái le. Xīnxiǎng tā kěnéng duì háizi tài xiōng le——huòxǔ háizi zhēnde hěn xiǎng mǎi shénme dōngxi, zài shuō tā píngshí hěn shǎo yàoguo qián.

Fù · qīn zǒujìn háizi de fángjiān: “Nǐ shuìle ma?” “Bà, hái méi · yǒu, wǒ hái xǐngzhe.” Háizi huídá.

“Wǒ gāngcái kěnéng duì nǐ tài xiōng le,” Fù · qīn shuō, “Wǒ bù yīnggāi fā nàme dà de huǒr——zhè shì nǐ yào de shí měijīn.” “Bà, xièxie nín.” Háizi gāoxìng de cóng zhěntou · xià náchū yīxiē bèi nòngzhòu de chāopiào, mànmàn de shǔzhe.

“Wèishénme nǐ yǐ · jīng yǒu qián le hái yào?” Fù · qīn bùjiě de wèn.

“Yīn · wèi yuánlái bùgòu, dàn xiànzài còugòu le.” Háizi huí dá: “Bà, wǒ xiànzài yǒu //èrshí měijīn le, wǒ kěyǐ xiàng nín mǎi yī gè xiǎoshí de shíjiān ma? Míngtiān qǐng zǎo yīdiǎnr huíjiā ——wǒ xiǎng hé nín yīqǐ chī wǎncān.”

Jiéxuǎn zì《Èrshí Měijīn de Jiàzhí》, Táng Jìliǔ biānyì

作品 8 号

我爱月夜，但我也爱星天。从前在家乡七八月的夜晚在庭院里纳凉的时候，我最爱看天上密密麻麻的繁星。望着星天，我就会忘记一切，仿佛回到了母亲的怀里似的。

三年前在南京我住的地方有一道后门，每晚我打开后门，便看见一个静寂的夜。下面是一片菜园，上面是星群密布的蓝天。星光在我们的肉眼里虽然微小，然而它使我们觉得光明无处不在。那时候我正在读一些天文学的书，也认得一些星星，好像它们就是我的朋友，它们常常在和我谈话一样。

如今在海上，每晚和繁星相对，我把它们认得很熟了。我躺在舱面上，仰望天空。深蓝色的天空里悬着无数半明半昧的星。船在动，星也在动，它们是这样低，真是摇摇欲坠呢！渐渐地我的眼睛模糊了，我好像看见无数萤火虫在我的周围飞舞。海上的夜是柔和的，是静寂的，是梦幻的。我望着许多认识的星，我仿佛看见它们在对我眨眼，我仿佛听见它们在小声说话。这时我忘记了一切。在星的怀抱中我微笑着，我沉睡着。我觉得自己是一个小孩子，现在睡在母亲的怀里了。

有一夜，那个在哥伦波上船的英国人指给我看天上的巨人。他用手指着：//那四颗明亮的星是头，下面的几颗是身子，这几颗是手，那几颗是腿和脚，还有三颗星算是腰带。经他这一番指点，我果然看清楚了那个天上的巨人。看，那个巨人还在跑呢！

节选自巴金《繁星》

Zuòpǐn 8 Hào

Wǒ ài yuèyè, dàn wǒ yě ài xīngtiān. Cóngqián zài jiāxiāng qī – bāyuè de yèwǎn zài tíngyuàn · lǐ nàliáng de shíhou, wǒ zuì ài kàn tiān · shàng mìmìmámá de fánxīng.

Wàngzhe xīngtiān, wǒ jiù huì wàngjì yīqiè, fǎngfú huídàole mǔ · qīn de huái · lǐ shìde.

Sān nián qián zài Nánjīng wǒ zhù de dìfang yǒu yī dào hòumén, měi wǎn wǒ dǎkāi hòumén, biàn kàn · jiàn yī gè jìngjì de yè. Xià · miàn shì yī piàn càiyuán, shàng · miàn shì xīngqún mìbù de lántiān. Xīngguāng zài wǒmen de ròuyǎn · lǐ suī rán wēixiǎo, rán'ér tā shǐ wǒmen jué · dé guāngmíng wú chù bù zài. Nà shíhou wǒ zhèngzài dú yīxiē tiānwénxué de shū, yě rènde yīxiē xīngxing, hǎoxiàng tāmen jiùshì wǒ de péngyou, tāmén chángcháng zài hé wǒ tánhuà yīyàng.

Rújīn zài hǎi · shàng, měi wǎn hé fánxīng xiāngduì, wǒ bǎ tāmen rènde hěn shú le. Wǒ tǎng zài cāngmiàn · shàng, yǎngwàng tiānkōng. Shēnlánsè de tiānkōng · lǐ xuánzhe wúshù bàn míng bàn mèi de xīng. Chuán zài dòng, xīng yě zài dòng, tāmen shì zhèyàng dī, zhēn shì yáoyáo – yùzhuì ne! Jiànjiàn de wǒ de yǎnjing móhu le, wǒ hǎoxiàng kàn · jiàn wúshù yínghuǒchóng zài wǒ de zhōuwéi fēiwǔ. Hǎi · shàng de yè shì róuhé de, shì jìngjì de, shì mènghuàn de. Wǒ wàngzhe xǔduō rènshí de xīng, wǒ fǎngfú kàn · jiàn tāmen zài duì wǒ zháyǎn, wǒ fǎngfú tīng · jiàn tāmen zài xiǎo shēng shuōhuà. Zhèshí wǒ wàngjìle yīqiè. Zài xīng de huáibào zhōng wǒ wēixiàozhe, wǒ chénshuìzhe. Wǒ jué · dé zìjǐ shì yī gè xiǎoháizi, xiànzài shuì zài mǔ · qīn de huái · lǐ le.

Yǒu yī yè, nà ge zài gēlúnbō shàng chuán de Yīngguórén zhǐ gěi wǒ kàn tiān · shàng de jùrén. Tā yòng shǒu zhǐzhe: //Nà sì kē míngliàng de xīng shì tóu, xià · miàn de jǐ kē shì shēnzi, zhè jǐ kē shì shǒu, nà jǐ kē shì tuǐ hé jiǎo, háiyǒu sān kē xīng suàn shì yāodài. Jīng tā zhè yīfān zhǐdiǎn, wǒ guǒrán kàn qīngchule nà ge tiān · shàng de jùrén. Kàn, nà ge jùrén hái zài pǎo ne!

Jiéxuǎn zì Bā Jīn《Fánxīng》

作品9号

假日到河滩上转转，看见许多孩子在放风筝。一根根长长的引线，一头系在天上，一头系在地上，孩子同风筝都在天与地之间悠荡，连心也被悠荡得恍恍惚惚了，好像又回到了童年。

儿时的放风筝，大多是自己的长辈或家人编扎的，几根削得很薄的篾，用细纱线扎成各种鸟兽的造型，糊上雪白的纸片，再用彩笔勾勒出面孔与翅膀的图案。通常扎得最多的是“老雕”、“美人儿”、“花蝴蝶”等。

我们家前院就有位叔叔，擅扎风筝，远近闻名。他扎得风筝不只体形好看，色彩艳丽，放飞得高远，还在风筝上绷一叶用蒲苇削成的膜片，经风一吹，发出“嗡嗡”的声响，仿佛是风筝的歌唱，在蓝天下播扬，给开阔的天地增添了无尽的韵味，给驰荡的童心带来几分疯狂。

我们那条胡同的左邻右舍的孩子们放的风筝几乎都是叔叔编扎的。他的风筝不卖钱，谁上门去要，就给谁，他乐意自己贴钱买材料。

后来，这位叔叔去了海外，放风筝也渐与孩子们远离了。不过年年叔叔给家乡写信，总不忘提起儿时的放风筝。香港回归之后，他在家信中说到，他这只被故乡放飞到海外的风筝，尽管飘荡游弋，经沐风雨，可那线头儿一直在故乡和//亲人手中牵着，如今飘得太累了，也该要回归到家乡和亲人身边来了。

是的。我想，不光是叔叔，我们每个人都是风筝，在妈妈手中牵着，从小放到大，再从家乡放到祖国最需要的地方去啊！

节选自李恒瑞《风筝畅想曲》

Zuòpǐn 9 Hào

Jiàrì dào hétān · shàng zhuànzhuan, kàn · jiàn xǔduō háizi zài fàng fēngzheng. Yīgēngēn chángcháng de yǐnxiàn, yī tóur jì zài tiān · shàng, yī tóur jì zài dì · shàng, háizi tóng fēngzheng dōu zài tiān yǔ dì zhījiān yōudàng, lián xīn yě bèi yōudàng de huǎnghuǎnghūhū le, hǎoxiàng yòu huídào le tóngnián.

Érshí de fàng fēngzheng, dàduō shì zìjǐ de zhǎngbèi huò jiārén biānzā de, jǐ gēn xiāo de hěn báo de miè, yòng xì shāxiàn zāchéng gè zhǒng niǎo shòu de zào xíng, hú · shàng xuěbái de zhǐpiàn, zài yòng cǎibǐ gōulè chū miànkǒng yǔ chìbǎng de tú'àn. Tōngcháng zā de zuì duō de shì "lǎodiāo"、"měirénr"、"huā húdié" děng.

Wǒmen jiā qiányuàn jiù yǒu wèi shūshu, shàn zā fēngzheng, yuǎnjìn – wénmíng. Tā zā de fēngzheng bùzhǐ tǐxíng hǎokàn, sècǎi yànlì, fàngfēi de gāo yuǎn, hái zài fēngzheng · shàng bēng yī yè yòng púwěi xiāochéng de mópiàn, jīng fēng yī chuī, fāchū "wēngwēng" de shēngxiǎng, fǎngfú shì fēngzheng de gēchàng, zài lántiān · xià bō yáng, gěi kāikuò de tiāndì zēngtiānle wújìn de yùnwèi, gěi chídàng de tóngxīn dàilái jǐ fēn fēngkuáng.

Wǒmen nà tiáo hútòngr de zuǒlín – yòushè de háizimen fàng de fēngzheng jīhū dōu shì shūshu biānzā de. Tā de fēngzheng bù mài qián, shuí shàngmén qù yào, jiù gěi shuí, tā lèyì zìjǐ tiē qián mǎi cáiliào.

Hòulái, zhèwèi shūshu qùle hǎiwài, fàng fēngzheng yě jiàn yǔ háizimen yuǎn lí le. Bùguò niánnián shūshu gěi jiāxiāng xiěxìn, zǒng bù wàng tíqǐ érshí de fàng fēngzheng. Xiānggǎng huíguī zhīhòu, tā zài jiāxìn zhōng shuōdào, tā zhè zhī bèi gùxiāng fàngfēi dào hǎiwài de fēngzheng, jǐnguǎn piāodàng yóuyì, jīng mù fēngyǔ, kě nà xiàntóur yīzhí zài gùxiāng hé // qīnrén shǒu zhōng qiānzhe, rújīn piāo de tài lèi le, yě gāi yào huíguī dào jiāxiāng hé qīnrén shēnbiān lái le.

Shìde. Wǒ xiǎng, bùguāng shì shūshu, wǒmen měi gè rén dōu shì fēngzheng, zài māma shǒu zhōng qiānzhe，cóngxiǎo fàngdào dà，zài cóng jiāxiāng fàngdào zǔguó zuì xūyào de dìfang qù a！

Jiéxuǎn zì Lǐ Héngruì《Fēngzheng Chàngxiǎngqǔ》

作品10号

爸不懂得怎样表达爱，使我们一家人融洽相处的是我妈。他只是每天上班下班，而妈则把我们做过的错事开列清单，然后由他来责骂我们。

有一次我偷了一块糖果，他要我把它送回去，告诉卖糖的说是我偷来的，说我愿意替他拆箱卸货作为赔偿。但妈妈却明白我只是个孩子。

我在运动场打秋千跌断了腿，在前往医院的途中一直抱着我的，是我妈。爸把汽车停在急诊室门口，他们叫他驶开，说那空位是留给紧急车辆停放的。爸听了便叫嚷道："你以为这是什么车？旅游车？"

在我生日会上，爸总是显得有些不大相称。他只是忙于吹气球，布置餐桌，做杂务。把插着蜡烛的蛋糕推过来让我吹的，是我妈。

我翻阅照相册时，人们总是问："你爸爸是什么样子的？"天晓得！他老是忙着替别人拍照。妈和我笑容可掬地一起拍的照片，多得不可胜数。

我记得妈有一次叫他教我骑自行车。我叫他别放手，但他却说是应该放手的时候了。我摔倒之后，妈跑过来扶我，爸却挥手要她走开。我当时生气极了，决心要给他点儿颜色看。于是我马上爬上自行车，而且自己骑给他看。他只是微笑。

我念大学时，所有的家信都是妈写的。他//除了寄支票外，还寄过一封短柬给我，说因为我不在草坪上踢足球了，所以他的草坪长得很美。

每次我打电话回家，他似乎都想跟我说话，但结果总是说："我叫你妈来接。"

我结婚时，掉眼泪的是我妈。他只是大声擤了一下鼻子，便走出房间。

我从小到大都听他说："你到哪里去？什么时候回家？汽车有没有汽油？不，不准去。"爸完全不知道怎样表达爱。除非……

会不会是他已经表达了，而我却未能察觉？

节选自［美］艾尔玛·邦贝克《父亲的爱》

Zuòpǐn 10 Hào

Bà bù dǒng · dé zěnyàng biǎodá ài，shǐ wǒmen yī jiā rén róngqià xiāngchǔ de shì wǒ mā. Tā zhǐshì měi tiān shàngbān xiàbān，ér mā zé bǎ wǒmen zuòguo de cuòshì kāiliè qīngdān，ránhòu yóu tā lái zémà wǒmen.

Yǒu yī cì wǒ tōule yī kuài tángguǒ，tā yào wǒ bǎ tā sòng huí · qù，gàosu mài táng de shuō shì wǒ tōu · lái de，shuō wǒ yuàn · yì tì tā chāi xiāng xiè huò zuò wéi péicháng.

Dàn māma què míngbai wǒ zhǐshì gè háizi.

Wǒ zài yùndòngchǎng dǎ qiūqiān diēduànle tuǐ, zài qiánwǎng yīyuàn de túzhōng yīzhí bàozhe wǒ de, shì wǒ mā. Bà bǎ qìchē tíng zài jízhěnshì ménkǒu, tāmen jiào tā shǐkāi, shuō nà kōngwèi shì liúgěi jǐnjí chēliàng tíngfàng de. Bà tīngle biàn jiàorǎng dào: "Nǐ yǐwéi zhè shì shénme chē? Lǚyóuchē?"

Zài wǒ shēngri huì · shàng, bà zǒngshì xiǎn · dé yǒuxiē bù dà xiāngchèn. Tā zhǐshì máng yú chuī qìqiú, bùzhì cānzhuō, zuò záwù. Bǎ chāzhe làzhú de dàngāo tuī guò · lái ràng wǒ chuī de, shì wǒ mā.

Wǒ fānyuè zhàoxiàngcè shí, rénmen zǒngshì wèn: "Nǐ bàba shì shénme yàngzi de?" Tiān xiǎo · dé! Tā lǎoshì mángzhe tì bié · rén pāizhào. Mā hé wǒ xiàoróng – kějū de yīqǐ pāi de zhàopiàn, duō de bùkě – shèngshǔ.

Wǒ jì · dé mā yǒu yī cì jiào tā jiāo wǒ qí zìxíngchē. Wǒ jiào tā bié fàngshǒu, dàn tā què shuō shì yīnggāi fàngshǒu de shíhou le. Wǒ shuāidǎo zhīhòu, mā pǎo guò · lái fú wǒ, bà què huīshǒu yào tā zǒukāi. Wǒ dāngshí shēngqì jí le, juéxīn yào gěi tā diǎnr yánsè kàn. Yúshì wǒ mǎshàng pá · shàng zìxíngchē, érqiě zìjǐ qí gěi tā kàn. Tā zhǐshì wēixiào.

Wǒ niàn dàxué shí, suǒyǒu de jiāxìn dōu shì mā xiě de. Tā // chúle jì zhīpiào wài, hái jìguò yī fēng duǎnjiǎn gěi wǒ, shuō yīn · wèi wǒ bù zài cǎopíng · shàng tī zúqiú le, suǒyǐ tā de cǎopíng zhǎng de hěn měi.

Měi cì wǒ dǎ diànhuà huíjiā, tā sìhū dōu xiǎng gēn wǒ shuōhuà, dàn jiéguǒ zǒngshì shuō: "Wǒ jiào nǐ mā lái jiē."

Wǒ jiéhūn shí, diào yǎnlèi de shì wǒ mā. Tā zhǐshì dàshēng xǐngle yīxià bízi, biàn zǒuchū fángjiān.

Wǒ cóng xiǎo dào dà dōu tīng tā shuō: "Nǐ dào nǎ · lǐ qù? Shénme shíhou huí jiā? Qìchē yǒu méi · yǒu qìyóu? Bù, bù zhǔn qù." Bà wánquán bù zhī · dào zěnyàng biǎodá ài. Chúfēi……

Huì bù huì shì tā yǐ · jīng biǎodá le, ér wǒ què wèi néng chájué?

Jiéxuǎn zì [Měi] Ài'ěrmǎ Bāngbèikè《Fù · qīn de Ài》

作品 11 号

一个大问题一直盘踞在我脑袋里:

世界杯怎么会有如此巨大的吸引力? 除去足球本身的魅力之外, 还有什么超乎其上而更伟大的东西?

近来观看世界杯, 忽然从中得到了答案: 是由于一种无上崇高的精神情感——国家荣誉感!

地球上的人都会有国家的概念，但未必时时都有国家的感情。往往人到异国，思念家乡，心怀故国，这国家概念就变得有血有肉，爱国之情来得非常具体。而现代社会，科技昌达，信息快捷，事事上网，世界真是太小太小，国家的界限似乎也不那么清晰了。再说足球正在快速世界化，平日里各国球员频繁转会，往来随意，致使越来越多的国家联赛都具有国际的因素。球员们不论国籍，只效力于自己的俱乐部，他们比赛时的激情中完全没有爱国主义的因子。

然而，到了世界杯大赛，天下大变。各国球员都回国效力，穿上与光荣的国旗同样色彩的服装。在每一场比赛前，还高唱国歌以宣誓对自己祖国的挚爱与忠诚。一种血缘情感开始在全身的血管里燃烧起来，而且立刻热血沸腾。

在历史时代，国家间经常发生对抗，好男儿戎装卫国。国家的荣誉往往需要以自己的生命去//换取。但在和平时代，唯有这种国家之间大规模对抗性的大赛，才可以唤起那种遥远而神圣的情感，那就是：为祖国而战！

节选自冯骥才《国家荣誉感》

Zuòpǐn 11 Hào

Yī gè dà wèntí yīzhí pánjù zài wǒ nǎodai · lǐ：

Shìjièbēi zěnme huì yǒu rúcǐ jùdà de xīyǐnlì？Chúqù zúqiú běnshēn de mèilì zhīwài，hái yǒu shénme chāo hū qí shàng ér gèng wěidà de dōngxi？

Jìnlái guānkàn shìjièbēi，hūrán cóngzhōng dédàole dá'àn：Shì yóuyú yī zhǒng wúshàng chónggāo de jīngshén qínggǎn——guójiā róngyùgǎn！

Dìqiú · shàng de rén dōu huì yǒu guójiā de gàiniàn，dàn wèibì shíshí dōu yǒu guójiā de gǎnqíng. Wǎngwǎng rén dào yìguó，sīniàn jiāxiāng，xīn huái gùguó，zhè guójiā gàiniàn jiù biànde yǒuxuè－yǒuròu，àiguó zhī qíng lái de fēicháng jùtǐ. Ér xiàndài shèhuì，kējì chāngdá，xìnxī kuàijié，shìshì shàngwǎng，shìjiè zhēn shì tài xiǎo tài xiǎo，guójiā de jièxiàn sìhū yě bù nàme qīngxī le. Zàishuō zúqiú zhèngzài kuàisù shìjièhuà，píngrì · lǐ gè guó qiúyuán pínfán zhuǎnhuì，wǎnglái suíyì，zhìshǐ yuè lái yuè duō de guójiā liánsài dōu jùyǒu guójì de yīnsù. Qiúyuánmen bùlùn guójí，zhǐ xiàolì yú zìjǐ de jùlèbù，tāmen bǐsài shí de jīqíng zhōng wán quán méi · yǒu àiguó zhǔyì de yīnzǐ.

Rán'ér，dàole shìjièbēi dàsài，tiānxià dàbiàn. Gè guó qiúyuán dōu huíguó xiàolì，chuān · shàng yǔ guāngróng de guóqí tóngyàng sècǎi de fúzhuāng. Zài měi yī chǎng bǐsài qián，hái gāochàng guógē yǐ xuānshì duì zìjǐ zǔguó de zhì'ài yǔ zhōngchéng. Yī zhǒng xuèyuán qínggǎn kāishǐ zài quánshēn de xuèguǎn · lǐ ránshāo qǐ · lái，érqiě lìkè rèxuè fèiténg.

Zài lìshǐ shídài，guójiā jiān jīngcháng fāshēng duìkàng，hǎo nán'ér róngzhuāng wèiguó. Guójiā de róngyù wǎngwǎng xūyào yǐ zìjǐ de shēngmìng qù//huànqǔ. Dàn zài hépíng shídài, wéiyǒu zhè zhǒng guójiā zhījiān dàguīmó duìkàngxìng de dàsài, cái kěyǐ huànqǐ nà zhǒng yáoyuǎn ér shénshèng de qínggǎn, nà jiùshì: Wèi zǔguó ér zhàn!

Jiéxuǎn zì Féng Jìcái《Guójiā Róngyùgǎn》

作品 12 号

夕阳落山不久，西方的天空，还燃烧着一片橘红色的晚霞。大海，也被这霞光染成了红色，而且比天空的景色更要壮观。因为它是活动的，每当一排排波浪涌起的时候，那映照在浪峰上的霞光，又红又亮，简直就像一片片霍霍燃烧着的火焰，闪烁着，消失了。而后面的一排，又闪烁着，滚动着，涌了过来。

天空的霞光渐渐地淡下去了，深红的颜色变成了绯红，绯红又变成浅红。最后，当这一切红光都消失了的时候，那突然显得高而远了的天空，则呈现出一片肃穆的神色。最早出现的启明星，在这蓝色的天幕上闪烁起来了。它是那么大，那么亮，整个广漠的天幕上只有它在那里放射着令人注目的光辉，活像一盏悬挂在高空的明灯。

夜色加浓，苍空中的“明灯”越来越多了。而城市各处的真的灯火也次第亮了起来，尤其是围绕在海港周围山坡上的那一片灯光，从半空倒映在乌蓝的海面上，随着波浪，晃动着，闪烁着，像一串流动着的珍珠，和那一片片密布在苍穹里的星斗互相辉映，煞是好看。

在这幽美的夜色中，我踏着软绵绵的沙滩，沿着海边，慢慢地向前走去。海水，轻轻地抚摸着细软的沙滩，发出温柔的 // 刷刷声。晚来的海风，清新而又凉爽。我的心里，有着说不出的兴奋和愉快。

夜风轻飘飘地吹拂着，空气中飘荡着一种大海和田禾相混合的香味儿，柔软的沙滩上还残留着白天太阳炙晒的余温。那些在各个工作岗位上劳动了一天的人们，三三两两地来到这软绵绵的沙滩上，他们浴着凉爽的海风，望着那缀满了星星的夜空，尽情地说笑，尽情地休憩。

选自峻青《海滨仲夏夜》

Zuòpǐn 12 Hào

Xīyáng luòshān bùjiǔ, xīfāng de tiānkōng, hái ránshāozhe yī piàn júhóngsè de wǎnxiá. Dàhǎi, yě bèi zhè xiáguāng rǎnchéngle hóngsè, érqiě bǐ tiānkōng de jǐngsè gèng yào zhuàngguān. Yīn · wèi tā shì huó · dòng de, měidāng yī páipái bōlàng yǒngqǐ de shíhou, nà yìngzhào zài làngfēng · shàng de xiáguāng, yòu hóng yòu liàng, jiǎnzhí jiù xiàng yī piànpiàn huòhuò ránshāozhe de huǒyàn, shǎnshuò zhe, xiāoshī le. Ér hòu · miàn de yī pái, yòu shǎnshuòzhe, gǔndòngzhe, yǒngle guò · lái.

Tiānkōng de xiáguāng jiànjiàn de dàn xià · qù le，shēnhóng de yánsè biànchéngle fēihóng，fēihóng yòu biànchéng qiǎnhóng. Zuìhòu，dāng zhè yīqiè hóngguāng dōu xiāoshīle de shíhou，nà tūrán xiǎn · dé gāo ér yuǎn le de tiānkōng，zé chéngxiàn chū yī piàn sùmù de shénsè. Zuì zǎo chūxiàn de qǐmíngxīng，zài zhè lánsè de tiānmù · shàng shǎnshuò qǐ · lái le. Tā shì nàme dà，nàme liàng，zhěnggè guǎngmò de tiānmù · shàng zhǐyǒu tā zài nà · lǐ fàngshèzhe lìng rén zhùmù de guānghuī，huóxiàng yī zhǎn xuánguà zài gāokōng de míngdēng.

Yèsè jiā nóng，cāngkōng zhōng de "míngdēng" yuè lái yuè duō le. Ér chéngshì gè chù de zhēn de dēnghuǒ yě cìdì liàngle qǐ · lái，yóuqí shì wéirào zài hǎigǎng zhōuwéi shānpō · shàng de nà yī piàn dēngguāng，cóng bànkōng dàoyìng zài wūlán de hǎimiàn · shàng，suízhe bōlàng，huàngdòngzhe，shǎnshuòzhe，xiàng yī chuàn liúdòngzhe de zhēnzhū，hé nà yī piànpiàn mìbù zài cāngqióng · lǐ de xīngdǒu hùxiāng huīyìng，shà shì hǎokàn.

Zài zhè yōuměi de yèsè zhōng，wǒ tàzhe ruǎnmiánmián de shātān，yánzhe hǎi biān，mànmàn de xiàngqián zǒu · qù. Hǎishuǐ，qīngqīng de fǔmōzhe xìruǎn de shātān，fāchū wēnróu de // shuāshuā shēng. Wǎnlái de hǎifēng，qīngxīn ér yòu liángshuǎng. Wǒ de xīn · lǐ，yǒuzhe shuō · bùchū de xīngfèn hé yúkuài.

Yèfēng qīngpiāopiāo de chuīfúzhe，kōngqì zhōng piāodàngzhe yī zhǒng dàhǎi hé tiánhé xiāng hùnhé de xiāngwèir ，róuruǎn de shātān · shàng hái cánliúzhe bái · tiān tài · yáng zhìshài de yúwēn. Nàxiē zài gè gè gōngzuò gǎngwèi · shàng láodòngle yī tiān de rénmen，sānsānliǎngliǎng de láidào zhè ruǎnmiánmián de shātān · shàng，tāmen yùzhe liángshuǎng de hǎifēng，wàngzhe nà zhuìmǎnle xīngxing de yèkōng，jìnqíng de shuōxiào，jìnqíng de xiūqì.

Jiéxuǎn zì Jùn Qīng《Hǎibīn Zhòngxià Yè》

作品13号

生命在海洋里诞生绝不是偶然的，海洋的物理和化学性质，使它成为孕育原始生命的摇篮。

我们知道，水是生物的重要组成部分，许多动物组织的含水量在百分之八十以上，而一些海洋生物的含水量高达百分之九十五。水是新陈代谢的重要媒介，没有它，体内的一系列生理和生物化学反应就无法进行，生命也就停止。因此，在短时期内动物缺水要比缺少食物更加危险。水对今天的生命是如此重要，它对脆弱的原始生命，更是举足轻重了。生命在海洋里诞生，就不会有缺水之忧。

水是一种良好的溶剂。海洋中含有许多生命所必需的无机盐，如氯化钠、氯化钾、碳酸盐、磷酸盐，还有溶解氧，原始生命可以毫不费力地从中吸取它所需要的元素。

水具有很高的热容量，加之海洋浩大，任凭夏季烈日曝晒，冬季寒风扫荡，它的温度变化却比较小。因此，巨大的海洋就像是天然的“温箱”，是孕育原始生命的温床。

阳光虽然为生命所必需，但是阳光中的紫外线却有扼杀原始生命的危险。水能有效地吸收紫外线，因而又为原始生命提供了天然的“屏障”。

这一切都是原始生命得以产生和发展的必要条件。//

节选自童裳亮《海洋与生命》

Zuòpǐn 13 Hào

Shēngmìng zài hǎiyáng · lǐ dànshēng jué bù shì ǒurán de, hǎiyáng de wùlǐ hé huàxué xìngzhì, shǐ tā chéngwéi yùnyù yuánshǐ shēngmìng de yáolán.

Wǒmen zhī · dào, shuǐ shì shēngwù de zhòngyào zǔchéng bùfen, xǔduō dòngwù zǔzhī de hánshuǐliàng zài bǎi fēn zhī bāshí yǐshàng, ér yīxiē hǎiyáng shēngwù de hánshuǐliàng gāodá bǎi fēn zhī jiǔshíwǔ. Shuǐ shì xīnchén – dàixiè de zhòngyào méijiè, méi · yǒu tā, tǐnèi de yīxìliè shēnglǐ hé shēngwù huàxué fǎnyìng jiù wúfǎ jìnxíng, shēngmìng yě jiù tíngzhǐ. Yīncǐ, zài duǎn shíqī nèi dòngwù quē shuǐ yào bǐ quēshǎo shíwù gèngjiā wēixiǎn. Shuǐ duì jīntiān de shēngmìng shì rúcǐ zhòngyào, tā duì cuìruò de yuánshǐ shēngmìng, gèng shì jǔzú – qīngzhòng le. Shēngmìng zài hǎiyáng · lǐ dànshēng, jiù bù huì yǒu quē shuǐ zhī yōu.

Shuǐ shì yī zhǒng liánghǎo de róngjì. Hǎiyáng zhōng hányǒu xǔduō shēngmìng suǒ bìxū de wújīyán, rú lǜhuànà、lǜhuàjiǎ、tànsuānyán、línsuānyán, háiyǒu róngjiěyǎng, yuánshǐ shēngmìng kěyǐ háobù fèilì de cóngzhōng xīqǔ tā suǒ xūyào de yuánsù.

Shuǐ jùyǒu hěn gāo de rè róngliàng, jiāzhī hǎiyáng hàodà, rènpíng xiàjì lièrì pùshài, dōngjì hánfēng sǎodàng, tā de wēndù biànhuà què bǐjiào xiǎo. Yīncǐ, jùdà de hǎiyáng jiù xiàng shì tiānrán de “wēnxiāng”, shì yùnyù yuánshǐ shēngmìng de wēnchuáng.

Yángguāng suīrán wéi shēngmìng suǒ bìxū, dànshì yángguāng zhōng de zǐwàixiàn què yǒu èshā yuánshǐ shēngmìng de wēixiǎn. Shuǐ néng yǒuxiào de xīshōu zǐwàixiàn, yīn’ér yòu wèi yuánshǐ shēngmìng tígōngle tiānrán de “píngzhàng”.

Zhè yīqiè dōu shì yuánshǐ shēngmìng déyǐ chǎnshēng hé fāzhǎn de bìyào tiáojiàn. //

Jiéxuǎn zì Tóng Chángliàng《Hǎiyáng yǔ Shēngmìng》

作品 14 号

读小学的时候，我的外祖母去世了。外祖母生前最疼爱我，我无法排除自己的忧伤，每天在学校的操场上一圈儿又一圈儿地跑着，跑得累倒在地上，扑在草坪上痛哭。

那哀痛的日子，断断续续地持续了很久，爸爸妈妈也不知道如何安慰我。他们知道与其骗我说外祖母睡着了，还不如对我说实话：外祖母永远不会回来了。

“什么是永远不会回来呢?”我问着。

“所有时间里的事物，都永远不会回来。你的昨天过去，它就永远变成昨天，你不能再回到昨天。爸爸以前也和你一样小，现在也不能回到你这么小的童年了；有一天你会长大，你会像外祖母一样老；有一天你度过了你的时间，就永远不会回来了。”爸爸说。

爸爸等于给我一个谜语，这谜语比课本上的“日历挂在墙壁，一天撕去一页，使我心里着急”和“一寸光阴一寸金，寸金难买寸光阴”还让我感到可怕；也比作文本上的“光阴似箭，日月如梭”更让我觉得有一种说不出的滋味。

时间过得那么飞快，使我的小心眼儿里不只是着急，还有悲伤。有一天我放学回家，看到太阳快落山了，就下决心说：“我要比太阳更快地回家。”我狂奔回去，站在庭院前喘气的时候，看到太阳//还露着半边脸，我高兴地跳跃起来，那一天我跑赢了太阳。以后我就时常做那样的游戏，有时和太阳赛跑，有时和西北风比快，有时一个暑假才能做完的作业，我十天就做完了；那时我三年级，常常把哥哥五年级的作业拿来做。每一次比赛胜过时间，我就快乐得不知道怎么形容。

如果将来我有什么要教给我的孩子，我会告诉他：假若你一直和时间比赛，你就可以成功!

节选自（台湾）林清玄《和时间赛跑》

Zuòpǐn 14 Hào

Dú xiǎoxué de shíhou，wǒ de wàizǔmǔ qùshì le. Wàizǔmǔ shēngqián zuì téng'ài wǒ，wǒ wúfǎ páichú zìjǐ de yōushāng，měi tiān zài xuéxiào de cāochǎng · shàng yī quānr yòu yī quānr de pǎozhe，pǎo de lèidǎo zài dì · shàng，pūzài cǎopíng · shàng tòngkū.

Nà āitòng de rìzi，duànduànxùxù de chíxùle hěn jiǔ，bàba māma yě bù zhī · dào rúhé ānwèi wǒ. Tāmen zhī · dào yǔqí piàn wǒ shuō wàizǔmǔ shuìzháo le，hái bùrú duì wǒ shuō shíhuà：Wàizǔmǔ yǒngyuǎn bù huì huí · lái le.

“Shénme shì yǒngyuǎn bù huì huí · lái ne?” Wǒ wènzhe.

“Suǒyǒu shíjiān · lǐ de shìwù，dōu yǒngyuǎn bù huì huí · lái. Nǐ de zuótiān guò · qù，tā jiù yǒngyuǎn biànchéng zuótiān，nǐ bùnéng zài huídào zuótiān. Bàba yǐqián yě hé nǐ yīyàng xiǎo，xiànzài yě bùnéng huídào nǐ zhème xiǎo de tóngnián le；yǒu yī tiān nǐ huì zhǎngdà，nǐ huì xiàng wàizǔmǔ yīyàng lǎo；yǒu yī tiān nǐ dùguole nǐ de shíjiān，jiù yǒngyuǎn bù huì huí · lái le.” Bàba shuō.

Bàba děngyú gěi wǒ yī gè míyǔ, zhè míyǔ bǐ kèběn · shàng de "Rìlì guà zài qiángbì, yī tiān sī · qù yī yè, shǐ wǒ xīn · lǐ zháojí" hé "Yī cùn guāngyīn yī cùn jīn, cùn jīn nán mǎi cùn guāngyīn" hái ràng wǒ gǎndào kěpà; yě bǐ zuòwénběn · shàng de "Guāngyīn sì jiàn, rìyuè rú suō" gèng ràng wǒ jué · dé yǒu yī zhǒng shuō · bùchū de zīwèi.

Shíjiān guò de nàme fēikuài, shǐ wǒ de xiǎo xīnyǎnr · lǐ bù zhǐshì zháojí, háiyǒu bēishāng. Yǒu yī tiān wǒ fàngxué huíjiā, kàndào tài · yáng kuài luòshān le, jiù xià juéxīn shuō: "Wǒ yào bǐ tài · yáng gèng kuài de huíjiā." Wǒ kuángbēn huí · qù, zhànzài tíngyuàn qián chuǎnqì de shíhou, kàndào tài · yáng // hái lòuzhe bàn biān liǎn, wǒ gāoxìng de tiàoyuè qǐ · lái, nà yī tiān wǒ pǎoyíngle tài · yáng. Yǐhòu wǒ jiù shícháng zuò nàyàng de yóuxì, yǒushí hé tài · yáng sàipǎo, yǒushí hé xīběifēng bǐ kuài, yǒushí yī gè shǔjià cái néng zuòwán de zuòyè, wǒ shí tiān jiù zuòwánle; nà shí wǒ sān niánjí, chángcháng bǎ gēge wǔ niánjí de zuòyè ná · lái zuò. Měi yī cì bǐsài shèngguo shíjiān, wǒ jiù kuàilè de bù zhī · dào zěnme xíngróng.

Rúguǒ jiānglái wǒ yǒu shénme yào jiāogěi wǒ de háizi, wǒ huì gàosu tā: Jiǎruò nǐ yīzhí hé shíjiān bǐsài, nǐ jiù kěyǐ chénggōng!

Jiéxuǎn zì (Táiwān) Lín Qīngxuán《Hé Shíjiān Sàipǎo》

作品 15 号

三十年代初，胡适在北京大学任教授。讲课时他常常对白话文大加称赞，引起一些只喜欢文言文而不喜欢白话文的学生的不满。

一次，胡适正讲得得意的时候，一位姓魏的学生突然站了起来，生气地问："胡先生，难道说白话文就毫无缺点吗?"胡适微笑着回答说："没有。"那位学生更加激动了："肯定有！白话文废话太多，打电报用字多，花钱多。"胡适的目光顿时变亮了。轻声地解释说："不一定吧！前几天有位朋友给我打来电报，请我去政府部门工作，我决定不去，就回电拒绝了。复电是用白话写的，看来也很省字。请同学们根据我这个意思，用文言文写一个回电，看看究竟是白话文省字，还是文言文省字?"胡教授刚说完，同学们立刻认真地写了起来。

十五分钟过去，胡适让同学举手，报告用字的数目，然后挑了一份用字最少的文言电报稿，电文是这样写的：

"才疏学浅，恐难胜任，不堪从命。"白话文的意思是：学问不深，恐怕很难担任这个工作，不能服从安排。

胡适说，这份写得确实不错，仅用了十二个字。但我的白话电报却只用了五个字："干不了，谢谢!"

胡适又解释说："干不了"就有才疏学浅、恐难胜任的意思；"谢谢"既 // 对朋友的介绍表示感谢，又有拒绝的意思。所以，废话多不多，并不看它是文言文还是白话文，只要注意选用字词，白话文是可以比文言文更省字的。

节选自陈灼主编《实用汉语中级教程》（上）中《胡适的白话电报》

Zuòpǐn 15 Hào

Sānshí niándài chū, Hú Shì zài Běijīng Dàxué rèn jiàoshòu. Jiǎngkè shí tā chángcháng duì báihuàwén dà jiā chēngzàn, yǐnqǐ yīxiē zhǐ xǐhuan wényánwén ér bù xǐhuan báihuàwén de xuésheng de bùmǎn.

Yī cì, Hú Shì zhèng jiǎng de déyì de shíhou, yī wèi xìng wèi de xuésheng tūrán zhànle qǐ · lái, shēngqì de wèn: "Hú xiānsheng, nándào shuō báihuàwén jiù háowú quēdiǎn ma?" Hú Shì wēixiàozhe huídá shuō: "Méi · yǒu." Nà wèi xuésheng gèngjiā jīdòng le: "Kěndìng yǒu! Báihuàwén fèihuà tài duō, dǎ diànbào yòng zì duō, huāqián duō." Hú Shì de mùguāng dùnshí biànliàng le. Qīngshēng de jiěshì shuō: "Bù yīdìng ba! Qián jǐ tiān yǒu wèi péngyou gěi wǒ dǎ · lái diànbào, qǐng wǒ qù zhèngfǔ bùmén gōngzuò, wǒ juédìng bù qù, jiù huídiàn jùjué le. Fùdiàn shì yòng báihuà xiě de, kànlái yě hěn shěng zì. Qǐng tóngxuémen gēnjù wǒ zhège yìsi, yòng wényánwén xiě yī gè huídiàn, kànkan jiūjìng shì báihuàwén shěng zì, háishi wényánwén shěng zì?" Hú jiàoshòu gāng shuōwán, tóngxuémen lìkè rènzhēn de xiěle qǐ · lái.

Shíwǔ fēnzhōng guò · qù, Hú Shì ràng tóngxué jǔshǒu, bàogào yòng zì de shùmù, ránhòu tiāole yī fèn yòng zì zuì shǎo de wényán diànbàogǎo, diànwén shì zhèyàng xiě de:

"Cáishū – xuéqiǎn, kǒng nán shèngrèn, bùkān cóngmìng." Báihuàwén de yìsi shì: Xuéwen bù shēn, kǒngpà hěn nán dānrèn zhège gōngzuò, bùnéng fúcóng ānpái.

Hú Shì shuō, zhè fèn xiě de quèshí bùcuò, jǐn yòngle shí'èr gè zì. Dàn wǒ de báihuà diànbào què zhǐ yòngle wǔ gè zì: "Gàn · bùliǎo, xièxie!"

Hú Shì yòu jiěshì shuō: "gàn · bùliǎo" jiù yǒu cáishū – xuéqiǎn、kǒng nán shèngrèn de yìsi; "xièxie" jì // duì péngyou de jièshào biǎoshì gǎnxiè, yòu yǒu jùjué de yìsi. Suǒyǐ, fèihuà duō · bùduō, bìng bù kàn tā shì wényánwén háishì báihuàwén, zhǐyào zhùyì xuǎnyòng zìcí, báihuàwén shì kěyǐ bǐ wényánwén gèng shěng zì de.

Jiéxuǎn zì Chén Zhuó Zhǔbiān《Shíyòng Hànyǔ Zhōngjí Jiàochéng》(shàng) zhōng《Hú Shì de Báihuà Diànbào》

作品16号

很久以前，在一个漆黑的秋天的夜晚，我泛舟在西伯利亚一条阴森森的河上。

船到一个转弯处，只见前面黑黢黢的山峰下面一星火光蓦地一闪。

火光又明又亮，好像就在眼前……

“好啦，谢天谢地！”我高兴地说，“马上就到过夜的地方啦！”

船夫扭头朝身后的火光望了一眼，又不以为然地划起浆来。

“远着呢！”

我不相信他的话，因为火光冲破朦胧的夜色，明明在那儿闪烁。不过船夫是对的，事实上，火光的确还远着呢。

这些黑夜的火光的特点是：驱散黑暗，闪闪发亮，近在眼前，令人神往。乍一看，再划几下就到了……其实却还远着呢！……

我们在漆黑如墨的河上又划了很久。一个个峡谷和悬崖，迎面驶来，又向后移去，仿佛消失在茫茫的远方，而火光却依然停在前头，闪闪发亮，令人神往——依然是这么近，又依然是那么远……

现在，无论是这条被悬崖峭壁的阴影笼罩的漆黑的河流，还是那一星明亮的火光，都经常浮现在我的脑际，在这以前和在这以后，曾有许多火光，似乎近在咫尺，不止使我一人心驰神往。可是生活之河却仍然在那阴森森的两岸之间流着，而火光也依旧非常遥远。因此，必须加劲划浆……

然而，火光啊……毕竟……毕竟就 // 在前头！……

节选自［俄］柯罗连科《火光》，张铁夫译

Zuòpǐn 16 Hào

Hěn jiǔ yǐqián，zài yī gè qīhēi de qiūtiān de yèwǎn，wǒ fànzhōu zài Xībólìyà yī tiáo yīnsēnsēn de hé · shàng. Chuán dào yī gè zhuǎnwān chù，zhǐ jiàn qián · miàn hēiqūqū de shānfēng xià · miàn yī xīng huǒguāng mòdì yī shǎn.

Huǒguāng yòu míng yòu liàng，hǎoxiàng jiù zài yǎnqián……

“Hǎo la，xiètiān – xièdì！” Wǒ gāoxìng de shuō， “Mǎshàng jiù dào guòyè de dìfang la！”

Chuánfū niǔtóu cháo shēnhòu de huǒguāng wàngle yī yǎn，yòu bùyǐwéirán de huá · qǐ jiǎng · lái.

“Yuǎn zhe ne！”

Wǒ bù xiāngxìn tā de huà，yīn · wèi huǒguāng chōngpò ménglóng de yèsè，míngmíng zài nàr shǎnshuò. Bùguò chuánfū shì duì de，shìshí · shàng，huǒguāng díquè hái yuǎn zhe ne.

Zhèxiē hēiyè de huǒguāng de tèdiǎn shì：Qūsàn hēi'àn，shǎnshǎn fāliàng，jìn zài yǎnqián，lìng rén shénwǎng. Zhà yī kàn，zài huá jǐ xià jiù dào le……Qíshí què hái yuǎn zhe ne！……

Wǒmen zài qīhēi rú mò de hé · shàng yòu huále hěn jiǔ. Yī gègè xiágǔ hé xuányá, yíngmiàn shǐ · lái, yòu xiàng hòu yí · qù, fǎngfú xiāoshī zài mángmáng de yuǎnfāng, ér huǒguāng què yīrán tíng zài qiántou, shǎnshǎn fāliàng, lìng rén shénwǎng——yīrán shì zhème jìn, yòu yīrán shì nàme yuǎn……

Xiànzài, wúlùn shì zhè tiáo bèi xuányá qiàobì de yīnyǐng lǒngzhào de qīhēi de héliú, háishì nà yī xīng míngliàng de huǒguāng, dōu jīngcháng fúxiàn zài wǒ de nǎojì, zài zhè yǐqián hé zài zhè yǐhòu, céng yǒu xǔduō huǒguāng, sìhū jìn zài zhǐchǐ, bùzhǐ shǐ wǒ yī rén xīnchí－shénwǎng. Kěshì shēnghuó zhī hé què réngrán zài nà yīnsēnsēn de liǎng'àn zhījiān liúzhe, ér huǒguāng yě yījiù fēicháng yáoyuǎn. Yīncǐ, bìxū jiājìn huájiǎng……

Rán'ér, huǒguāng a……bìjìng……bìjìng jiù // zài qiántou! ……

Jiéxuǎn zì [É] Kēluóliánkē《Huǒguāng》, Zhāng Tiěfū yì

作品17号

对于一个在北平住惯的人，像我，冬天要是不刮风，便觉得是奇迹；济南的冬天是没有风声的。对于一个刚由伦敦回来的人，像我，冬天要能看得见日光，便觉得是怪事；济南的冬天是响晴的。自然，在热带的地方，日光是永远那么毒，响亮的天气，反有点儿叫人害怕。可是，在北方的冬天，而能有温晴的天气，济南真得算个宝地。

设若单单是有阳光，那也算不了出奇。请闭上眼睛想：一个老城，有山有水，全在天底下晒着阳光，暖和安适地睡着，只等春风来把它们唤醒，这是不是理想的境界？小山把济南围了个圈儿，只有北边缺着点口儿。这一圈小山在冬天特别可爱，好像是把济南放在一个小摇篮里，它们安静不动地低声地说：“你们放心吧，这儿准保暖和。”真的，济南的人们在冬天是面上含笑的。他们一看那些小山，心中便觉得有了着落，有了依靠。他们由天上看到山上，便不知不觉地想起：明天也许就是春天了吧？这样的温暖，今天夜里山草也许就绿起来了吧？就是这点儿幻想不能一时实现，他们也并不着急，因为这样慈善的冬天，干什么还希望别的呢！

最妙的是下点小雪呀。看吧，山上的矮松越发的青黑，树尖儿上顶 // 着一髻儿白花，好像日本看护妇。山尖儿全白了，给蓝天镶上一道银边。山坡上，有的地方雪厚点儿，有的地方草色还露着；这样，一道儿白，一道儿暗黄，给山们穿上一件带水纹儿的花衣；看着看着，这件花衣好像被风儿吹动，叫你希望看见一点儿更美的山的肌肤。等到快日落的时候，微黄的阳光斜射在山腰上，那点儿薄雪好像忽然害羞，微微露出点儿粉色。就是下小雪吧，济南是受不住大雪的，那些小山太秀气。

节选自老舍《济南的冬天》

Zuòpǐn 17 Hào

Duìyú yī gè zài Běipíng zhùguàn de rén, xiàng wǒ, dōngtiān yàoshì bù guā fēng, biàn jué · dé shì qíjì; Jǐnán de dōngtiān shì méi · yǒu fēngshēng de. Duìyú yī gè gāng yóu Lúndūn huí · lái de rén, xiàng wǒ, dōngtiān yào néng kàn de jiàn rìguāng, biàn jué · dé shì guàishì; Jǐnán de dōngtiān shì xiǎngqíng de. Zìrán, zài rèdài de dìfang, rìguāng yǒngyuǎn shì nàme dú, xiǎngliàng de tiānqì, fǎn yǒu diǎnr jiào rén hàipà. Kěshì, zài běifāng de dōngtiān, ér néng yǒu wēnqíng de tiānqì, Jǐnán zhēn děi suàn gè bǎodì.

Shèruò dāndān shì yǒu yángguāng, nà yě suàn · bùliǎo chūqí. Qǐng bì · shàng yǎnjing xiǎng: Yī gè lǎochéng, yǒu shān yǒu shuǐ, quán zài tiān dǐ · xià shàizhe yángguāng, nuǎnhuo ānshì de shuìzhe, zhǐ děng chūnfēng lái bǎ tāmen huànxǐng, zhè shì · bùshì lǐxiǎng de jìngjiè? Xiǎoshān bǎ Jǐnán wéile gè quānr, zhǐyǒu běi · biān quēzhe diǎnr kǒur. Zhè yī quān xiǎoshān zài dōngtiān tèbié kě'ài, hǎoxiàng shì bǎ Jǐnán fàng zài yī gè xiǎo yáolán · lǐ, tāmen ānjìng bù dòng de dīshēng de shuō: "Nǐmen fàngxīn ba, zhèr zhǔnbǎo nuǎnhuo." Zhēn de, Jǐnán de rénmen zài dōngtiān shì miàn · shàng hánxiào de. Tāmen yī kàn nàxiē xiǎoshān, xīnzhōng biàn jué · dé yǒule zhuóluò, yǒule yīkào. Tāmen yóu tiān · shàng kàndào shān · shàng, biàn bùzhī – bùjué de xiǎngqǐ: Míngtiān yěxǔ jiùshì chūntiān le ba? Zhèyàng de wēnnuǎn, jīntiān yè · lǐ shāncǎo yěxǔ jiù lǜqǐ · lái le ba? Jiùshì zhè diǎnr huànxiǎng bù néng yīshí shíxiàn, tāmen yě bìng bù zháojí, yīn · wèi zhèyàng císhàn de dōngtiān, gàn shénme hái xīwàng biéde ne!

Zuì miào de shì xià diǎnr xiǎoxuě ya. Kàn ba, shān · shàng de ǎisōng yuèfā de qīnghēi, shùjiānr · shàng dǐng // zhe yī jìr báihuā, hǎoxiàng Rìběn kānhùfù. Shān jiānr quán bái le, gěi lántiān xiāng · shàng yī dào yínbiānr. Shānpō · shàng, yǒude dìfang xuě hòu diǎnr, yǒude dìfang cǎosè hái lòuzhe; zhèyàng, yī dàor bái, yī dàor ànhuáng, gěi shānmen chuān · shàng yī jiàn dài shuǐwénr de huāyī; kànzhe kànzhe, zhè jiàn huāyī hǎoxiàng bèi fēng'ér chuīdòng, jiào nǐ xīwàng kàn · jiàn yīdiǎnr gèng měi de shān de jīfū. Děngdào kuài rìluò de shíhou, wēihuáng de yángguāng xié shè zài shānyāo · shàng, nà diǎnr báo xuě hǎoxiàng hūrán hàixiū, wēiwēi lòuchū diǎnr fěnsè. Jiùshì xià xiǎoxuě ba, Jǐnán shì shòu · bùzhù dàxuě de, nàxiē xiǎoshān tài xiùqì.

Jiéxuǎn zì Lǎo Shě《Jǐnán de Dōngtiān》

作品 18 号

纯朴的家乡村边有一条河，曲曲弯弯，河中架一弯石桥，弓样的小桥横跨两岸。

每天，不管是鸡鸣晓月，日丽中天，还是月华泻地，小桥都印下串串足迹，洒落串串汗珠。那是乡亲为了追求多棱的希望，兑现美好的遐想。弯弯小桥，不时荡过轻吟低唱，不时露出舒心的笑容。

因而，我稚小的心灵，曾将心声献给小桥：你是一弯银色的新月，给人间普照光辉；你是一把闪亮的镰刀，割刈着欢笑的花果；你是一根晃悠悠的扁担，挑起了彩色的明天！哦，小桥走进我的梦中。

我在飘泊他乡的岁月，心中总涌动着故乡的河水，梦中总看到弓样的小桥。当我访南疆探北国，眼帘闯进座座雄伟的长桥时，我的梦变得丰满了，增添了赤橙黄绿青蓝紫。

三十多年过去，我带着满头霜花回到故乡，第一紧要的便是去看望小桥。

啊！小桥呢？它躲起来了？河中一道长虹，浴着朝霞熠熠闪光。哦，雄浑的大桥敞开胸怀，汽车的呼啸、摩托的笛音、自行车的叮铃，合奏着进行交响乐；南来的钢筋、花布，北往的柑橙、家禽，绘出交流欢悦图……

啊！蜕变的桥，传递了家乡进步的消息，透露了家乡富裕的声音。时代的春风，美好的追求，我蓦地记起儿时唱 // 给小桥的歌，哦，明艳艳的太阳照耀了，芳香甜蜜的花果捧来了，五彩斑斓的岁月拉开了！

我心中涌动的河水，激荡起甜美的浪花。我仰望一碧蓝天，心底轻声呼喊：家乡的桥啊，我梦中的桥！

节选自郑莹《家乡的桥》

Zuòpǐn 18 Hào

Chúnpǔ de jiāxiāng cūnbiān yǒu yī tiáo hé, qūqūwānwān, hé zhōng jià yī wān shíqiáo, gōng yàng de xiǎoqiáo héngkuà liǎng'àn.

Měi tiān, bùguǎn shì jī míng xiǎo yuè, rì lì zhōng tiān, háishi yuè huá xiè dì, xiǎoqiáo dōu yìnxià chuànchuàn zújì, sǎluò chuànchuàn hànzhū. Nà shì xiāngqīn wèile zhuīqiú duōléng de xīwàng, duìxiàn měihǎo de xiáxiǎng. Wānwān xiǎoqiáo, bù shí dàngguo qīng yín dī chàng, bùshí lùchū shūxīn de xiàoróng.

Yīn'ér, wǒ zhìxiǎo de xīnlíng, céng jiāng xīnshēng xiàngěi xiǎoqiáo: Nǐ shì yī wān yínsè de xīnyuè, gěi rénjiān pǔzhào guānghuī; nǐ shì yī bǎ shǎnliàng de liándāo, gēyìzhe huānxiào de huāguǒ; nǐ shì yī gēn huàngyōuyōu de biǎndan, tiāoqǐle cǎisè de míngtiān! Ò, xiǎoqiáo zǒujìn wǒ de mèng zhōng.

Wǒ zài piāobó tāxiāng de suìyuè, xīnzhōng zǒng yǒngdòngzhe gùxiāng de hé shuǐ, mèng zhōng zǒng kàndào gōng yàng de xiǎoqiáo. Dāng wǒ fǎng nánjiāng tàn běiguó, yǎnlián chuǎngjìn zuòzuò xióngwěi de chángqiáo shí, wǒ de mèng biàn dé fēngmǎn le, zēngtiānle chì – chéng – huáng – lǜ – qīng – lán – zǐ.

Sānshí duō nián guò · qù, wǒ dàizhe mǎntóu shuānghuā huídào gùxiāng, dì－yī jǐnyào de biànshì qù kànwàng xiǎoqiáo.

À! Xiǎoqiáo ne? Tā duǒ qǐ · lái le? Hé zhōng yī dào chánghóng, yùzhe zhāoxiá yìyì shǎnguāng. Ò, xiónghún de dàqiáo chǎngkāi xiōnghuái, qìchē de hūxiào、mótuō de díyīn、zìxíngchē de dīnglíng, hézòuzhe jìnxíng jiāoxiǎngyuè; nán lái de gāngjīn、huābù, běi wǎng de gānchéng、jiāqín, huìchū jiāoliú huānyuètú……

À! Tuìbiàn de qiáo, chuándìle jiāxiāng jìnbù de xiāoxi, tòulùle jiāxiāng fùyù de shēngyīn. Shídài de chūnfēng, měihǎo de zhuīqiú, wǒ mòdì jìqǐ érshí chàng // gěi xiǎoqiáo de gē, ò, míngyànyàn de tài · yáng zhàoyào le, fāngxiāng tiánmì de huāguǒ pěnglái le, wǔcǎi bānlán de suìyuè lākāi le!

Wǒ xīnzhōng yǒngdòng de héshuǐ, jīdàng qǐ tiánměi de lànghuā. Wǒ yǎngwàng yī bì lántiān, xīndǐ qīngshēng hūhǎn: Jiāxiāng de qiáo a, wǒ mèng zhōng de qiáo!

Jiéxuǎn zì Zhèng Yíng《Jiāxiāng de Qiáo》

作品 19 号

三百多年前，建筑设计师莱伊恩受命设计了英国温泽市政府大厅。他运用工程力学的知识，依据自己多年的实践，巧妙地设计了只用一根柱子支撑的大厅天花板。一年以后，市政府权威人士进行工程验收时，却说只用一根柱子支撑天花板太危险，要求莱伊恩再多加几根柱子。

莱伊恩自信只要一根坚固的柱子足以保证大厅安全，他的“固执”惹恼了市政官员，险些被送上法庭。他非常苦恼；坚持自己原先的主张吧，市政官员肯定会另找人修改设计；不坚持吧，又有悖自己为人的准则。矛盾了很长一段时间，莱伊恩终于想出了一条妙计，他在大厅里增加了四根柱子，不过这些柱子并未与天花板接触，只不过是装装样子。

三百多年过去了，这个秘密始终没有被人发现。直到前两年，市政府准备修缮大厅的天花板，才发现莱伊恩当年的“弄虚作假”。消息传出后，世界各国的建筑专家和游客云集，当地政府对此也不加掩饰，在新世纪到来之际，特意将大厅作为一个旅游景点对外开放，旨在引导人们崇尚和相信科学。

作为一名建筑师，莱伊恩并不是最出色的。但作为一个人，他无疑非常伟大。这种//伟大表现在他始终恪守着自己的原则，给高贵的心灵一个美丽的住所，哪怕是遭遇到最大的阻力，也要想办法抵达胜利。

节选自游宇明《坚守你的高贵》

Zuòpǐn 19 Hào

Sānbǎi duō nián qián, jiànzhù shèjìshī Láiyī'ēn shòumìng shèjìle Yīngguó Wēnzé shìzhèngfǔ dàtīng. Tā yùnyòng gōngchéng lìxué de zhīshi, yījù zìjǐ duōnián de shíjiàn, qiǎomiào de shèjìle zhǐ yòng yī gēn zhùzi zhīchēng de dàtīng tiānhuābǎn. Yī nián yǐhòu, shìzhèngfǔ quánwēi rénshì jìnxíng gōngchéng yànshōu shí, què shuō zhǐ yòng yī gēn zhùzi zhīchēng tiānhuābǎn tài wēixiǎn, yāoqiú Láiyī'ēn zài duō jiā jǐ gēn zhùzi.

Láiyī'ēn zìxìn zhǐyào yī gēn jiāngù de zhùzi zúyǐ bǎozhèng dàtīng ānquán, tā de "gùzhi" rěnǎole shìzhèng guānyuán, xiǎnxiē bèi sòng · shàng fǎtíng. Tā fēicháng kǔnǎo; jiānchí zìjǐ yuánxiān de zhǔzhāng ba, shìzhèng guānyuán kěndìng huì lìng zhǎo rén xiūgǎi shèjì; bù jiānchí ba, yòu yǒu bèi zìjǐ wéirén de zhǔnzé. Máodùnle hěn cháng yīduàn shíjiān, Láiyī'ēn zhōngyú xiǎngchūle yī tiáo miàojì, tā zài dàtīng · lǐ zēngjiāle sì gēn zhùzi, bùguò zhè xiē zhùzi bìng wèi yǔ tiānhuābǎn jiēchù, zhǐ · bùguò shì zhuāngzhuang yàngzi.

Sānbǎi duō nián guò · qù le, zhège mìmì shǐzhōng méi · yǒu bèi rén fāxiàn. Zhídào qián liǎng nián, shìzhèngfǔ zhǔnbèi xiūshàn dàtīng de tiānhuābǎn, cái fāxiàn Láiyī'ēn dāngnián de "nòngxū - zuòjiǎ". Xiāoxi chuánchū hòu, shìjiè gè guó de jiànzhù zhuānjiā hé yóukè yúnjí, dāngdì zhèngfǔ duì cǐ yě bù jiā yǎnshì, zài xīn shìjì dàolái zhī jì, tèyì jiāng dàtīng zuòwéi yī gè lǚyóu jǐngdiǎn duìwài kāifàng, zhǐ zài yǐndǎo rénmen chóngshàng hé xiāngxìn kēxué.

Zuòwéi yī míng jiànzhùshī, Láiyī'ēn bìng bù shì zuì chūsè de. Dàn zuòwéi yī gè rén, tā wúyí fēicháng wěidà. Zhè zhǒng//wěidà biǎoxiàn zài tā shǐzhōng kèshǒuzhe zìjǐ de yuánzé, gěi gāoguì de xīnlíng yī gè měilì de zhùsuǒ, nǎpà shì zāoyù dào zuì dà de zǔlì, yě yào xiǎng bànfǎ dǐdá shènglì.

Jiéxuǎn zì Yóu Yǔmíng《Jiānshǒu Nǐ de Gāoguì》

作品20号

自从传言有人在萨文河畔散步时无意发现了金子后，这里便常有来自四面八方的淘金者。他们都想成为富翁，于是寻遍了整个河床，还在河床上挖出很多大坑，希望借助它们找到更多的金子。的确，有一些人找到了，但另外一些人因为一无所得而只好扫兴归去。

也有不甘心落空的，便驻扎在这里，继续寻找。彼得·弗雷特就是其中一员。他在河床附近买了一块没人要的土地，一个人默默地工作。他为了找金子，已把所有的钱都押在这块土地上。他埋头苦干了几个月，直到土地全变成了坑坑洼洼，他失望了——他翻遍了整块土地，但连一丁点儿金子都没看见。

六个月后，他连买面包的钱都没有了。于是他准备离开这儿到别处去谋生。

就在他即将离去的前一个晚上，天下起了倾盆大雨，并且一下就是三天三夜。雨终于停了，彼得走出小木屋，发现眼前的土地看上去好像和以前不一样：坑坑洼洼已被大水冲刷平整，松软的土地上长出一层绿茸茸的小草。

“这里没找到金子，”彼得忽有所悟地说，“但这土地很肥沃，我可以用来种花，并且拿到镇上去卖给那些富人，他们一定会买些花装扮他们华丽的客//厅。如果真是这样的话，那么我一定会赚许多钱，有朝一日我也会成为富人……”

于是他留了下来。彼得花了不少精力培育花苗，不久田地里长满了美丽鲜艳的各色鲜花。

五年以后，彼得终于实现了他的梦想——成了一个富翁。“我是唯一的一个找到真金的人！”他时常不无骄傲地告诉别人，“别人在这儿找不到金子后便远远地离开，而我的‘金子’是在这块土地里，只有诚实的人用勤劳才能采集到。”

节选自《金子》，陶猛译

Zuòpǐn 20 Hào

Zìcóng chuányán yǒu rén zài Sàwén hépàn sànbù shí wúyì fāxiànle jīnzi hòu，zhè · lǐ biàn cháng yǒu láizì sìmiàn – bāfāng de táojīnzhě. Tāmen dōu xiǎng chéngwéi fùwēng，yúshì xúnbiànle zhěnggè héchuáng，hái zài héchuáng · shàng wāchū hěnduō dàkēng，xīwàng jièzhù tāmen zhǎodào gèng duō de jīnzi. Díquè，yǒu yīxiē rén zhǎodào le，dàn lìngwài yīxiē rén yīn · wèi yī wú suǒ dé ér zhǐhǎo sǎoxìng guīqù.

Yě yǒu bù gānxīn luòkōng de，biàn zhùzhā zài zhè · lǐ，jìxù xúnzhǎo. Bǐdé Fúléitè jiùshì qízhōng yī yuán. Tā zài héchuáng fùjìn mǎile yī kuài méi rén yào de tǔdì，yī gè rén mòmò de gōngzuò. Tā wèile zhǎo jīnzi，yǐ bǎ suǒyǒu de qián dōu yā zài zhè kuài tǔdì · shàng. Tā máitóu – kǔgànle jǐ gè yuè，zhídào tǔdì quán biànchéngle kēngkēngwāwā，tā shīwàng le ——tā fānbiànle zhěng kuài tǔdì，dàn lián yī dīngdiǎnr jīnzi dōu méi kàn · jiàn.

Liù gè yuè hòu，tā lián mǎi miànbāo de qián dōu méi · yǒu le. Yúshì tā zhǔnbèi líkāi zhèr dào biéchù qù móushēng.

Jiù zài tā jíjiāng líqù de qián yī gè wǎnshang，tiān xiàqǐle qīngpén – dàyǔ，bìngqiě yīxià jiùshì sān tiān sān yè. Yǔ zhōngyú tíng le，Bǐdé zǒuchū xiǎo mùwū，fāxiàn yǎnqián de tǔdì kàn shàng · qù hǎoxiàng hé yǐqián bù yīyàng，kēngkēngwāwā yǐ bèi dàshuǐ chōngshuā píngzhěng，sōngruǎn de tǔdì · shàng zhǎngchū yī céng lǜ róngróng de xiǎocǎo.

“Zhè · lǐ méi zhǎodào jīnzi，” Bǐdé hū yǒu suǒ wù de shuō，“Dàn zhè tǔdì hěn féiwò，wǒ kěyǐ yònglái zhònghuā，bìngqiě nádào zhèn · shàng qù màigěi nàxiē fùrén， tāmen yīdìng huì mǎi xiē huā zhuāngbàn tāmen huálì de kè // tīng. Rúguǒ zhēn shì zhèyàng de huà, nàme wǒ yīdìng huì zhuàn xǔduō qián, yǒuzhāo – yīrì wǒ yě huì chéngwéi fùrén……”

Yúshì tā liúle xià · lái. Bǐdé huāle bù shǎo jīnglì péiyù huāmiáo, bùjiǔ tiándì · lǐ zhǎngmǎnle měilì jiāoyàn de gè sè xiānhuā.

Wǔ nián yǐhòu, Bǐdé zhōngyú shíxiànle tā de mèngxiǎng——chéngle yī gè fùwēng. “Wǒ shì wéiyī de yī gè zhǎodào zhēnjīn de rén!” Tā shícháng bùwú jiāo’ào de gàosu bié · rén, “Bié · rén zài zhèr zhǎo · bùdào jīnzi hòu biàn yuǎnyuǎn de líkāi, ér wǒ de ‘jīnzi’ shì zài zhè kuài tǔdì · lǐ, zhǐyǒu chéng · shí de rén yòng qínláo cáinéng cǎijí dào.”

Jiéxuǎn zì《Jīnzi》, Táo Měng yì

作品 21 号

我在加拿大学习期间遇到过两次募捐，那情景至今使我难以忘怀。

一天，我在渥太华的街上被两个男孩子拦住去路。他们十来岁，穿得整整齐齐，每人头上戴着个做工精巧、色彩鲜艳的纸帽，上面写着“为帮助患小儿麻痹的伙伴募捐。”其中的一个，不由分说就坐在小凳上给我擦起皮鞋来，另一个则彬彬有礼地发问：“小姐，您是哪国人？喜欢渥太华吗？”“小姐，在你们国家有没有小孩儿患小儿麻痹？谁给他们医疗费？”一连串的问题，使我这个有生以来头一次在众目睽睽之下让别人擦鞋的异乡人，从近乎狼狈的窘态中解脱出来。我们像朋友一样聊起天儿来……

几个月之后，也是在街上。一些十字路口处或车站坐着几位老人。他们满头银发，身穿各种老式军装，上面布满了大大小小形形色色的徽章、奖章，每人手捧一大束鲜花，有水仙、石竹、玫瑰及叫不出名字的，一色雪白。匆匆过往的行人纷纷止步，把钱投进这些老人身旁的白色木箱内，然后向他们微微鞠躬，从他们手中接过一朵花。我看了一会儿，有人投一两元，有人投几百元，还有人掏出支票填好后投进木箱。那些老军人毫不注意人们捐多少钱，一直不 // 停地向人们低声道谢。同行的朋友告诉我，这是为纪念二次大战中参战的勇士，募捐救济残废军人和烈士遗孀，每年一次；认捐的人可谓踊跃，而且秩序井然，气氛庄严。有些地方，人们还耐心地排着队。我想，这是因为他们都知道：正是这些老人们的流血牺牲换来了包括他们信仰自由在内的许许多多。

我两次把那微不足道的一点儿钱捧给他们，只想对他们说声“谢谢”。

节选自青白《捐诚》

Zuòpǐn 21 Hào

Wǒ zài Jiānádà xuéxí qījiān yùdàoguo liǎng cì mùjuān, nà qíngjǐng zhìjīn shǐ wǒ nányǐ wànghuái.

Yī tiān, wǒ zài Wòtàihuá de jiē · shàng bèi liǎng gè nánháizi lánzhù qùlù. Tāmen shí lái suì, chuān de zhěngzhěngqíqí, měi rén tóu · shàng dàizhe gè zuògōng jīngqiǎo、sècǎi xiānyàn de zhǐmào, shàng · miàn xiězhe "Wèi bāngzhù huàn xiǎo' ér mábì de huǒbàn mùjuān." Qízhōng de yī gè, bù yóu fēn shuō jiù zuò zài xiǎodèng · shàng gěi wǒ cā · qǐ píxié · lái, lìng yī gè zé bīnbīn – yǒulǐ de fāwèn: "Xiǎo · jiě, nín shì nǎ guó rén? Xǐhuan Wòtàihuá ma?" "Xiǎo · jiě, zài nǐmen guójiā yǒu méi · yǒu xiǎoháir huàn xiǎoér mábì? Shéi gěi tāmen yīliáofèi?" Yīliánchuàn de wèntí, shǐ wǒ zhège yǒushēngyǐlái tóu yī cì zài zhòngmù – kuíkuí zhīxià ràng bié · rén cā xié de yìxiāngrén, cóng jìnhū lángbèi de jiǒngtài zhōng jiětuō chū · lái. Wǒmen xiàng péngyou yīyàng liáo · qǐ tiānr · lái……

Jǐ gè yuè zhīhòu, yě shì zài jiē · shàng. Yīxiē shízì lùkǒu chù huò chēzhàn zuòzhe jǐ wèi lǎorén. Tāmen mǎntóu yínfà, shēn chuān gè zhǒng lǎoshì jūnzhuāng, shàng · miàn bùmǎnle dàdàxiǎoxiǎo xíngxíngsèsè de huīzhāng、jiǎngzhāng, měi rén shǒu pěng yī dà shù xiānhuā. Yǒu shuǐxiān、shízhú、méi · guī jí jiào · bùchū míngzi de, yīsè xuěbái. Cōngcōng guòwǎng de xíngrén fēnfēn zhǐbù, bǎ qián tóujìn zhèxiē lǎorén shēnpáng de báisè mùxiāng nèi, ránhòu xiàng tāmen wēiwēi jūgōng, cóng tāmen shǒu zhōng jiēguo yī duǒ huā. Wǒ kànle yīhuìr, yǒu rén tóu yī – liǎng yuán, yǒu rén tóu jǐbǎi yuán, hái yǒu rén tāochū zhīpiào tiánhǎo hòu tóujìn mùxiāng. Nàxiē lǎo jūnrén háobù zhùyì rénmen juān duō · shǎo qián, yīzhí bù // tíng de xiàng rénmen dīshēng dàoxiè. Tóngxíng de péngyou gàosu wǒ, zhè shì wèi jìniàn Èr Cì Dàzhàn zhōng cānzhàn de yǒngshì, mùjuān jiùjì cánfèi jūnrén hé lièshì yíshuāng, měi nián yī cì; rènjuān de rén kěwèi yǒngyuè, érqiě zhìxù jǐngrán, qì · fēn zhuāngyán. Yǒuxiē dìfang, rénmen hái nàixīn de páizhe duì. Wǒ xiǎng, zhè shì yīn · wèi tāmen dōu zhī · dào: Zhèng shì zhèxiē lǎorénmen de liúxuè xīshēng huànláile bāokuò tāmen xìnyǎng zìyóu zài nèi de xǔxǔduōduō.

Wǒ liǎng cì bǎ nà wēibùzúdào de yīdiǎnr qián pěnggěi tāmen, zhǐ xiǎng duì tāmen shuō shēng "xièxie".

Jiéxuǎn zì Qīng Bái《Juān Chéng》

作品 22 号

没有一片绿叶，没有一缕炊烟，没有一粒泥土，没有一丝花香，只有水的世界，云的海洋。

一阵台风袭过，一只孤单的小鸟无家可归，落到被卷到洋里的木板上，乘流而下，姗姗而来，近了，近了！……

忽然，小鸟张开翅膀，在人们头顶盘旋了几圈儿，“噗啦”一声落到了船上。许是累了？还是发现了“新大陆”？水手撵它它不走，抓它，它乖乖地落在掌心。可爱的小鸟和善良的水手结成了朋友。

瞧，它多美丽，娇巧的小嘴，啄理着绿色的羽毛，鸭子样的扁脚，呈现出春草的鹅黄。水手们把它带到舱里，给它“搭铺”，让它在船上安家落户，每天，把分到的一塑料筒淡水匀给它喝，把从祖国带来的鲜美的鱼肉分给它吃，天长日久，小鸟和水手的感情日趋笃厚。清晨，当第一束阳光射进舷窗时，它便敞开美丽的歌喉，唱啊唱，嘤嘤有韵，宛如春水淙淙。人类给它以生命，它毫不悭吝地把自己的艺术青春奉献给了哺育它的人。可能都是这样？艺术家们的青春只会献给尊敬他们的人。

小鸟给远航生活蒙上了一层浪漫色调。返航时，人们爱不释手，恋恋不舍地想把它带到异乡。可小鸟憔悴了，给水，不喝！喂肉，不吃！油亮的羽毛失去了光泽。是啊，我 // 们有自己的祖国，小鸟也有它的归宿，人和动物都是一样啊，哪儿也不如故乡好！

慈爱的水手们决定放开它，让它回到大海的摇篮去，回到蓝色的故乡去。离别前，这个大自然的朋友与水手们留影纪念。它站在许多人的头上，肩上，掌上，胳膊上，与喂养过它的人们，一起融进那蓝色的画面……

节选自王文杰《可爱的小鸟》

Zuòpǐn 22 Hào

Méi · yǒu yī piàn lǜyè, méi · yǒu yī lǚ chuīyān, méi · yǒu yī lì nítǔ, méi · yǒu yī sī huāxiāng, zhǐyǒu shuǐ de shìjiè, yún de hǎiyáng.

Yī zhèn táifēng xíguò, yī zhī gūdān de xiǎoniǎo wújiā – kěguī, luòdào bèi juǎn dào yáng · lǐ de mùbǎn · shàng, chéng liú ér xià, shānshān ér lái, jìn le, jìn le! ……

Hūrán, xiǎoniǎo zhāngkāi chìbǎng, zài rénmen tóudǐng pánxuánle jǐ quānr, “pūlā” yī shēng luòdàole chuán · shàng. Xǔ shì lèi le? Háishì fāxiànle “xīn dàlù”? Shuǐshǒu niǎn tā tā bù zǒu, zhuā tā, tā guāiguāi de luò zài zhǎngxīn. Kě’ài de xiǎoniǎo hé shànliáng de shuǐshǒu jiéchéngle péngyou.

Qiáo, tā duō měilì, jiāoqiǎo de xiǎozuǐ, zhuólǐzhe lǜsè de yǔmáo, yāzi yàng de biǎnjiǎo, chéngxiàn chū chūncǎo de éhuáng. Shuǐshǒumen bǎ tā dàidào cāng · lǐ, gěi tā “dā pù”, ràng tā zài chuán · shàng ānjiā – luòhù, měi tiān, bǎ fēndào de yī sùliàotǒng dànshuǐ yúngěi tā hē, bǎ cóng zǔguó dài · lái de xiānměi de yúròu fēngěi tā chī, tiāncháng－rìjiǔ, xiǎoniǎo hé shuǐshǒu de gǎnqíng rìqū dǔhòu. Qīngchén, dāng dì－yī shù yángguāng shèjìn xiánchuāng shí, tā biàn chǎngkāi měilì de gēhóu, chàng a chàng, yīngyīng－yǒuyùn, wǎnrú chūnshuǐ cóngcóng. Rénlèi gěi tā yǐ shēngmìng, tā háobù qiānlìn de bǎ zìjǐ de yìshù qīngchūn fèngxiàn gěile bǔyù tā de rén. Kěnéng dōu shì zhèyàng? Yìshùjiāmen de qīngchūn zhǐ huì xiàngěi zūnjìng tāmen de rén.

Xiǎoniǎo gěi yuǎnháng shēnghuó méng · shàngle yī céng làngmàn sèdiào. Fǎnháng shí, rénmen àibùshìshǒu, liànliàn－bùshě de xiǎng bǎ tā dàidào yìxiāng. Kě xiǎoniǎo qiáocuì le, gěi shuǐ, bù hē! Wèi ròu, bù chī! Yóuliàng de yǔmáo shīqùle guāngzé. Shì a, wǒ//men yǒu zìjǐ de zǔguó, xiǎoniǎo yě yǒu tā de guīsù, rén hé dòngwù dōu shì yīyàng a, nǎr yě bùrú gùxiāng hǎo!

Cí'ài de shuǐshǒumen juédìng fàngkāi tā, ràng tā huídào dàhǎi de yáolán · qù, huídào lánsè de gùxiāng · qù. Líbié qián, zhège dàzìrán de péngyou yǔ shuǐshǒumen liúyǐng jìniàn. Tā zhàn zài xǔduō rén de tóu · shàng, jiān · shàng, zhǎng · shàng, gēbo · shàng, yǔ wèiyǎngguo tā de rénmen, yīqǐ róngjìn nà lánsè de huàmiàn……

Jiéxuǎn zì Wáng Wénjié《Kě'ài de Xiǎoniǎo》

作品 23 号

纽约的冬天常有大风雪，扑面的雪花不但令人难以睁开眼睛，甚至呼吸都会吸入冰冷的雪花。有时前一天晚上还是一片晴朗，第二天拉开窗帘，却已经积雪盈尺，连门都推不开了。

遇到这样的情况，公司、商店常会停止上班，学校也通过广播，宣布停课。但令人不解的是，惟有公立小学，仍然开放。只见黄色的校车，艰难地在路边接孩子，老师则一大早就口中喷着热气，铲去车子前后的积雪，小心翼翼地开车去学校。

据统计，十年来纽约的公立小学只因为超级暴风雪停过七次课。这是多么令人惊讶的事。犯得着在大人都无须上班的时候让孩子去学校吗？小学的老师也太倒霉了吧？

于是，每逢大雪而小学不停课时，都有家长打电话去骂。妙的是，每个打电话的人，反应全一样——先是怒气冲冲地责问，然后满口道歉，最后笑容满面地挂上电话。原因是，学校告诉家长：

在纽约有许多百万富翁，但也有不少贫困的家庭。后者白天开不起暖气，供不起午餐，孩子的营养全靠学校里免费的中饭，甚至可以多拿些回家当晚餐。学校停课一天，穷孩子就受一天冻，挨一天饿，所以老师们宁愿自己苦一点儿，也不能停课。//

或许有家长会说：何不让富裕的孩子在家里，让贫穷的孩子去学校享受暖气和营养午餐呢?

学校的答复是：我们不愿让那些穷苦的孩子感到他们是在接受救济，因为施舍的最高原则是保持受施者的尊严。

节选自（台湾）刘墉《课不能停》

Zuòpǐn 23 Hào

Niǔyuē de dōngtiān cháng yǒu dà fēngxuě, pūmiàn de xuěhuā bùdàn lìng rén nányǐ zhēngkāi yǎnjing, shènzhì hūxī dōu huì xīrù bīnglěng de xuěhuā. Yǒushí qián yī tiān wǎnshang háishì yī piàn qínglǎng, dì – èr tiān lākāi chuānglián, què yǐ · jīng jīxuě yíng chǐ, lián mén dōu tuī · bùkāi le.

Yùdào zhèyàng de qíngkuàng, gōngsī、shāngdiàn cháng huì tíngzhǐ shàngbān, xuéxiào yě tōngguò guǎngbō, xuānbù tíngkè. Dàn lìng rén bùjiě de shì, wéiyǒu gōnglì xiǎoxué, réngrán kāifàng. Zhǐ jiàn huángsè de xiàochē, jiānnán de zài lùbiān jiē háizi, lǎoshī zé yīdàzǎo jiù kǒuzhōng pēnzhe rèqì, chǎnqù chēzi qián hòu de jīxuě, xiǎoxīn – yìyì de kāichē qù xuéxiào.

Jù tǒngjì, shí nián lái Niǔyuē de gōnglì xiǎoxué zhǐ yīn · wèi chāojí bàofēngxuě tíngguo qī cì kè. Zhè shì duōme lìng rén jīngyà de shì. Fàndezháo zài dàrén dōu wúxū shàngbān de shíhou ràng háizi qù xuéxiào ma? Xiǎoxué de lǎoshī yě tài dǎoméi le ba?

Yúshì, měiféng dàxuě ér xiǎoxué bù tíngkè shí, dōu yǒu jiāzhǎng dǎ diànhuà qù mà. Miào de shì, měi gè dǎ diànhuà de rén, fǎnyìng quán yī yàng——xiān shì nùqì chōngchōng de zéwèn, ránhòu mǎnkǒu dàoqiàn, zuìhòu xiàoróng mǎnmiàn de guà · shàng diànhuà. Yuányīn shì, xuéxiào gàosu jiāzhǎng:

Zài Niǔyuē yǒu xǔduō bǎiwàn fùwēng, dàn yě yǒu bùshǎo pínkùn de jiātíng. Hòuzhě bái · tiān kāi · bùqǐ nuǎnqì, gòng · bùqǐ wǔcān, háizi de yíngyǎng quán kào xuéxiào · lǐ miǎnfèi de zhōngfàn, shènzhì kěyǐ duō ná xiē huíjiā dàng wǎncān. Xuéxiào tíngkè yī tiān, qióng háizi jiù shòu yī tiān dòng, āi yī tiān è, suǒyǐ lǎoshīmen nìngyuàn zìjǐ kǔ yīdiǎnr, yě bù néng tíngkè. //

Huòxǔ yǒu jiāzhǎng huì shuō: Hébù ràng fùyù de háizi zài jiā · lǐ, ràng pínqióng de háizi qù xuéxiào xiǎngshòu nuǎnqì hé yíngyǎng wǔcān ne?

Xuéxiào de dá · fù shì: Wǒmen bùyuàn ràng nàxiē qióngkǔ de háizi gǎndào tāmen shì zài jiēshòu jiùjì, yīn · wèi shīshě de zuìgāo yuánzé shì bǎochí shòushīzhě de zūnyán.

Jiéxuǎn zì (Táiwān) Liú Yōng《Kè Bùnéng Tíng》

作品 24 号

十年，在历史上不过是一瞬间。只要稍加注意，人们就会发现：在这一瞬间里，各种事物都悄悄经历了自己的千变万化。

这次重新访日，我处处感到亲切和熟悉，也在许多方面发觉了日本的变化。就拿奈良的一个角落来说吧，我重游了为之感受很深的唐招提寺，在寺内各处匆匆走了一遍，庭院依旧，但意想不到还看到了一些新的东西。其中之一，就是近几年从中国移植来的“友谊之莲”。

在存放鉴真遗像的那个院子里，几株中国莲昂然挺立，翠绿的宽大荷叶正迎风而舞，显得十分愉快。开花的季节已过，荷花朵朵已变为莲蓬累累。莲子的颜色正在由青转紫，看来已经成熟了。

我禁不住想：“因”已转化为“果”。

中国的莲花开在日本，日本的樱花开在中国，这不是偶然。我希望这样一种盛况延续不衰。可能有人不欣赏花，但决不会有人欣赏落在自己面前的炮弹。

在这些日子里，我看到了不少多年不见的老朋友，又结识了一些新朋友。大家喜欢涉及的话题之一，就是古长安和古奈良。那还用得着问吗，朋友们缅怀过去，正是瞩望未来。瞩目于未来的人们必将获得未来。

我不例外，也希望一个美好的未来。

为 // 了中日人民之间的友谊，我将不浪费今后生命的每一瞬间。

节选自严文井《莲花和樱花》

Zuòpǐn 24 Hào

Shí nián, zài lìshǐ · shàng bùguò shì yī shùnjiān. Zhǐyào shāo jiā zhùyì, rénmen jiù huì fāxiàn: Zài zhè yī shùnjiān · lǐ, gè zhǒng shìwù dōu qiāoqiāo jīnglìle zìjǐ de qiānbiàn – wànhuà.

Zhè cì chóngxīn fǎng Rì, wǒ chùchù gǎndào qīnqiè hé shú · xī, yě zài xǔduō fāngmiàn fājuéle Rìběn de biànhuà. Jiù ná Nàiliáng de yī gè jiǎoluò lái shuō ba, wǒ chóngyóule wéi zhī gǎnshòu hěn shēn de Táng Zhāotísì, zài sì nèi gè chù cōngcōng zǒule yī biàn, tíngyuàn yījiù, dàn yìxiǎngbùdào hái kàndàole yīxiē xīn de dōngxi. Qízhōng zhīyī, jiùshì jìn jǐ nián cóng Zhōngguó yízhí lái de “yǒuyì zhī lián”.

Zài cúnfàng Jiànzhēn yíxiàng de nàge yuànzi · lǐ, jǐ zhū Zhōngguó lián ángrán tǐnglì, cuìlǜ de kuāndà héyè zhèng yíngfēng ér wǔ, xiǎn · dé shífēn yúkuài. Kāi huā de jìjié yǐ guò, héhuā duǒduǒ yǐ biànwéi liánpéng léiléi. Liánzǐ de yánsè zhèngzài yóu qīng zhuǎn zǐ, kàn · lái yǐ · jīng chéngshú le.

Wǒ jīn · bùzhù xiǎng: “Yīn” yǐ zhuǎnhuà wéi “guǒ”.

Zhōngguó de liánhuā kāi zài Rìběn, Rìběn de yīnghuā kāi zài Zhōngguó, zhè bù shì ǒurán. Wǒ xīwàng zhèyàng yī zhǒng shèngkuàng yánxù bù shuāi. Kěnéng yǒu rén bù xīnshǎng huā, dàn jué bù huì yǒu rén xīnshǎng luò zài zìjǐ miànqián de pàodàn.

Zài zhèxiē rìzi · lǐ, wǒ kàndàole bù shǎo duō nián bù jiàn de lǎo péngyou, yòu jiéshíle yīxiē xīn péngyou. Dàjiā xǐhuan shèjí de huàtí zhīyī, jiùshì gǔ Cháng'ān hé gǔ Nàiliáng. Nà hái yòngdezháo wèn ma, péngyoumen miǎnhuái guòqù, zhèngshì zhǔwàng wèilái. Zhǔmù yú wèilái de rénmen bìjiāng huòdé wèilái.

Wǒ bù lìwài, yě xīwàng yī gè měihǎo de wèilái.

Wèi // le Zhōng – Rì rénmín zhījiān de yǒuyì, wǒ jiāng bù làngfèi jīnhòu shēngmìng de měi yī shùnjiān.

Jiéxuǎn zì Yán Wénjǐng《Liánhuā hé Yīnghuā》

作品 25 号

梅雨潭闪闪的绿色招引着我们，我们开始追捉她那离合的神光了。揪着草，攀着乱石，小心探身下去，又鞠躬过了一个石穹门，便到了汪汪一碧的潭边了。

瀑布在襟袖之间，但是我的心中已没有瀑布了。我的心随潭水的绿而摇荡。那醉人的绿呀！仿佛一张极大极大的荷叶铺着，满是奇异的绿呀。我想张开两臂抱住她，但这是怎样一个妄想啊。

站在水边，望到那面，居然觉着有些远呢！这平铺着、厚积着的绿，着实可爱。她松松地皱缬着，像少妇拖着的裙幅；她滑滑的明亮着，像涂了“明油”一般，有鸡蛋清那样软，那样嫩；她又不杂些尘滓，宛然一块温润的碧玉，只清清的一色——但你却看不透她！

我曾见过北京什刹海拂地的绿杨，脱不了鹅黄的底子，似乎太淡了。我又曾见过杭州虎跑寺近旁高峻而深密的“绿壁”，丛叠着无穷的碧草与绿叶的，那又似乎太浓了。其余呢，西湖的波太明了，秦淮河的也太暗了。可爱的，我将什么来比拟你呢？我怎么比拟得出呢？大约潭是很深的，故能蕴蓄着这样奇异的绿；仿佛蔚蓝的天融了一块在里面似的，这才这般的鲜润啊。

那醉人的绿呀！我若能裁你以为带，我将赠给那轻盈的 // 舞女，她必能临风飘举了。我若能挹你以为眼，我将赠给那善歌的盲妹，她必明眸善睐了。我舍不得你，我怎舍得你呢？我用手拍着你，抚摩着你，如同一个十二三岁的小姑娘。我又掬你入口，便是吻着她了。我送你一个名字，我从此叫你“女儿绿”，好吗？

第二次到仙岩的时候，我不禁惊诧于梅雨潭的绿了。

节选自朱自清《绿》

Zuòpǐn 25 Hào

Méiyǔtán shǎnshǎn de lǜsè zhāoyǐnzhe wǒmen, wǒmen kāishǐ zhuīzhuō tā nà líhé de shénguāng le. Jiūzhe cǎo, pānzhe luànshí, xiǎo · xīn tànshēn xià · qù, yòu jūgōng guòle yī gè shíqióngmén, biàn dàole wāngwāng yī bì de tán biān le.

Pùbù zài jīnxiù zhījiān, dànshì wǒ de xīnzhōng yǐ méi · yǒu pùbù le. Wǒ de xīn suí tánshuǐ de lǜ ér yáodàng. Nà zuìrén de lǜ ya! Fǎngfú yī zhāng jí dà jí dà de héyè pūzhe, mǎn shì qíyì de lǜ ya. Wǒ xiǎng zhāngkāi liǎngbì bàozhù tā, dàn zhè shì zěnyàng yī gè wàngxiǎng a.

Zhàn zài shuǐ biān, wàngdào nà · miàn, jūrán juézhe yǒu xiē yuǎn ne! Zhè píngpūzhe、hòujīzhe de lǜ, zhuóshí kě'ài. Tā sōngsōng de zhòuxiézhe, xiàng shàofù tuōzhe de qúnfú; tā huáhuá de míngliàngzhe, xiàng túle "míngyóu" yībān, yǒu jīdànqīng nàyàng ruǎn, nàyàng nèn; tā yòu bù zá xiē chénzǐ, wǎnrán yī kuài wēnrùn de bìyù, zhǐ qīngqīng de yī sè——dàn nǐ què kàn · bùtòu tā!

Wǒ céng jiànguo Běijīng Shíchàhǎi fúdì de lǜyáng, tuō · bùliǎo éhuáng de dǐzi, sìhū tài dàn le. Wǒ yòu céng jiànguo Hángzhōu Hǔpáosì jìnpáng gāojùn ér shēnmì de "lǜbì", cóngdiézhe wúqióng de bìcǎo yǔ lǜyè de, nà yòu sìhū tài nóng le. Qíyú ne, Xīhú de bō tài míng le, Qínhuái Hé de yě tài àn le. Kě'ài de, wǒ jiāng shénme lái bǐnǐ nǐ ne? Wǒ zěnme bǐnǐ de chū ne? Dàyuē tán shì hěn shēn de, gù néng yùnxùzhe zhèyàng qíyì de lǜ; fǎngfú wèilán de tiān róngle yī kuài zài lǐ · miàn shìde, zhè cái zhèbān de xiānrùn a.

Nà zuìrén de lǜ ya! Wǒ ruò néng cái nǐ yǐ wéi dài, wǒ jiāng zènggěi nà qīngyíng de // wǔnǚ, tā bìnéng línfēng piāojǔ le. Wǒ ruò néng yì nǐ yǐ wéi yǎn, wǒ jiāng zènggěi nà shàn gē de mángmèi, tā bì míngmóu - shànlài le. Wǒ shě · bù · dé nǐ, wǒ zěn shě · dé nǐ ne? Wǒ yòng shǒu pāizhe nǐ, fǔmózhe nǐ, rútóng yī gè shí'èr - sān suì de xiǎogūniang. Wǒ yòu jū nǐ rùkǒu, biànshì wěnzhe tā le. Wǒ sòng nǐ yī gè míngzi, wǒ cóngcǐ jiào nǐ "nǚ'érlǜ", hǎo ma?

Dì - èr cì dào Xiānyán de shíhou, wǒ bùjīn jīngchà yú Méiyǔtán de lǜ le.

Jiéxuǎn zì Zhū Zìqīng《Lǜ》

作品 26 号

我们家的后园有半亩空地，母亲说："让它荒着怪可惜的，你们那么爱吃花生，就开辟出来种花生吧。"我们姐弟几个都很高兴，买种，翻地，播种，浇水，没过几个月，居然收获了。

母亲说："今晚我们过一个收获节，请你们父亲也来尝尝我们的新花生，好不好?”我们都说好。母亲把花生做成了好几样食品，还吩咐就在后园的茅亭里过这个节。

晚上天色不太好，可是父亲也来了，实在很难得。

父亲说：“你们爱吃花生吗?”

我们争着答应：“爱!”

“谁能把花生的好处说出来?”

姐姐说：“花生的味美。”

哥哥说：“花生可以榨油。”

我说：“花生的价钱便宜，谁都可以买来吃，都喜欢吃。这就是它的好处。”

父亲说：“花生的好处很多，有一样最可贵：它的果实埋在地里，不像桃子、石榴、苹果那样，把鲜红嫩绿的果实高高地挂在枝头上，使人一见就生爱慕之心。你们看它矮矮地长在地上，等到成熟了，也不能立刻分辨出来它有没有果实，必须挖出来才知道。”

我们都说是，母亲也点点头。

父亲接下去说：“所以你们要像花生，它虽然不好看，可是很有用，不是外表好看而没有实用的东西。”

我说：“那么，人要做有用的人，不要做只讲体面，而对别人没有好处的人了。”//

父亲说：“对。这是我对你们的希望。”

我们谈到夜深才散。花生做的食品都吃完了，父亲的话却深深地印在我的心上。

节选自许地山《落花生》

Zuòpǐn 26 Hào

Wǒmen jiā de hòuyuán yǒu bàn mǔ kòngdì, mǔ · qīn shuō: “Ràng tā huāngzhe guài kěxī de, nǐmen nàme ài chī huāshēng, jiù kāipì chū · lái zhòng huāshēng ba.” Wǒmen jiě - dì jǐ gè dōu hěn gāoxìng, mǎizhǒng, fāndì, bōzhǒng, jiāoshuǐ, méi guò jǐ gè yuè, jūrán shōuhuò le.

Mǔ · qīn shuō: “Jīnwǎn wǒmen guò yī gè shōuhuòjié, qǐng nǐmen fù · qīn yě lái chángchang wǒmen de xīn huāshēng, hǎo · bù hǎo?” Wǒmen dōu shuō hǎo. Mǔ · qīn bǎ huāshēng zuòchéngle hǎo jǐ yàng shípǐn, hái fēnfù jiù zài hòuyuán de máotíng · lǐ guò zhège jié.

Wǎnshang tiānsè bù tài hǎo, kěshì fù · qīn yě lái le, shízài hěn nándé.

Fù · qīn shuō: “Nǐmen ài chī huāshēng ma?”

Wǒmen zhēngzhe dāying: “Ài!”

"Shéi néng bǎ huāshēng de hǎo · chù shuō chū · lái?"

Jiějie shuō："Huāshēng de wèi měi."

Gēge shuō："Huāshēng kěyǐ zhàyóu."

Wǒ shuō："Huāshēng de jià · qián piányi，shéi dōu kěyǐ mǎi · lái chī，dōu xǐhuan chī. Zhè jiùshì tā de hǎo · chù."

Fù · qīn shuō："Huāshēng de hǎo · chù hěn duō，yǒu yī yàng zuì kěguì：Tā de guǒshí mái zài dì · lǐ，bù xiàng táozi、shíliu、píngguǒ nàyàng，bǎ xiānhóng nèn lǜ de guǒshí gāogāo de guà zài zhītóu · shàng，shǐ rén yī jiàn jiù shēng àimù zhī xīn. Nǐmen kàn tā ǎi'ǎi de zhǎng zài dì · shàng，děngdào chéngshú le，yě bùnéng lìkè fēnbiàn chū · lái tā yǒu méi · yǒu guǒshí，bìxū wā chū · lái cái zhī · dào."

Wǒmen dōu shuō shì，mǔ · qīn yě diǎndiǎn tóu.

Fù · qīn jiē xià · qù shuō："Suǒyǐ nǐmen yào xiàng huāshēng，tā suīrán bù hǎokàn，kěshì hěn yǒuyòng，bù shì wàibiǎo hǎokàn ér méi · yǒu shíyòng de dōngxi."

Wǒ shuō："Nàme，rén yào zuò yǒuyòng de rén，bùyào zuò zhǐ jiǎng tǐ · miàn，ér duì bié · rén méi · yǒu hǎo · chù de rén le." //

Fù · qīn shuō："Duì. Zhè shì wǒ duì nǐmen de xīwàng."

Wǒmen tándào yè shēn cái sàn. Huāshēng zuò de shípǐn dōu chīwán le，fù · qīn de huà què shēnshēn de yìn zài wǒ de xīn · shàng.

Jiéxuǎn zì Xǔ Dìshān《Luòhuāshēng》

作品 27 号

我打猎归来，沿着花园的林阴路走着。狗跑在我前边。

突然，狗放慢脚步，蹑足潜行，好像嗅到了前边有什么野物。

我顺着林阴路望去，看见了一只嘴边还带黄色、头上生着柔毛的小麻雀。风猛烈地吹打着林阴路上的白桦树，麻雀从巢里跌落下来，呆呆地伏在地上，孤立无援地张开两只羽毛还未丰满的小翅膀。

我的狗慢慢向它靠近。忽然，从附近一棵树上飞下一只黑胸脯的老麻雀，像一颗石子似的落到狗的跟前。老麻雀全身倒竖着羽毛，惊恐万状，发出绝望、凄惨的叫声，接着向露出牙齿、大张着的狗嘴扑去。

老麻雀是猛扑下来救护幼雀的。它用身体掩护着自己的幼儿……但它整个小小的身体因恐怖而战栗着，它小小的声音也变得粗暴嘶哑，它在牺牲自己！

在它看来，狗该是多么庞大的怪物啊！然而，它还是不能站在自己高高的、安全的树枝上……一种比它的理智更强烈的力量，使它从那儿扑下身来。

我的狗站住了，向后退了退……看来，它也感到了这种力量。

我赶紧唤住惊慌失措的狗，然后我怀着崇敬的心情，走开了。

是啊，请不要见笑。我崇敬那只小小的、英勇的鸟儿，我崇敬它那种爱的冲动和力量。

爱，我想，比//死和死的恐惧更强大。只有依靠它，依靠这种爱，生命才能维持下去，发展下去。

节选自［俄］屠格涅夫《麻雀》，巴金译

Zuòpǐn 27 Hào

Wǒ dǎliè guīlái，yánzhe huāyuán de línyīnlù zǒuzhe. Gǒu pǎo zài wǒ qián · biān.

Tūrán，gǒu fàngmàn jiǎobù，nièzú－qiánxíng，hǎoxiàng xiùdàole qián · biān yǒu shénme yěwù.

Wǒ shùnzhe línyīnlù wàng · qù，kàn · jiànle yī zhī zuǐ biān hái dài huángsè、tóu · shàng shēngzhe róumáo de xiǎo máquè. Fēng měngliè de chuīdǎzhe línyīnlù · shàng de báihuàshù，máquè cóng cháo · lǐ diēluò xià · lái，dāidāi de fú zài dì · shàng，gūlì－wúyuán de zhāngkāi liǎng zhī yǔmáo hái wèi fēngmǎn de xiǎo chìbǎng.

Wǒ de gǒu mànmàn xiàng tā kàojìn. Hūrán，cóng fùjìn yī kē shù · shàng fēi · xià yī zhī hēi xiōngpú de lǎo máquè，xiàng yī kē shízǐ shìde luòdào gǒu de gēn · qián. Lǎo máquè quánshēn dàoshùzhe yǔmáo，jīngkǒng－wànzhuàng，fāchū juéwàng、qīcǎn de jiàoshēng，jiēzhe xiàng lòuchū yáchǐ、dà zhāngzhe de gǒuzuǐ pū · qù.

Lǎo máquè shì měng pū xià · lái jiùhù yòuquè de. Tā yòng shēntǐ yǎnhùzhe zìjǐ de yòu'ér……Dàn tā zhěnggè xiǎoxiǎo de shēntǐ yīn kǒngbù ér zhànlìzhe，tā xiǎoxiǎo de shēngyīn yě biànde cūbào sīyǎ，tā zài xīshēng zìjǐ!

Zài tā kànlái，gǒu gāi shì gè duōme pángdà de guàiwu a! Rán'ér，tā háishì bùnéng zhàn zài zìjǐ gāogāo de、ānquán de shùzhī · shàng……Yī zhǒng bǐ tā de lǐzhì gèng qiángliè de lì · liàng，shǐ tā cóng nàr pū · xià shēn · lái.

Wǒ de gǒu zhànzhù le，xiàng hòu tuìle tuì……kànlái，tā yě gǎndàole zhè zhǒng lì · liàng.

Wǒ gǎnjǐn huànzhù jīnghuāng－shīcuò de gǒu，ránhòu wǒ huáizhe chóngjìng de xīnqíng，zǒukāi le.

Shì a，qǐng bùyào jiànxiào. Wǒ chóngjìng nà zhī xiǎoxiǎo de、yīngyǒng de niǎor，wǒ chóngjìng tā nà zhǒng ài de chōngdòng hé lì · liàng.

Ài，Wǒ xiǎng，bǐ//sǐ hé sǐ de kǒngjù gèng qiángdà. Zhǐyǒu yīkào tā，yīkào zhè zhǒng ài，shēngmìng cái néng wéichí xià · qù，fāzhǎn xià · qù.

Jiéxuǎn zì［É］Túgénièfū《Máquè》，Bā Jīn yì

作品 28 号

那年我六岁。离我家仅一箭之遥的小山坡旁，有一个早已被废弃的采石场，双亲从来不准我去那儿，其实那儿风景十分迷人。

一个夏季的下午，我随着一群小伙伴偷偷上那儿去了。就在我们穿越了一条孤寂的小路后，他们却把我一个人留在原地，然后奔向“更危险的地带”了。

等他们走后，我惊慌失措地发现，再也找不到要回家的那条孤寂的小道了。像只无头的苍蝇，我到处乱钻，衣裤上挂满了芒刺。太阳已经落山，而此时此刻，家里一定开始吃晚餐了，双亲正盼着我回家……想着想着，我不由得背靠着一棵树，伤心地呜呜大哭起来……

突然，不远处传来了声声柳笛。我像找到了救星，急忙循声走去。一条小道边的树桩上坐着一位吹笛人，手里还正削着什么。走近细看，他不就是被大家称为“乡巴佬儿”的卡廷吗？

“你好，小家伙儿，”卡廷说，“看天气多美，你是出来散步的吧？”

我怯生生地点点头，答道：“我要回家了。”

“请耐心等上几分钟，”卡廷说，“瞧，我正在削一支柳笛，差不多就要做好了，完工后就送给你吧！”

卡廷边削边不时把尚未成形的柳笛放在嘴里试吹一下。没过多久，一支柳笛便递到我手中。我俩在一阵阵清脆悦耳的笛音//中，踏上了归途……

当时，我心中只充满感激，而今天，当我自己也成了祖父时，却突然领悟到他用心之良苦！那天当他听到我的哭声时，便判定我一定迷了路，但他并不想在孩子面前扮演“救星”的角色，于是吹响柳笛以便让我能发现他，并跟着他走出困境！卡廷先生以乡下人的纯朴，保护了一个小男孩强烈的自尊。

节选自《迷途笛音》，唐若水译

Zuòpǐn 28 Hào

Nà nián wǒ liù suì. Lí wǒ jiā jǐn yī jiàn zhī yáo de xiǎo shānpō páng, yǒu yī gè zǎoyǐ bèi fèiqì de cǎishíchǎng, shuāngqīn cónglái bùzhǔn wǒ qù nàr, qíshí nàr fēngjǐng shífēn mírén.

Yī gè xiàjì de xiàwǔ, wǒ suízhe yī qún xiǎohuǒbànr tōutōu shàng nàr qù le. Jiù zài wǒmen chuānyuèle yī tiáo gūjì de xiǎolù hòu, tāmen què bǎ wǒ yī gè rén liú zài yuán dì, ránhòu bēnxiàng “gèng wēixiǎn de dìdài” le.

Děng tāmen zǒuhòu, wǒ jīnghuāng - shīcuò de fāxiàn, zài yě zhǎo · bùdào yào huíjiā de nà tiáo gūjì de xiǎodào le. Xiàng zhī wú tóu de cāngying, wǒ dàochù luàn zuān, yīkù · shàng guàmǎnle mángcì. Tài · yáng yǐ · jīng luò shān, ér cǐshí cǐkè, jiā · lǐ yīdìng kāishǐ chī wǎncān le，shuāngqīn zhèng pànzhe wǒ huíjiā…… Xiǎngzhe xiǎngzhe，wǒ bùyóude bèi kàozhe yī kē shù，shāngxīn de wūwū dàkū qǐ · lái……

Tūrán，bù yuǎn chù chuán · láile shēngshēng liǔdí. Wǒ xiàng zhǎodàole jiùxīng，jímáng xúnshēng zǒuqù. Yī tiáo xiǎodào biān de shùzhuāng · shàng zuòzhe yī wèi chuīdí rén，shǒu · lǐ hái zhèng xiāozhe shénme. Zǒujìn xì kàn，tā bù jiù shì bèi dàjiā chēngwéi "xiāngbalǎor" de Kǎtíng ma?

"Nǐ hǎo，xiǎojiāhuor，" Kǎtíng shuō，"Kàn tiānqì duō měi，nǐ shì chū · lái sànbù de ba?"

Wǒ qièshēngshēng de diǎndiǎn tóu，dádào："Wǒ yào huíjiā le."

"Qǐng nàixīn děng · shàng jǐ fēnzhōng，" Kǎtíng shuō，"Qiáo，wǒ zhèngzài xiāo yī zhī liǔdí，chà · bùduō jiù yào zuòhǎo le，wángōng hòu jiù sònggěi nǐ ba!"

Kǎtíng biān xiāo biān bùshí bǎ shàng wèi chéngxíng de liǔdí fàng zài zuǐ · lǐ shìchuī yīxià. Méi guò duōjiǔ，yī zhī liǔdí biàn dìdào wǒ shǒu zhōng. Wǒ liǎ zài yī zhènzhèn qīngcuì yuè'ěr de díyīn//zhōng，tà · shàng le guītú……

Dāngshí，wǒ xīnzhōng zhǐ chōngmǎn gǎn · jī，ér jīntiān，dāng wǒ zìjǐ yě chéngle zǔfù shí，què tūrán lǐngwù dào tā yòngxīn zhī liángkǔ! Nà tiān dāng tā tīng dào wǒ de kūshēng shí，biàn pàndìng wǒ yīdìng míle lù，dàn tā bìng bù xiǎng zài háizi miànqián bànyǎn "jiùxīng" de juésè，yúshì chuīxiǎng liǔdí yǐbiàn ràng wǒ néng fāxiàn tā，bìng gēnzhe tā zǒuchū kùnjìng! Kǎtíng xiānsheng yǐ xiāngxiarén de chúnpǔ，bǎohùle yī gè xiǎonánháir qiángliè de zìzūn.

Jiéxuǎn zì《Mítú Díyīn》，Táng Ruòshuǐ yì

作品29号

在浩瀚无垠的沙漠里，有一片美丽的绿洲，绿洲里藏着一颗闪光的珍珠。这颗珍珠就是敦煌莫高窟。它坐落在我国甘肃省敦煌市三危山和鸣沙山的怀抱中。

鸣沙山东麓是平均高度为十七米的崖壁。在一千六百多米长的崖壁上，凿有大小洞窟七百余个，形成了规模宏伟的石窟群。其中四百九十二个洞窟中，共有彩色塑像两千一百余尊，各种壁画共四万五千多平方米。莫高窟是我国古代无数艺术匠师留给人类的珍贵文化遗产。

莫高窟的彩塑，每一尊都是一件精美的艺术品。最大的有九层楼那么高，最小的还不如一个手掌大。这些彩塑个性鲜明，神态各异。有慈眉善目的菩萨，有威风凛凛的天王，还有强壮勇猛的力士……

莫高窟壁画的内容丰富多彩，有的是描绘古代劳动人民打猎、捕鱼、耕田、收割的情景，有的是描绘人们奏乐、舞蹈、演杂技的场面，还有的是描绘大自然的美丽风光。其中最引人注目的是飞天。壁画上的飞天，有的臂挎花篮，采摘鲜花；有的反弹琵琶，轻拨银弦；有的倒悬身子，自天而降；有的彩带飘拂，漫天遨游；有的舒展着双臂，翩翩起舞。看着这些精美动人的壁画，就像走进了 // 灿烂辉煌的艺术殿堂。

莫高窟里还有一个面积不大的洞窟——藏经洞。洞里曾藏有我国古代的各种经卷、文书、帛画、刺绣、铜像等共六万多件。由于清朝政府腐败无能，大量珍贵的文物被外国强盗掠走。仅存的部分经卷，现在陈列于北京故宫等处。

莫高窟是举世闻名的艺术宝库。这里的每一尊彩塑、每一幅壁画、每一件文物，都是中国古代人民智慧的结晶。

节选自小学《语文》第六册中《莫高窟》

Zuòpǐn 29 Hào

Zài hàohàn wúyín de shāmò · lǐ, yǒu yī piàn měilì de lǜzhōu, lǜzhōu · lǐ cángzhe yī kē shǎnguāng de zhēnzhū. Zhè kē zhēnzhū jiùshì Dūnhuáng Mògāokū. Tā zuòluò zài wǒguó Gānsù Shěng Dūnhuáng Shì Sānwēi Shān hé Míngshā Shān de huáibào zhōng.

Míngshā Shān dōnglù shì píngjūn gāodù wéi shíqī mǐ de yábì. Zài yīqiān liùbǎi duō mǐ cháng de yábì · shàng, záo yǒu dàxiǎo dòngkū qībǎi yú gè, xíngchéngle guīmó hóngwěi de shíkūqún. Qízhōng sìbǎi jiǔshí'èr gè dòngkū zhōng, gòng yǒu cǎi sè sùxiàng liǎngqiān yībǎi yú zūn, gè zhǒng bìhuà gòng sìwàn wǔqiān duō píngfāngmǐ. Mògāokū shì wǒguó gǔdài wúshù yìshù jiàngshī liúgěi rénlèi de zhēnguì wénhuà yíchǎn.

Mògāokū de cǎisù, měi yī zūn dōu shì yī jiàn jīngměi de yìshùpǐn. Zuì dà de yǒu jiǔ céng lóu nàme gāo, zuì xiǎo de hái bùrú yī gè shǒuzhǎng dà. Zhèxiē cǎisù gèxìng xiānmíng, shéntài gèyì. Yǒu címéi – shànmù de pú · sà, yǒu wēifēng – lǐnlǐn de tiānwáng, háiyǒu qiángzhuàng yǒngměng de lìshì……

Mògāokū bìhuà de nèiróng fēngfù – duōcǎi, yǒu de shì miáohuì gǔdài láodòng rénmín dǎliè、bǔyú、gēngtián、shōugē de qíngjǐng, yǒu de shì miáohuì rénmen zòuyuè、wǔdǎo、yǎn zájì de chǎngmiàn, hái yǒu de shì miáohuì dàzìrán de měilì fēngguāng. Qízhōng zuì yǐnrén – zhùmù de shì fēitiān. Bìhuà · shàng de fēitiān, yǒude bì kuà huālán, cǎizhāi xiānhuā; yǒude fǎn tán pí · pá, qīng bō yínxián; yǒude dào xuán shēnzi, zì tiān ér jiàng; yǒude cǎidài piāofú, màntiān áoyóu; yǒude shūzhǎnzhe shuāngbì, piānpiān – qǐwǔ. Kànzhe zhèxiē jīngměi dòngrén de bìhuà, jiù xiàng zǒujìnle // cànlàn huīhuáng de yìshù diàntáng.

Mògāokū · lǐ háiyǒu yī gè miànjī bù dà de dòngkū——cángjīngdòng. Dòng · lǐ céng cángyǒu wǒguó gǔdài de gè zhǒng jīngjuàn、wénshū、bóhuà、cìxiù、tóngxiàng děng gòng liùwàn duō jiàn. Yóuyú Qīngcháo zhèngfǔ fǔbài wúnéng, dàliàng zhēnguì de wénwù bèi wàiguó qiángdào lüèzǒu. Jǐncún de bùfen jīngjuàn, xiànzài chénliè yú

Běijīng gùgōng děng chù.

Mògāokū shì jǔshì – wénmíng de yìshù bǎokù. Zhè · lǐ de měi yī zūn cǎisù、měi yī fú bìhuà、měi yī jiàn wénwù, dōu shì Zhōngguó gǔdài rénmín zhìhuì de jiéjīng.

Jiéxuǎn zì Xiǎoxué《Yǔwén》dì – liù cè zhōng《Mògāokū》

作品 30 号

其实你在很久以前并不喜欢牡丹，因为它总被人作为富贵膜拜。后来你目睹了一次牡丹的落花，你相信所有的人都会为之感动：一阵清风徐来，娇艳鲜嫩的盛期牡丹忽然整朵整朵地坠落，铺撒一地绚丽的花瓣。那花瓣落地时依然鲜艳夺目，如同一只奉上祭坛的大鸟脱落的羽毛，低吟着壮烈的悲歌离去。

牡丹没有花谢花败之时，要么烁于枝头，要么归于泥土，它跨越萎顿和衰老，由青春而死亡，由美丽而消遁。它虽美却不吝惜生命，即使告别也要展示给人最后一次的惊心动魄。

所以在这阴冷的四月里，奇迹不会发生。任凭游人扫兴和诅咒，牡丹依然安之若素。它不苟且、不俯就、不妥协、不媚俗，甘愿自己冷落自己。它遵循自己的花期自己的规律，它有权利为自己选择每年一度的盛大节日。它为什么不拒绝寒冷?

天南海北的看花人依然络绎不绝地涌入洛阳城。人们不会因牡丹的拒绝而拒绝它的美。如果它再被贬谪十次，也许它就会繁衍出十个洛阳牡丹城。

于是你在无言的遗憾中感悟到，富贵与高贵只是一字之差。同人一样，花儿也是有灵性的，更有品位之高低。品位这东西为气为魂为 // 筋骨为神韵，只可意会。你叹服牡丹卓而不群之姿，方知品位是多么容易被世人忽略或是漠视的美。

节选自张抗抗《牡丹的拒绝》

Zuòpǐn 30 Hào

Qíshí nǐ zài hěn jiǔ yǐqián bìng bù xǐhuan mǔ · dān, yīn · wèi tā zǒng bèi rén zuòwéi fùguì móbài. Hòulái nǐ mùdǔle yī cì mǔ · dān de luòhuā, nǐ xiāngxìn suǒyǒu de rén dōu huì wéi zhī gǎndòng: Yī zhèn qīngfēng xúlái, jiāoyàn xiānnèn de shèngqī mǔ · dān hūrán zhěng duǒ zhěng duǒ de zhuìluò, pùsǎ yīdì xuànlì de huābàn. Nà huābàn luòdì shí yīrán xiānyàn duómù, rútóng yī zhī bèi fèng · shàng jìtán de dàniǎo tuōluò de yǔmáo, dīyínzhe zhuànngliè de bēigē líqù.

Mǔ · dān méi · yǒu huā xiè huā bài zhī shí, yàome shuòyú zhītóu, yàome guīyú nítǔ, tā kuàyuè wěidùn hé shuāilǎo, yóu qīngchūn ér sǐwáng, yóu měilì ér xiāodùn. Tā suī měi què bù lìnxī shēngmìng, jíshǐ gàobié yě yào zhǎnshì gěi rén zuìhòu yī cì jīngxīn – dòngpò.

Suǒyǐ zài zhè yīnlěng de sìyuè · lǐ, qíjì bù huì fāshēng. Rènpíng yóurén sǎoxìng hé zǔzhòu, mǔ · dān yīrán ānzhī – ruòsù. Tā bù gǒuqiě、bù fǔjiù、bù tuǒxié、bù mèisú, gānyuàn zìjǐ lěngluò zìjǐ. Tā zūnxún zìjǐ de huāqī zìjǐ de guīlǜ, tā yǒu quánlì wèi zìjǐ xuǎnzé měinián yī dù de shèngdà jiérì. Tā wèishénme bù jùjué hánlěng?

Tiānnán – hǎiběi de kàn huā rén, yīrán luòyì – bùjué de yǒngrù Luòyáng Chéng. Rénmen bù huì yīn mǔ · dān de jùjué ér jùjué tā de měi. Rúguǒ tā zài bèi biǎnzhé shí cì, yěxǔ tā jiùhuì fányǎn chū shí gè Luòyáng mǔ · dān chéng.

Yúshì nǐ zài wúyán de yíhàn zhōng gǎnwù dào, fùguì yǔ gāoguì zhǐshì yī zì zhī chā. Tóng rén yīyàng, huā' ér yě shì yǒu língxìng de、gèng yǒu pǐnwèi zhī gāo dī. Pǐnwèi zhè dōngxi wéi qì wéi hún wéi // jīngǔ wéi shényùn, zhǐ kě yìhuì. Nǐ tàn fú mǔ · dān zhuó' ěr – bùqún zhī zī, fāng zhī pǐnwèi shì duōme róng · yì bèi shìrén hūlüè huò mòshì de měi.

Jiéxuǎn zì Zhāng Kàngkàng《Mǔ · dān de Jùjué》

作品 31 号

森林涵养水源，保持水土，防止水旱灾害的作用非常大。据专家测算，一片十万亩面积的森林，相当于一个两百万立方米的水库，这正如农谚所说的：“山上多栽树，等于修水库。雨多它能吞，雨少它能吐。”

说起森林的功劳，那还多得很。它除了为人类提供木材及许多种生产、生活的原料之外，在维护生态环境方面也是功劳卓著，它用另一种“能吞能吐”的特殊功能孕育了人类。因为地球在形成之初，大气中的二氧化碳含量很高，氧气很少，气温也高，生物是难以生存的。大约在四亿年之前，陆地才产生了森林。森林慢慢将大气中的二氧化碳吸收，同时吐出新鲜氧气，调节气温：这才具备了人类生存的条件，地球上才最终有了人类。

森林，是地球生态系统的主体，是大自然的总调度室，是地球的绿色之肺。森林维护地球生态环境的这种“能吞能吐”的特殊功能是其他任何物体都不能取代的。然而，由于地球上的燃烧物增多，二氧化碳的排放量急剧增加，使得地球生态环境急剧恶化，主要表现为全球气候变暖，水分蒸发加快，改变了气流的循环，使气候变化加剧，从而引发热浪、飓风、暴雨、洪涝及干旱。

为了 // 使地球的这个“能吞能吐”的绿色之肺恢复健壮，以改善生态环境，抑制全球变暖，减少水旱等自然灾害，我们应该大力造林、护林，使每一座荒山都绿起来。

节选自《中考语文课外阅读试题精选》中《“能吞能吐”的森林》

Zuòpǐn 31 Hào

Sēnlín hányǎng shuǐyuán, bǎochí shuǐtǔ, fángzhǐ shuǐhàn zāihài de zuòyòng fēicháng dà. Jù zhuānjiā cèsuàn, yī piàn shíwàn mǔ miànjī de sēnlín, xiāngdāngyú yī gè liǎngbǎi wàn lìfāngmǐ de shuǐkù, zhè zhèng rú nóngyàn suǒ shuō de: "Shān · shàng duō zāi shù, děngyú xiū shuǐkù. Yǔ duō tā néng tūn, yǔ shǎo tā néng tǔ."

Shuōqǐ sēnlín de gōng · láo, nà hái duō de hěn. Tā chúle wèi rénlèi tígōng mùcái jí xǔduō zhǒng shēngchǎn、shēnghuó de yuánliào zhīwài, zài wéihù shēngtài huánjìng fāngmiàn yě shì gōng · láo zhuózhù, tā yòng lìng yī zhǒng "néngtūn – néngtǔ" de tèshū gōngnéng yùnyùle rénlèi. Yīn · wèi dìqiú zài xíngchéng zhīchū, dàqì zhōng de èryǎnghuàtàn hánliàng hěn gāo, yǎngqì hěn shǎo, qìwēn yě gāo, shēngwù shì nányǐ shēngcún de. Dàyuē zài sìyì nián zhīqián, lùdì cái chǎnshēngle sēnlín. Sēnlín mànmàn jiāng dàqì zhōng de èryǎnghuàtàn xīshōu, tóngshí tǔ · chū xīn · xiān yǎngqì, tiáojié qìwēn: Zhè cái jùbèile rénlèi shēngcún de tiáojiàn, dìqiú · shàng cái zuìzhōng yǒule rénlèi.

Sēnlín, shì dìqiú shēngtài xìtǒng de zhǔtǐ, shì dàzìrán de zǒng diàodùshì, shì dìqiú de lǜsè zhī fèi. Sēnlín wéihù dìqiú shēngtài huánjìng de zhè zhǒng "néngtūn – néngtǔ" de tèshū gōngnéng shì qítā rènhé wùtǐ dōu bùnéng qǔdài de. Rán'ér, yóuyú dìqiú · shàng de ránshāowù zēngduō, èryǎnghuàtàn de páifàngliàng jíjù zēngjiā, shǐ · dé dìqiú shēngtài huánjìng jíjù èhuà, zhǔyào biǎoxiàn wéi quánqiú qìhòu biàn nuǎn, shuǐfèn zhēngfā jiākuài, gǎibiànle qìliú de xúnhuán, shǐ qìhòu biànhuà jiājù, cóng'ér yǐnfā rèlàng、jùfēng、bàoyǔ、hónglào jí gānhàn.

Wèile// shǐ dìqiú de zhègè "néngtūn – néngtǔ" de lǜsè zhī fèi huīfù jiànzhuàng, yǐ gǎishàn shēngtài huánjìng, yìzhì quánqiú biàn nuǎn, jiǎnshǎo shuǐhàn děng zìrán zāihài, wǒmen yīnggāi dàlì zàolín、hùlín, shǐ měi yī zuò huāngshān dōu lǜ qǐ · lái.

Jiéxuǎn zì《Zhōngkǎo Yǔwén Kèwài Yuèdú Shìtí Jīngxuǎn》zhōng
《"Néngtūn – Néngtǔ" de Sēnlín》

作品32号

朋友即将远行。

暮春时节，又邀了几位朋友在家小聚。虽然都是极熟的朋友，却是终年难得一见，偶尔电话里相遇，也无非是几句寻常话。一锅小米稀饭，一碟大头菜，一盘自家酿制的泡菜，一只巷口买回的烤鸭，简简单单，不像请客，倒像家人团聚。

其实，友情也好，爱情也好，久而久之都会转化为亲情。

说也奇怪，和新朋友会谈文学、谈哲学、谈人生道理等等，和老朋友却只话家常，柴米油盐，细细碎碎，种种琐事。很多时候，心灵的契合已经不需要太多的言语来表达。

朋友新烫了个头，不敢回家见母亲，恐怕惊骇了老人家，却欢天喜地来见我们，老朋友颇能以一种趣味性的眼光欣赏这个改变。

年少的时候，我们差不多都在为别人而活，为苦口婆心的父母活，为循循善诱的师长活，为许多观念、许多传统的约束力而活。年岁逐增，渐渐挣脱外在的限制与束缚，开始懂得为自己活，照自己的方式做一些自己喜欢的事，不在乎别人的批评意见，不在乎别人的诋毁流言，只在乎那一份随心所欲的舒坦自然。偶尔，也能够纵容自己放浪一下，并且有一种恶作剧的窃喜。

就让生命顺其自然，水到渠成吧，犹如窗前的 // 乌桕，自生自落之间，自有一份圆融丰满的喜悦。春雨轻轻落着，没有诗，没有酒，有的只是一份相知相属的自在自得。

夜色在笑语中渐渐沉落，朋友起身告辞，没有挽留，没有送别，甚至也没有问归期。

已经过了大喜大悲的岁月，已经过了伤感流泪的年华，知道了聚散原来是这样的自然和顺理成章，懂得这点，便懂得珍惜每一次相聚的温馨，离别便也欢喜。

节选自（台湾）杏林子《朋友和其他》

Zuòpǐn 32 Hào

Péngyou jíjiāng yuǎnxíng.

Mùchūn shíjié, yòu yāole jǐ wèi péngyou zài jiā xiǎojù. Suīrán dōu shì jí shú de péngyou, què shì zhōngnián nándé yī jiàn, ǒu’ěr diànhuà · lǐ xiāngyù, yě wúfēi shì jǐ jù xúncháng huà. Yī guō xiǎomǐ xīfàn, yī dié dàtóucài, yī pán zìjiā niàngzhì de pàocài, yī zhī xiàngkǒu mǎihuí de kǎoyā, jiǎnjiǎndāndān, bù xiàng qǐngkè, dào xiàng jiārén tuánjù.

Qíshí, yǒuqíng yě hǎo, àiqíng yě hǎo, jiǔ’érjiǔzhī dōu huì zhuǎnhuà wéi qīnqíng.

Shuō yě qíguài, hé xīn péngyou huì tán wénxué、tán zhéxué、tán rénshēng dào · lǐ děngděng, hé lǎo péngyou què zhǐ huà jiācháng, chái – mǐ – yóu – yán, xìxìsuìsuì, zhǒngzhǒng suǒshì. Hěn duō shíhou, xīnlíng de qìhé yǐ · jīng bù xūyào tài duō de yányǔ lái biǎodá.

Péngyou xīn tàngle gè tóu, bùgǎn huíjiā jiàn mǔ · qīn, kǒngpà jīnghàile lǎo · rén · jiā, què huāntiān – xǐdì lái jiàn wǒmen, lǎo péngyou pō néng yǐ yī zhǒng qùwèixìng de yǎnguāng xīnshǎng zhè ge gǎibiàn.

Niánshào de shíhou, wǒmen chà · bùduō dōu zài wèi bié · rén ér huó, wèi kǔkǒu – póxīn de fùmǔ huó, wèi xúnxún – shànyòu de shīzhǎng huó, wèi xǔduō guānniàn、xǔduō chuántǒng de yuēshùlì ér huó. Niánsuì zhú zēng, jiànjiàn zhèngtuō wàizài de xiànzhì yǔ shùfù, kāishǐ dǒng · dé wèi zìjǐ huó, zhào zìjǐ de fāngshì zuò yīxiē zìjǐ xǐhuan de shì, bù zàihu bié · rén de pīpíng yì · jiàn, bù zàihu bié · rén de dǐhuǐ liúyán, zhǐ zàihu nà yī fènr suíxīnsuǒyù de shūtan zìrán. Ǒu'ěr, yě nénggòu zòngróng zìjǐ fànglàng yīxià, bìngqiě yǒu yī zhǒng èzuòjù de qièxǐ.

Jiù ràng shēngmìng shùn qí zìrán, shuǐdào－qúchéng ba, yóurú chuāng qián de// wūjiù, zì shēng zì luò zhījiān, zì yǒu yī fèn yuánróng fēngmǎn de xǐyuè. Chūnyǔ qīngqīng luòzhe, méi · yǒu shī, méi · yǒu jiǔ, yǒude zhǐshì yī fèn xiāngzhī xiāng zhǔ de zìzài zìdé.

Yèsè zài xiàoyǔ zhōng jiànjiàn chénluò, péngyou qǐshēn gàocí, méi · yǒu wǎnliú, méi · yǒu sòngbié, shènzhì yě méi · yǒu wèn guīqī.

Yǐ · jīng guòle dàxǐ dàbēi de suìyuè, yǐ · jīng guòle shānggǎn liúlèi de niánhuá, zhī · dàole jù－sàn yuánlái shì zhèyàng de zìrán hé shùnlǐ－chéngzhāng, dǒng · dé zhè diǎn, biàn dǒngdé zhēnxī měi yī cì xiāngjù de wēnxīn, líbié biàn yě huānxǐ.

Jiéxuǎn zì (Táiwān) Xìng Línzǐ《Péngyou hé Qítā》

作品33号

我们在田野散步：我，我的母亲，我的妻子和儿子。

母亲本不愿出来的。她老了，身体不好，走远一点儿就觉得很累。我说，正因为如此，才应该多走走。母亲信服地点点头，便去拿外套。她现在很听我的话，就像我小时候很听她的话一样。

这南方初春的田野，大块小块的新绿随意地铺着，有的浓，有的淡，树上的嫩芽也密了，田里的冬水也咕咕地起着水泡。这一切都使人想着一样东西——生命。

我和母亲走在前面，我的妻子和儿子走在后面。小家伙突然叫起来："前面是妈妈和儿子，后面也是妈妈和儿子。"我们都笑了。

后来发生了分歧：母亲要走大路，大路平顺；我的儿子要走小路，小路有意思。不过，一切都取决于我。我的母亲老了，她早已习惯听从她强壮的儿子；我的儿子还小，他还习惯听从他高大的父亲；妻子呢，在外面，她总是听我的。一霎时我感到了责任的重大。我想找一个两全的办法，找不出；我想拆散一家人，分成两路，各得其所，终不愿意。我决定委屈儿子，因为我伴同他的时日还长。我说："走大路。"

但是母亲摸摸孙儿的小脑瓜，变了主意："还是走小路吧。"她的眼随小路望去：那里有金色的菜花，两行整齐的桑树，//尽头一口水波粼粼的鱼塘。"我走不过去的地方，你就背着我。"母亲对我说。

这样，我们在阳光下，向着那菜花、桑树和鱼塘走去。到了一处，我蹲下来，背起了母亲；妻子也蹲下来，背起了儿子。我和妻子都是慢慢地，稳稳地，走得很仔细，好像我背上的同她背上的加起来，就是整个世界。

节选自莫怀戚《散步》

Zuòpǐn 33 Hào

Wǒmen zài tiányě sànbù：Wǒ，wǒ de mǔ · qīn，wǒ de qī · zǐ hé érzi.

Mǔ · qīn běn bùyuàn chū · lái de. Tā lǎo le，shēntǐ bù hǎo，zǒu yuǎn yīdiǎnr jiù jué · dé hěn lèi. Wǒ shuō，zhèng yīn · wèi rúcǐ，cái yīnggāi duō zǒuzou. Mǔ · qīn xìnfú de diǎndiǎn tóu，biàn qù ná wàitào. Tā xiànzài hěn tīng wǒ de huà，jiù xiàng wǒ xiǎoshíhou hěn tīng tā de huà yīyàng.

Zhè nánfāng chūchūn de tiányě，dàkuài xiǎokuài de xīnlǜ suíyì de pūzhe，yǒude nóng，yǒude dàn，shù · shàng de nènyá yě mì le，tián · lǐ de dōngshuǐ yě gūgū de qǐzhe shuǐpào. Zhè yīqiè dōu shǐ rén xiǎngzhe yī yàng dōngxi——shēngmìng.

Wǒ hé mǔ · qīn zǒu zài qián · miàn，wǒ de qī · zǐ hé érzi zǒu zài hòu · miàn. Xiǎojiāhuo tūrán jiào qǐ · lái：“Qián · miàn shì māma hé érzi，hòu · miàn yě shì māma hé érzi.” Wǒmen dōu xiào le.

Hòulái fāshēngle fēnqí：Mǔ · qīn yào zǒu dàlù，dàlù píngshùn；Wǒ de érzi yào zǒu xiǎolù，xiǎolù yǒu yìsi. Bùguò，yīqiè dōu qǔjué yú wǒ. Wǒ de mǔ · qīn lǎo le，tā zǎoyǐ xíguàn tīngcóng tā qiángzhuàng de érzi；wǒ de érzi hái xiǎo，tā hái xíguàn tīngcóng tā gāodà de fù · qīn；qī · zǐ ne，zài wài · miàn，tā zǒngshì tīng wǒ de. Yīshàshí wǒ gǎndàole zérèn de zhòngdà. Wǒ xiǎng zhǎo yī gè liǎngquán de bànfǎ，zhǎo bù chū；wǒ xiǎng chāisàn yī jiā rén，fēn chéng liǎng lù，gèdé – qísuǒ，zhōng bù yuàn · yì. Wǒ juédìng wěiqū érzi，yīn · wèi wǒ bàntóng tā de shírì hái cháng. Wǒ shuō：“Zǒu dàlù.”

Dànshì mǔ · qīn mōmo sūn’ér de xiǎo nǎoguā，biànle zhǔyi：“Háishì zǒu xiǎolù ba.” Tā de yǎn suí xiǎolù wàng · qù：Nà · lǐ yǒu jīnsè de càihuā，liǎng háng zhěngqí de sāngshù，//jìntóu yī kǒu shuǐbō línlín de yútáng. “Wǒ zǒu bù guò · qù de dìfang，nǐ jiù bēizhe wǒ.” Mǔ · qīn duì wǒ shuō.

Zhèyàng，wǒmen zài yángguāng · xià，xiàngzhe nà càihuā、sāngshù hé yútáng zǒu · qù . Dàole yī chù，wǒ dūn xià · lái，bēiqǐle mǔ · qīn；qī · zǐ yě dūn xià · lái，bēiqǐle érzi. Wǒ hé qī · zǐ dōu shì mànmàn de，wěnwěn de，zǒu de hěn zǐxì，hǎoxiàng wǒ bèi · shàng de tóng tā bèi · shàng de jiā qǐ · lái，jiùshì zhěnggè shìjiè.

Jiéxuǎn zì Mò Huáiqī《Sànbù》

作品34号

地球上是否真的存在“无底洞”？按说地球是圆的，由地壳、地幔和地核三层组成，真正的“无底洞”是不应存在的，我们所看到的各种山洞、裂口、裂缝，甚至火山口也都只是地壳浅部的一种现象。然而中国一些古籍却多次提到海外有个深奥莫测的无底洞。事实上地球上确实有这样一个“无底洞”。

它位于希腊亚各斯古城的海滨。由于濒临大海，大涨潮时，汹涌的海水便会排山倒海般地涌入洞中，形成一股湍湍的急流。据测，每天流入洞内的海水量达三万多吨。奇怪的是，如此大量的海水灌入洞中，却从来没有把洞灌满。曾有人怀疑，这个“无底洞”，会不会就像石灰岩地区的漏斗、竖井、落水洞一类的地形。然而从二十世纪三十年代以来，人们就做了多种努力企图寻找它的出口，却都是枉费心机。

为了揭开这个秘密，一九五八年美国地理学会派出一支考察队，他们把一种经久不变的带色染料溶解在海水中，观察染料是如何随着海水一起沉下去。接着又察看了附近海面以及岛上的各条河、湖，满怀希望地寻找这种带颜色的水，结果令人失望。难道是海水量太大把有色水稀释得太淡，以致无法发现？//

至今谁也不知道为什么这里的海水会没完没了地“漏”下去，这个“无底洞”的出口又在哪里，每天大量的海水究竟都流到哪里去了。

节选自罗伯特·罗威尔《神秘的“无底洞”》

Zuòpǐn 34 Hào

Dìqiú · shàng shìfǒu zhēn de cúnzài “wúdǐdòng”? Ànshuō dìqiú shì yuán de, yóu dìqiào、dìmàn hé dìhé sān céng zǔchéng, zhēnzhèng de “wúdǐdòng” shì bù yīng cúnzài de, wǒmen suǒ kàndào de gè zhǒng shāndòng、lièkǒu、lièfèng, shènzhì huǒshānkǒu yě dōu zhǐshì dìqiào qiǎnbù de yī zhǒng xiànxiàng. Rán'ér zhōngguó yīxiē gǔjí què duō cì tídào hǎiwài yǒu gè shēnào mòcè de wúdǐdòng. Shìshí · shàng dìqiú · shàng quèshí yǒu zhèyàng yī gè “wúdǐdòng”.

Tā wèiyú Xīlà Yàgèsī gǔchéng de hǎibīn. Yóuyú bīnlín dàhǎi, dà zhǎngcháo shí, xiōngyǒng de hǎishuǐ biàn huì páishān－dǎohǎi bān de yǒngrù dòng zhōng, xíngchéng yī gǔ tuāntuān de jíliú. Jù cè, měi tiān liúrù dòng nèi de hǎishuǐliàng dá sānwàn duō dūn. Qíguài de shì, rúcǐ dàliàng de hǎishuǐ guànrù dòng zhōng, què cónglái méi · yǒu bǎ dòng guànmǎn. Céng yǒu rén huáiyí, zhè ge “wúdǐdòng”, huì · bùhuì jiù xiàng shíhuīyán dìqū de lòudǒu、shùjǐng、luòshuǐdòng yīlèi de dìxíng. Rán'ér cóng èrshí shìjì sānshí niándài yǐlái, rénmen jiù zuòle duō zhǒng nǔlì qǐtú xúnzhǎo tā de chūkǒu, què dōu shì wǎngfèi－xīnjī.

Wèile jiēkāi zhège mìmì, yī jiǔ wǔ bā nián Měiguó Dìlǐ Xuéhuì pàichū yī zhī kǎocháduì, tāmen bǎ yī zhǒng jīngjiǔ bù biàn de dài sè rǎnliào róngjiě zài hǎishuǐ zhōng, guānchá rǎnliào shì rúhé suízhe hǎishuǐ yīqǐ chén xià · qù. Jiēzhe yòu chákànle fùjìn hǎimiàn yǐjí dǎo · shàng de gè tiáo hé、hú, mǎnhuái xīwàng de xúnzhǎo zhè zhǒng dài yánsè de shuǐ, jiéguǒ lìng rén shīwàng. Nándào shì hǎishuǐliàng tài dà bǎ yǒusèshuǐ xīshì de tài dàn, yǐzhì wúfǎ fāxiàn? //

Zhìjīn shéi yě bù zhī · dào wèi shénme zhè · lǐ de hǎishuǐ huì méiwán – méiliǎo de "lòu" xià · qù, zhè ge "wúdǐdòng" de chūkǒu yòu zài nǎ · lǐ, měi tiān dàliàng de hǎishuǐ jiūjìng dōu liú dào nǎ · lǐ qù le.

Jiéxuǎn zì Luóbótè Luówēi'ěr《Shénmì de "Wúdǐdòng"》

作品 35 号

我在俄国见到的景物再没有比托尔斯泰墓更宏伟、更感人的了。

完全按照托尔斯泰的愿望，他的坟墓成了世间最美的，给人印象最深刻的坟墓。它只是树林中的一个小小的长方形土丘，上面开满鲜花——没有十字架，没有墓碑，没有墓志铭，连托尔斯泰这个名字也没有。

这位比谁都感到受自己的声名所累的伟人，却像偶尔被发现的流浪汉，不为人知的士兵，不留名姓地被人埋葬了。谁都可以踏进他最后的安息地，围在四周稀疏的木栅栏是不关闭的——保护列夫·托尔斯泰得以安息的没有任何别的东西，惟有人们的敬意；而通常，人们却总是怀着好奇，去破坏伟人墓地的宁静。

这里，逼人的朴素禁锢住任何一种观赏的闲情，并且不容许你大声说话。风儿俯临，在这座无名者之墓的树木之间飒飒响着，和暖的阳光在坟头嬉戏；冬天，白雪温柔地覆盖这片幽暗的土地。无论你在夏天或冬天经过这儿，你都想像不到，这个小小的、隆起的长方体里安放着一位当代最伟大的人物。

然而，恰恰是这座不留姓名的坟墓，比所有挖空心思用大理石和奢华装饰建造的坟墓更扣人心弦。在今天这个特殊的日子 // 里，到他的安息地来的成百上千人中间，没有一个有勇气，哪怕仅仅从这幽暗的土丘上摘下一朵花留作纪念。人们重新感到，世界上再没有比托尔斯泰最后留下的、这座纪念碑式的朴素坟墓，更打动人心的了。

节选自［奥］茨威格《世间最美的坟墓》，张厚仁译

Zuòpǐn 35 Hào

Wǒ zài Éguó jiàndào de jǐngwù zài méi · yǒu bǐ Tuō'ěrsītài mù gèng hóngwěi、gèng gǎnrén de le.

Wánquán ànzhào Tuō'ěrsītài de yuànwàng, tā de fénmù chéngle shìjiān zuì měi de, gěi rén yìnxiàng zuì shēnkè de fénmù. Tā zhǐshì shùlín zhōng de yī gè xiǎoxiǎo de chángfāngxíng tǔqiū, shàng · miàn kāimǎn xiānhuā——méi · yǒu shízìjià, méi · yǒu mùbēi, méi · yǒu mùzhìmíng, lián Tuō'ěrsītài zhè ge míngzi yě méi · yǒu.

Zhè wèi bǐ shéi dōu gǎndào shòu zìjǐ de shēngmíng suǒ lěi de wěirén, què xiàng ǒu'ěr bèi fāxiàn de liúlànghàn, bù wéi rén zhī de shìbīng, bù liú míngxìng de bèi rén máizàng le. Shéi dōu kěyǐ tàjìn tā zuìhòu de ānxīdì, wéi zài sìzhōu xīshū de mù zhàlan shì bù guānbì de——bǎohù Lièfū Tuō'ěrsītài déyǐ ānxī de méi · yǒu rènhé biéde dōngxi, wéiyǒu rénmen de jìngyì; ér tōngcháng, rénmen què zǒngshì huáizhe hàoqí, qù pòhuài wěirén mùdì de níngjìng.

Zhè · lǐ, bīrén de pǔsù jìngù zhù rènhé yī zhǒng guānshǎng de xiánqíng, bìngqiě bù róngxǔ nǐ dàshēng shuōhuà. Fēng'ér fǔ lín, zài zhè zuò wúmíngzhě zhī mù de shùmù zhījiān sàsà xiǎngzhe, hénuǎn de yángguāng zài féntóur xīxì; dōngtiān, bái xuě wēnróu de fùgài zhè piàn yōu'àn de tǔdì. Wúlùn nǐ zài xiàtiān huò dōngtiān jīngguò zhèr, nǐ dōu xiǎngxiàng bù dào, zhè ge xiǎoxiǎo de、lóngqǐ de chángfāngtǐ · lǐ ānfàngzhe yī wèi dāngdài zuì wěidà de rénwù.

Rán'ér, qiàqià shì zhè zuò bù liú xìngmíng de fénmù, bǐ suǒyǒu wākōng xīnsi yòng dàlǐshí hé shēhuá zhuāngshì jiànzào de fénmù gèng kòurénxīnxián. Zài jīntiān zhè ge tèshū de rìzi // · lǐ, dào tā de ānxīdì lái de chéng bǎi shàng qiān rén zhōngjiān, méi · yǒu yī gè yǒu yǒngqì, nǎpà jǐnjǐn cóng zhè yōu'àn de tǔqiū · shàng zhāixià yī duǒ huā liúzuò jìniàn. Rénmen chóngxīn gǎndào, shìjiè · shàng zài méi · yǒu bǐ Tuō'ěrsītài zuìhòu liúxià de、zhè zuò jìniànbēi shì de pǔsù fénmù, gèng dǎdòng rénxīn de le.

Jiéxuǎn zì [Ào] Cíwēigé《Shìjiān Zuì Měi de Fénmù》, Zhāng Hòurén yì

作品36号

我国的建筑，从古代的宫殿到近代的一般住房，绝大部分是对称的，左边怎么样，右边怎么样。苏州园林可绝不讲究对称，好像故意避免似的。东边有了一个亭子或者一道回廊，西边决不会来一个同样的亭子或者一道同样的回廊。这是为什么？我想，用图画来比方，对称的建筑是图案画，不是美术画，而园林是美术画，美术画要求自然之趣，是不讲究对称的。

苏州园林里都有假山和池沼。

假山的堆叠，可以说是一项艺术而不仅是技术。或者是重峦叠嶂，或者是几座小山配合着竹子花木，全在乎设计者和匠师们生平多阅历，胸中有丘壑，才能使游览者攀登的时候忘却苏州城市，只觉得身在山间。

至于池沼，大多引用活水。有些园林池沼宽敞，就把池沼作为全园的中心，其他景物配合着布置。水面假如成河道模样，往往安排桥梁。假如安排两座以上的桥梁，那就一座一个样，决不雷同。

池沼或河道的边沿很少砌齐整的石岸，总是高低屈曲任其自然。还在那儿布置几块玲珑的石头，或者种些花草。这也是为了取得从各个角度看都成一幅画的效果。池沼里养着金鱼或各色鲤鱼，夏秋季节荷花或睡莲开 // 放，游览者看“鱼戏莲叶间”，又是入画的一景。

节选自叶圣陶《苏州园林》

Zuòpǐn 36 Hào

Wǒguó de jiànzhù，cóng gǔdài de gōngdiàn dào jìndài de yībān zhùfáng，jué dà bùfen shì duìchèn de，zuǒ · biān zěnmeyàng，yòu · biān zěnmeyàng. Sūzhōu yuánlín kě juébù jiǎng · jiū duìchèn，hǎoxiàng gùyì bìmiǎn shìde. Dōng · biān yǒule yī gè tíngzi huòzhě yī dào huíláng，xī · biān jué bù huì lái yī gè tóngyàng de tíngzi huòzhě yī dào tóngyàng de huíláng. Zhè shì wèi shénme? Wǒ xiǎng，yòng túhuà lái bǐfang，duìchèn de jiànzhù shì tú'àn huà，bù shì měishù huà，ér yuánlín shì měishù huà，měishù huà yāoqiú zìrán zhī qù，shì bù jiǎng · jiū duìchèn de.

Sūzhōu yuánlín · lǐ dōu yǒu jiǎshān hé chízhǎo.

Jiǎshān de duīdié，kěyǐ shuō shì yī xiàng yìshù ér bùjǐn shì jìshù. Huòzhě shì chóngluán - diézhàng，huòzhě shì jǐ zuò xiǎoshān pèihézhe zhúzi huāmù，quán zàihu shèjìzhě hé jiàngshīmen shēngpíng duō yuèlì，xiōng zhōng yǒu qiūhè，cái néng shǐ yóulǎnzhě pāndēng de shíhou wàngquè Sūzhōu chéngshì，zhǐ juéde shēn zài shān jiān.

Zhìyú chízhǎo，dàduō yǐnyòng huóshuǐ. Yǒuxiē yuánlín chízhǎo kuān · chǎng，jiù bǎ chízhǎo zuòwéi quán yuán de zhōngxīn，qítā jǐngwù pèihézhe bùzhì. Shuǐmiàn jiǎrú chéng hédào múyàng，wǎngwǎng ānpái qiáoliáng. Jiǎrú ānpái liǎng zuò yǐshàng de qiáoliáng，nà jiù yī zuò yī gè yàng，jué bù léitóng.

Chízhǎo huò hédào de biānyán hěn shǎo qì qízhěng de shí'àn，zǒngshì gāodī qūqū rèn qí zìrán. Hái zài nàr bùzhì jǐ kuài línglóng de shítou，huòzhě zhòng xiē huācǎo. Zhè yě shì wèile qǔdé cóng gègè jiǎodù kàn dōu chéng yī fú huà de xiàoguǒ. Chízhǎo · lǐ yǎngzhe jīnyú huò gè sè lǐyú，xià - qiū jìjié héhuā huò shuìlián kāi // fàng，yóulǎnzhě kàn “yú xì liányè jiān”，yòu shì rù huà de yī jǐng.

Jiéxuǎn zì Yè Shèngtáo《Sūzhōu Yuánlín》

作品 37 号

一位访美中国女作家，在纽约遇到一位卖花的老太太。老太太穿着破旧，身体虚弱，但脸上的神情却是那样祥和兴奋。女作家挑了一朵花说："看起来，你很高兴。"老太太面带微笑地说："是的，一切都这么美好，我为什么不高兴呢?""对烦恼，你倒真能看得开。"女作家又说了一句。没料到，老太太的回答更令女作家大吃一惊："耶稣在星期五被钉上十字架时，是全世界最糟糕的一天，可三天后就是复活节。所以，当我遇到不幸时，就会等待三天，这样一切就恢复正常了。"

"等待三天"，多么富于哲理的话语，多么乐观的生活方式。它把烦恼和痛苦抛下，全力去收获快乐。

沈从文在"文革"期间，陷入了非人的境地。可他毫不在意，他在咸宁时给他的表侄、画家黄永玉写信说："这里的荷花真好，你若来……"身陷苦难却仍为荷花的盛开欣喜赞叹不已，这是一种趋于澄明的境界，一种旷达洒脱的胸襟，一种面临磨难坦荡从容的气度，一种对生活童子般的热爱和对美好事物无限向往的生命情感。

由此可见，影响一个人快乐的，有时并不是困境及磨难，而是一个人的心态。如果把自己浸泡在积极、乐观、向上的心态中，快乐必然会//占据你的每一天。

节选自《态度创造快乐》

Zuòpǐn 37 Hào

Yī wèi fǎng Měi Zhōngguó nǚ zuòjiā，zài Niǔyuē yùdào yī wèi mài huā de lǎotàitai. Lǎotàitai chuānzhuó pòjiù，shēntǐ xūruò，dàn liǎn · shàng de shénqíng què shì nàyàng xiánghé xīngfèn. Nǚ zuòjiā tiāole yī duǒ huā shuō："Kàn qǐ · lái，nǐ hěn gāoxìng." Lǎotàitai miàn dài wēixiào de shuō："Shìde，yīqiè dōu zhème měihǎo，wǒ wèi shénme bù gāoxìng ne?""Duì fánnǎo，nǐ dào zhēn néng kàn de kāi." Nǚ zuòjiā yòu shuōle yī jù. Méi liàodào，lǎotàitai de huídá gèng lìng nǚ zuòjiā dàchī – yījīng："Yēsū zài xīngqīwǔ bèi dìng · shàng shízìjià shí，shì quán shìjiè zuì zāogāo de yī tiān，kě sān tiān hòu jiùshì Fùhuójié. Suǒyǐ，dāng wǒ yùdào bùxìng shí，jiù huì děngdài sān tiān，zhèyàng yīqiè jiù huīfù zhèngcháng le."

"Děngdài sān tiān"，duōme fùyú zhélǐ de huàyǔ，duōme lèguān de shēnghuó fāngshì. Tā bǎ fánnǎo hé tòngkǔ pāo · xià，quánlì qù shōuhuò kuàilè.

Shěn Cóngwén zài "wén – gé" qījiān，xiànrùle fēirén de jìngdì. Kě tā háo bù zàiyì，tā zài Xiánníng shí gěi tā de biǎozhí、huàjiā Huáng Yǒngyù xiěxìn shuō："Zhè · lǐ de héhuā zhēn hǎo，nǐ ruò lái……" Shēn xiàn kǔnàn què réng wèi héhuā de shèngkāi xīnxǐ zàntàn bùyǐ，zhè shì yī zhǒng qūyú chéngmíng de jìngjiè，yī zhǒng kuàngdá sǎ · tuō de xiōngjīn，yī zhǒng miànlín mónàn tǎndàng cóngróng de qìdù，yī zhǒng duì shēnghuó tóngzǐ bān de rè'ài hé duì měihǎo shìwù wúxiàn xiàngwǎng de shēngmìng qínggǎn.

Yóu cǐ kějiàn，yǐngxiǎng yī gè rén kuàilè de，yǒushí bìng bù shì kùnjìng jí mónàn， ér shì yī gè rén de xīntài. Rúguǒ bǎ zìjǐ jìnpào zài jījí、lèguān、xiàngshàng de xīntài zhōng, kuàilè bìrán huì//zhànjù nǐ de měi yī tiān.

Jiéxuǎn zì《Tài · dù Chuàngzào Kuàilè》

作品 38 号

泰山极顶看日出，历来被描绘成十分壮观的奇景。有人说：登泰山而看不到日出，就像一出大戏没有戏眼，味儿终究有点寡淡。

我去爬山那天，正赶上个难得的好天，万里长空，云彩丝儿都不见。素常，烟雾腾腾的山头，显得眉目分明。同伴们都欣喜地说："明天早晨准可以看见日出了。"我也是抱着这种想头，爬上山去。

一路从山脚往上爬，细看山景，我觉得挂在眼前的不是五岳独尊的泰山，却像一幅规模惊人的青绿山水画，从下面倒展开来。在画卷中最先露出的是山根底那座明朝建筑岱宗坊，慢慢地便现出王母池、斗母宫、经石峪。山是一层比一层深，一叠比一叠奇，层层叠叠，不知还会有多深多奇。万山丛中，时而点染着极其工细的人物。王母池旁的吕祖殿里有不少尊明塑，塑着吕洞宾等一些人，姿态神情是那样有生气，你看了，不禁会脱口赞叹说："活啦。"

画卷继续展开，绿阴森森的柏洞露面不太久，便来到对松山。两面奇峰对峙着，满山峰都是奇形怪状的老松，年纪怕都有上千岁了，颜色竟那么浓，浓得好像要流下来似的。来到这儿，你不妨权当一次画里的写意人物，坐在路旁的对松亭里，看看山色，听听流 // 水和松涛。

一时间，我又觉得自己不仅是在看画卷，却又像是在零零乱乱翻着一卷历史稿本。

节选自杨朔《泰山极顶》

Zuòpǐn 38 Hào

Tài Shān jídǐng kàn rìchū, lìlái bèi miáohuì chéng shífēn zhuàngguān de qíjǐng. Yǒu rén shuō: Dēng Tài Shān ér kàn · bùdào rìchū, jiù xiàng yī chū dàxì méi · yǒu xìyǎn, wèir zhōngjiū yǒu diǎnr guǎdàn.

Wǒ qù páshān nà tiān, zhèng gǎn · shàng gè nándé de hǎotiān, wànlǐ chángkōng, yúncaisīr dōu bù jiàn. Sùcháng, yānwù téngténg de shāntóu, xiǎn · dé méi · mù fēnmíng. Tóngbànmen dōu xīnxǐ de shuō: "Míngtiān zǎo · chén zhǔn kěyǐ kàn · jiàn rìchū le." Wǒ yě shì bàozhe zhè zhǒng xiǎngtou, pá · shàngshān · qù.

Yīlù cóng shānjiǎo wǎngshàng pá, xì kàn shānjǐng, wǒ jué · dé guà zài yǎnqián de bù shì Wǔ Yuè dú zūn de Tài Shān, què xiàng yī fú guīmó jīngrén de qīnglǜ shānshuǐhuà, cóng xià · miàn dào zhǎn kāi · lái. Zài huàjuàn zhōng zuì xiān lòuchū de shì shāngēnr dǐ nà zuò Míngcháo jiànzhù Dàizōngfāng, mànmàn de biàn xiànchū Wángmǔchí、Dòumǔgōng、Jīngshíyù. Shān shì yī céng bǐ yī céng shēn, yī dié bǐ yī dié qí, céngcéngdiédié, bù zhī hái huì yǒu duō shēn duō qí. Wàn shān cóng zhōng, shí'ér diǎnrǎnzhe jíqí gōngxì de rénwù. Wángmǔchí páng de Lǚzǔdiàn · lǐ yǒu bù shǎo zūn míngsù, sùzhe Lǚ Dòngbīn děng yīxiē rén, zītài shénqíng shì nàyàng yǒu shēngqì, nǐ kàn le, bùjīn huì tuōkǒu zàntàn shuō: “Huó la.”

Huàjuàn jìxù zhǎnkāi, lǜyīn sēnsēn de Bǎidòng lòumiàn bù tài jiǔ, biàn lái dào Duìsōngshān. Liǎngmiàn qífēng duìzhìzhe, mǎn shānfēng dōu shì qíxíng – guàizhuàng de lǎosōng, niánjì pà dōu yǒu shàng qiān suì le, yánsè jìng nàme nóng, nóng de hǎoxiàng yào liú xià · lái shìde. Láidào zhèr, nǐ bùfáng quándāng yī cì huà · lǐ de xiěyì rénwù, zuò zài lù páng de Duìsōngtíng · lǐ, kànkan shānsè, tīngting liú // shuǐ hé sōngtāo.

Yī shí jiān, wǒ yòu jué · dé zìjǐ bùjǐn shì zài kàn huàjuàn, què yòu xiàng shì zài línglíngluànluàn fānzhe yī juàn lìshǐ gǎoběn.

Jiéxuǎn zì Yáng Shuò《Tài Shān Jídǐng》

作品39号

育才小学校长陶行知在校园看到学生王友用泥块砸自己班上的同学，陶行知当即喝止了他，并令他放学后到校长室去。无疑，陶行知是要好好教育这个“顽皮”的学生。那么他是如何教育的呢？

放学后，陶行知来到校长室，王友已经等在门口准备挨训了。可一见面，陶行知却掏出一块糖果送给王友，并说：“这是奖给你的，因为你按时来到这里，而我却迟到了。”王友惊疑地接过糖果。

随后，陶行知又掏出一块糖果放到他手里，说：“这第二块糖果也是奖给你的，因为当我不让你再打人时，你立即就住手了，这说明你很尊重我，我应该奖你。”王友更惊疑了，他眼睛睁得大大的。

陶行知又掏出第三块糖果塞到王友手里，说：“我调查过了，你用泥块砸那些男生，是因为他们不守游戏规则，欺负女生；你砸他们，说明你很正直善良，且有批评不良行为的勇气，应该奖励你啊！”王友感动极了，他流着眼泪后悔地喊道：“陶……陶校长，你打我两下吧！我砸的不是坏人，而是自己的同学啊……”

陶行知满意地笑了，他随即掏出第四块糖果递给王友，说：“为你正确地认识错误，我再奖给你一块糖果，只可惜我只有这一块糖果了。我的糖果 // 没有了，我看我们的谈话也该结束了吧！”说完，就走出了校长室。

节选自《教师博览·百期精华》中《陶行知的“四块糖果”》

Zuòpǐn 39 Hào

Yùcái Xiǎoxué xiàozhǎng Táo Xíngzhī zài xiàoyuán kàndào xuésheng Wáng Yǒu yòng níkuài zá zìjǐ bān · shàng de tóngxué, Táo Xíngzhī dāngjí hèzhǐle tā, bìng lìng tā fàngxué hòu dào xiàozhǎngshì qù. Wúyí, Táo Xíngzhī shì yào hǎohāo jiàoyù zhè ge "wánpí" de xuésheng. Nàme tā shì rúhé jiàoyù de ne?

Fàngxué hòu, Táo Xíngzhī láidào xiàozhǎngshì, Wáng Yǒu yǐ · jīng děng zài mén kǒu zhǔnbèi ái xùn le. Kě yī jiànmiàn, Táo Xíngzhī què tāochū yī kuài tángguǒ sònggěi Wáng Yǒu, bìng shuō: "Zhè shì jiǎnggěi nǐ de, yīn · wèi nǐ ànshí láidào zhè · lǐ, ér wǒ què chídào le." Wáng Yǒu jīngyí de jiēguo tángguǒ.

Suíhòu, Táo Xíngzhī yòu tāochū yī kuài tángguǒ fàngdào tā shǒu · lǐ, shuō: "Zhè dì-èr kuài tángguǒ yě shì jiǎnggěi nǐ de, yīn · wèi dāng wǒ bùràng nǐ zài dǎrén shí, nǐ lìjí jiù zhùshǒu le, zhè shuōmíng nǐ hěn zūnzhòng wǒ, wǒ yīnggāi jiǎng nǐ." Wáng Yǒu gèng jīngyí le, tā yǎnjing zhēng de dàdà de.

Táo Xíngzhī yòu tāochū dì-sān kuài tángguǒ sāidào Wáng Yǒu shǒu · lǐ, shuō: "Wǒ diàocháguo le, nǐ yòng níkuài zá nàxiē nánshēng, shì yīn · wèi tāmen bù shǒu yóuxì guīzé, qīfu nǚshēng; nǐ zá tāmen, shuōmíng nǐ hěn zhèngzhí shànliáng, qiě yǒu pīpíng bùliáng xíngwéi de yǒngqì, yīnggāi jiǎnglì nǐ a!" Wáng Yǒu gǎndòng jí le, tā liúzhe yǎnlèi hòuhuǐ de hǎndào: "Táo……Táo xiàozhǎng, nǐ dǎ wǒ liǎng xià ba! Wǒ zá de bù shì huàirén, ér shì zìjǐ de tóngxué a……"

Táo Xíngzhī mǎnyì de xiào le, tā suíjí tāochū dì-sì kuài tángguǒ dìgěi Wáng Yǒu, shuō: "Wèi nǐ zhèngquè de rènshi cuò · wù, wǒ zài jiǎnggěi nǐ yī kuài tángguǒ, zhǐ kěxī wǒ zhǐyǒu zhè yī kuài tángguǒ le. Wǒ de tángguǒ // méi · yǒu le, wǒ kàn wǒmen de tánhuà yě gāi jiéshù le ba!" Shuōwán, jiù zǒuchūle xiàozhǎngshì.

Jiéxuǎn zì《Jiàoshī Bólǎn · Bǎiqī Jīnghuá》zhōng《Táo Xíngzhī de "Sì Kuài Tángguǒ"》

作品 40 号

享受幸福是需要学习的，当它即将来临的时刻需要提醒。人可以自然而然地学会感官的享乐，却无法天生地掌握幸福的韵律。灵魂的快意同器官的舒适像一对孪生兄弟，时而相傍相依，时而南辕北辙。

幸福是一种心灵的震颤。它像会倾听音乐的耳朵一样，需要不断地训练。

简而言之，幸福就是没有痛苦的时刻。它出现的频率并不像我们想像的那样少。人们常常只是在幸福的金马车已经驶过去很远时，才拣起地上的金鬃毛说，原来我见过它。

人们喜爱回味幸福的标本，却忽略它披着露水散发清香的时刻。那时候我们往往步履匆匆，瞻前顾后不知在忙着什么。

世上有预报台风的，有预报蝗灾的，有预报瘟疫的，有预报地震的。没有人预报幸福。

其实幸福和世界万物一样，有它的征兆。

幸福常常是朦胧的，很有节制地向我们喷洒甘霖。你不要总希望轰轰烈烈的幸福，它多半只是悄悄地扑面而来。你也不要企图把水龙头拧得更大，那样它会很快地流失。你需要静静地以平和之心，体验它的真谛。

幸福绝大多数是朴素的。它不会像信号弹似的，在很高的天际闪烁红色的光芒。它披着本色的外衣，亲 // 切温暖地包裹起我们。

幸福不喜欢喧嚣浮华，它常常在暗淡中降临。贫困中相濡以沫的一块糕饼，患难中心心相印的一个眼神，父亲一次粗糙的抚摸，女友一张温馨的字条……这都是千金难买的幸福啊。像一粒粒缀在旧绸子上的红宝石，在凄凉中愈发熠熠夺目。

节选自毕淑敏《提醒幸福》

Zuòpǐn 40 Hào

Xiǎngshòu xìngfú shì xūyào xuéxí de，dāng tā jíjiāng láilín de shíkè xūyào tíxǐng. Rén kěyǐ zìrán'érrán de xuéhuì gǎnguān de xiǎnglè，què wúfǎ tiānshēng de zhǎngwò xìngfú de yùnlǜ. Línghún de kuàiyì tóng qìguān de shūshì xiàng yī duì luánshēng xiōngdì，shí'ér xiāng bàng xiāng yī，shí'ér nányuán－bèizhé.

Xìngfú shì yī zhǒng xīnlíng de zhènchàn. Tā xiàng huì qīngtīng yīnyuè de ěrduo yīyàng，xūyào bùduàn de xùnliàn.

Jiǎn'éryánzhī，xìngfú jiùshì méi · yǒu tòngkǔ de shíkè. Tā chūxiàn de pínlǜ bìng bù xiàng wǒmen xiǎngxiàng de nàyàng shǎo. Rénmen chángcháng zhǐshì zài xìngfú de jīn mǎchē yǐ · jīng shǐ guò · qù hěn yuǎn shí，cái jiǎnqǐ dì · shàng de jīn zōngmáo shuō，yuánlái wǒ jiànguò tā.

Rénmen xǐ'ài huíwèi xìngfú de biāoběn，què hūlüè tā pīzhe lù · shuǐ sànfā qīngxiāng de shíkè. Nà shíhou wǒmen wǎngwǎng bùlǚ cōngcōng，zhānqián－gùhòu bù zhī zài mángzhe shénme.

Shì · shàng yǒu yù · bào táifēng de，yǒu yùbào huángzāi de，yǒu yùbào wēnyì de，yǒu yùbào dìzhèn de. Méi · yǒu rén yùbào xìngfú.

Qíshí xìngfú hé shìjiè wànwù yīyàng，yǒu tā de zhēngzhào.

Xìngfú chángcháng shì ménglóng de，hěn yǒu jiézhì de xiàng wǒmen pēnsǎ gānlín. Nǐ bùyào zǒng xīwàng hōnghōnglièliè de xìngfú，tā duōbàn zhǐshì qiāoqiāo de pūmiàn ér lái. Nǐ yě bù yào qǐtú bǎ shuǐlóngtóu nǐng de gèng dà，nàyàng tā huì hěn kuài de liúshī. Nǐ xūyào jìngjìng de yǐ pínghé zhī xīn, tǐyàn tā de zhēndì.

Xìngfú jué dà duōshù shì pǔsù de. Tā bù huì xiàng xìnhàodàn shìde, zài hěn gāo de tiānjì shǎnshuò hóngsè de guāngmáng. Tā pīzhe běnsè de wàiyī, qīn//qiè wēnnuǎn de bāoguǒ qǐ wǒmen.

Xìngfú bù xǐhuan xuānxiāo fúhuá, tā chángcháng zài àndàn zhōng jiànglín. Pínkùn zhōng xiāngrú－yǐmò de yī kuài gāobǐng, huànnàn zhōng xīnxīn－xiāngyìn de yī gè yǎnshén, fù · qīn yī cì cūcāo de fǔmō, nǚyǒu yī zhāng wēnxīn de zìtiáo……Zhè dōu shì qiānjīn nán mǎi de xìngfú a. Xiàng yī lìlì zhuì zài jiù chóuzi · shàng de hóngbǎoshí, zài qīliáng zhōng yùfā yìyì duómù.

Jiéxuǎn zì Bì Shūmǐn《Tíxǐng Xìngfú》

作品 41 号

在里约热内卢的一个贫民窟里，有一个男孩子，他非常喜欢足球，可是又买不起，于是就踢塑料盒，踢汽水瓶，踢从垃圾箱里拣来的椰子壳。他在胡同里踢，在能找到的任何一片空地上踢。

有一天，当他在一处干涸的水塘里猛踢一个猪膀胱时，被一位足球教练看见了。他发现这个男孩儿踢得很像是那么回事，就主动提出要送给他一个足球。小男孩儿得到足球后踢得更卖劲了。不久，他就能准确地把球踢进远处随意摆放的一个水桶里。

圣诞节到了，孩子的妈妈说："我们没有钱买圣诞礼物送给我们的恩人，就让我们为他祈祷吧。"

小男孩儿跟随妈妈祈祷完毕，向妈妈要了一把铲子便跑了出去。他来到一座别墅前的花园里，开始挖坑。

就在他快要挖好坑的时候，从别墅里走出一个人来，问小孩儿在干什么，孩子抬起满是汗珠的脸蛋儿，说："教练，圣诞节到了，我没有礼物送给您，我愿给您的圣诞树挖一个树坑。"

教练把小男孩儿从树坑里拉上来，说，我今天得到了世界上最好的礼物。明天你就到我的训练场去吧。

三年后，这位十七岁的男孩儿在第六届足球锦标赛上独进二十一球，为巴西第一次捧回了金杯。一个原来不 // 为世人所知的名字——贝利，随之传遍世界。

节选自刘燕敏《天才的造就》

Zuòpǐn 41 Hào

Zài Lǐyuērènèilú de yī gè pínmínkū · lǐ, yǒu yī gè nánháizi, tā fēicháng xǐhuan zúqiú, kěshì yòu mǎi · bùqǐ, yúshì jiù tī sùliàohé, tī qìshuǐpíng, tī cóng lājīxiāng · lǐ jiǎnlái de yēzikér. Tā zài hútòngr · lǐ tī, zài néng zhǎodào de rènhé yī piàn kòngdì · shàng tī.

Yǒu yī tiān, dāng tā zài yī chù gānhé de shuǐtáng · lǐ měng tī yī gè zhū pángguāng shí, bèi yī wèi zúqiú jiàoliàn kàn · jiàn le. Tā fāxiàn zhè ge nánháir tī de hěn xiàng shì nàme huí shì, jiù zhǔdòng tíchū yào sònggěi tā yī gè zúqiú. Xiǎonánháir dédào zúqiú hòu tī de gèng màijìnr le. Bùjiǔ, tā jiù néng zhǔnquè de bǎ qiú tījìn yuǎnchù suíyì bǎifàng de yī gè shuǐtǒng · lǐ.

Shèngdànjié dào le, háizi de māma shuō: “Wǒmen méi · yǒu qián mǎi shèngdàn lǐwù sònggěi wǒmen de ēnrén, jiù ràng wǒmen wèi tā qídǎo ba.”

Xiǎonánháir gēnsuí māma qídǎo wánbì, xiàng māma yàole yī bǎ chǎnzi biàn pǎole chū · qù. Tā láidào yī zuò biéshù qián de huāyuán · lǐ, kāishǐ wā kēng.

Jiù zài tā kuàiyào wāhǎo kēng de shíhou, cóng biéshù · lǐ zǒuchū yī gè rén · lái, wèn xiǎoháir zài gàn shénme, háizi táiqǐ mǎn shì hànzhū de liǎndànr, shuō: “Jiàoliàn, Shèngdànjié dào le, wǒ méi · yǒu lǐwù sònggěi nín, wǒ yuàn gěi nín de shèngdànshù wā yī gè shùkēng.”

Jiàoliàn bǎ xiǎonánháir cóng shùkēng · lǐ lā shàng · lái, shuō, wǒ jīntiān dédàole shìjiè · shàng zuìhǎo de lǐwù. Míngtiān nǐ jiù dào wǒ de xùnliànchǎng qù ba.

Sān nián hòu, zhè wèi shíqī suì de nánháir zài dì – liù jiè zúqiú jǐnbiāosài · shàng dú jìn èrshíyī qiú, wèi Bāxī dì – yī cì pěnghuíle jīnbēi. Yī gè yuánlái bù // wéi shìrén suǒ zhī de míngzi——Bèilì, suí zhī chuánbiàn shìjiè.

Jiéxuǎn zì Liú Yànmǐn《Tiāncái de Zàojiù》

作品42号

记得我十三岁时，和母亲住在法国东南部的耐斯城。母亲没有丈夫，也没有亲戚，够清苦的，但她经常能拿出令人吃惊的东西摆在我面前。她从来不吃肉，一再说自己是素食者。然而有一天，我发现母亲正仔细地用一小块碎面包擦那给我煎牛排用的油锅。我明白了她称自己为素食者的真正原因。

我十六岁时，母亲成了耐斯市美蒙旅馆的女经理。这时，她更忙碌了。一天，她瘫在椅子上，脸色苍白，嘴唇发灰。马上找来医生，做出诊断：她摄取了过多的胰岛素。直到这时我才知道母亲多年一直对我隐瞒的疾痛——糖尿病。

她的头歪向枕头一边，痛苦地用手抓挠胸口。床架上方，则挂着一枚我一九三二年赢得耐斯市少年乒乓球冠军的银质奖章。

啊，是对我的美好前途的憧憬支撑着她活下去，为了给她那荒唐的梦至少加一点真实的色彩，我只能继续努力，与时间竞争，直至一九三八年我被征入空军。巴黎很快失陷，我辗转调到英国皇家空军。刚到英国就接到了母亲的来信。这些信是由在瑞士的一个朋友秘密地转到伦敦，送到我手中的。

现在我要回家了，胸前佩带着醒目的绿黑两色的解放十字绶 // 带，上面挂着五六枚我终身难忘的勋章，肩上还佩带着军官肩章。到达旅馆时，没有一个人跟我打招呼。原来，我母亲在三年半以前就已经离开人间了。

在她死前的几天中，她写了近二百五十封信，把这些信交给她在瑞士的朋友，请这个朋友定时寄给我。就这样，在母亲死后的三年半的时间里，我一直从她身上吸取着力量和勇气——这使我能够继续战斗到胜利那一天。

节选自［法］罗曼·加里《我的母亲独一无二》

Zuòpǐn 42 Hào

Jì · dé wǒ shísān suì shí，hé mǔ · qīn zhù zài Fǎguó dōngnánbù de Nàisī Chéng. Mǔ · qīn méi · yǒu zhàng · fu，yě méi · yǒu qīnqi，gòu qīngkǔ de，dàn tā jīngcháng néng ná · chū lìng rén chījīng de dōngxi bǎi zài wǒ miànqián. Tā cónglái bù chī ròu，yīzài shuō zìjǐ shì sùshízhě. Rán'ér yǒu yī tiān，wǒ fāxiàn mǔ · qīn zhèng zǐxì de yòng yī xiǎo kuài suì miànbāo cā nà gěi wǒ jiān niúpái yòng de yóuguō. Wǒ míngbaile tā chēng zìjǐ wéi sùshízhě de zhēnzhèng yuányīn.

Wǒ shíliù suì shí，mǔ · qīn chéngle Nàisī Shì Měiméng lǚguǎn de nǚ jīnglǐ. Zhèshí，tā gèng mánglù le. Yī tiān，tā tān zài yǐzi · shàng，liǎnsè cāngbái，zuǐchún fā huī. Mǎshàng zhǎolái yīshēng，zuò · chū zhěnduàn：Tā shèqǔle guòduō de yídǎosù. Zhídào zhèshí wǒ cái zhī · dào mǔ · qīn duōnián yīzhí duì wǒ yǐnmán de jítòng——tángniàobìng.

Tā de tóu wāixiàng zhěntou yībiān，tòngkǔ de yòng shǒu zhuānao xiōngkǒu. Chuángjià shàngfāng，zé guàzhe yī méi wǒ yī jiǔ sān èr nián yíngdé Nàisī Shì shàonián pīngpāngqiú guànjūn de yínzhì jiǎngzhāng.

À，shì duì wǒ de měihǎo qiántú de chōngjǐng zhīchēngzhe tā huó xià · qù，wèile gěi tā nà huāng · táng de mèng zhìshǎo jiā yīdiǎnr zhēnshí de sècǎi，wǒ zhǐnéng jìxù nǔlì，yǔ shíjiān jìngzhēng，zhízhì yī jiǔ sān bā nián wǒ bèi zhēng rù kōngjūn. Bālí hěn kuài shīxiàn，wǒ zhǎnzhuǎn diàodào Yīngguó Huángjiā Kōngjūn. Gāng dào Yīngguó jiù jiēdàole mǔ · qīn de láixìn. Zhèxiē xìn shì yóu zài Ruìshì de yī gè péngyou mìmì de zhuǎndào Lúndūn，sòngdào wǒ shǒuzhōng de.

Xiànzài wǒ yào huíjiā le，xiōngqián pèidàizhe xǐngmù de lǜ－hēi liǎng sè de jiěfàng shízì shòu // dài，shàng · miàn guàzhe wǔ － liù méi wǒ zhōngshēn nánwàng de xūnzhāng，jiān · shàng hái pèidàizhe jūnguān jiānzhāng. Dàodá lǚguǎn shí，méi · yǒu yī gè rén gēn wǒ dǎ zhāohu. Yuánlái，wǒ mǔ · qīn zài sān nián bàn yǐqián jiù yǐ · jīng líkāi rénjiān le.

Zài tā sǐ qián de jǐ tiān zhōng, tā xiěle jìn èrbǎi wǔshí fēng xìn, bǎ zhèxiē xìn jiāogěi tā zài Ruìshì de péngyou, qǐng zhè ge péngyou dìngshí jì gěi wǒ. Jiù zhèyàng, zài mǔ · qīn sǐ hòu de sān nián bàn de shíjiān · lǐ, wǒ yīzhí cóng tā shēn · shàng xīqǔzhe lì · liàng hé yǒngqì——zhè shì wǒ nénggòu jìxù zhàndòu dào shènglì nà yī tiān.

Jiéxuǎn zì [Fǎ] Luómàn Jiālǐ《Wǒ de Mǔ · qīn Dúyī – wú'èr》

作品 43 号

生活对于任何人都非易事，我们必须有坚韧不拔的精神。最要紧的，还是我们自己要有信心。我们必须相信，我们对每一件事情都具有天赋的才能，并且，无论付出任何代价，都要把这件事完成。当事情结束的时候，你要能问心无愧地说："我已经尽我所能了。"

有一年的春天，我因病被迫在家里休息数周。我注视着我的女儿们所养的蚕正在结茧，这使我很感兴趣。望着这些蚕执著地、勤奋地工作，我感到我和它们非常相似。像它们一样，我总是耐心地把自己的努力集中在一个目标上。我之所以如此，或许是因为有某种力量在鞭策着我——正如蚕被鞭策着去结茧一般。

近五十年来，我致力于科学研究，而研究，就是对真理的探讨。我有许多美好快乐的记忆。少女时期我在巴黎大学，孤独地过着求学的岁月；在后来献身科学的整个时期，我丈夫和我专心致志，像在梦幻中一般，坐在简陋的书房里艰辛地研究，后来我们就在那里发现了镭。

我永远追求安静的工作和简单的家庭生活。为了实现这个理想，我竭力保持宁静的环境，以免受人事的干扰和盛名的拖累。

我深信，在科学方面我们有对事业而不是 // 对财富的兴趣。我的惟一奢望是在一个自由国家中，以一个自由学者的身份从事研究工作。

我一直沉醉于世界的优美之中，我所热爱的科学也不断增加它崭新的远景。我认定科学本身就具有伟大的美。

节选自［波兰］玛丽·居里《我的信念》，剑捷译

Zuòpǐn 43 Hào

Shēnghuó duìyú rènhé rén dōu fēi yì shì, wǒmen bìxū yǒu jiānrèn – bùbá de jīngshén. Zuì yàojǐn de, háishì wǒmen zìjǐ yào yǒu xìnxīn. Wǒmen bìxū xiāngxìn, wǒmen duì měi yī jiàn shìqing dōu jùyǒu tiānfù de cáinéng, bìngqiě, wúlùn fùchū rènhé dàijià, dōu yào bǎ zhè jiàn shì wánchéng. Dāng shìqing jiéshù de shíhou, nǐ yào néng wènxīn – wúkuì de shuō: "Wǒ yǐ · jīng jìn wǒ suǒ néng le."

Yǒu yī nián de chūntiān, wǒ yīn bìng bèipò zài jiā · lǐ xiūxi shù zhōu. Wǒ zhùshìzhe wǒ de nǚ'érmen suǒ yǎng de cán zhèngzài jié jiǎn, zhè shǐ wǒ hěn gǎn xìngqù. Wàngzhe zhèxiē cán zhízhuó de、qínfèn de gōngzuò, wǒ gǎndào wǒ hé tāmen fēicháng xiāngsì. Xiàng tāmen yīyàng, wǒ zǒngshì nàixīn de bǎ zìjǐ de nǔlì jízhōng zài yī gè mùbiāo · shàng. Wǒ zhīsuǒyǐ rúcǐ, huòxǔ shì yīn · wèi yǒu mǒu zhǒng lì · liàng zài biāncèzhe wǒ——zhèng rú cán bèi biāncèzhe qù jié jiǎn yībān.

Jìn wǔshí nián lái, wǒ zhìlì yú kēxué yánjiū, ér yánjiū, jiùshì duì zhēnlǐ de tàntǎo. Wǒ yǒu xǔduō měihǎo kuàilè de jìyì. Shàonǚ shíqī wǒ zài Bālí Dàxué, gūdú de guòzhe qiúxué de suìyuè; zài hòulái xiànshēn kēxué de zhěnggè shíqī, wǒ zhàngfu hé wǒ zhuānxīn - zhìzhì, xiàng zài mènghuàn zhōng yībān, zuò zài jiǎnlòu de shūfáng · lǐ jiānxīn de yánjiū, hòulái wǒmen jiù zài nà · lǐ fāxiàn le léi.

Wǒ yǒngyuǎn zhuīqiú ānjìng de gōngzuò hé jiǎndān de jiātíng shēnghuó. Wèile shíxiàn zhè ge lǐxiǎng, wǒ jiélì bǎochí níngjìng de huánjìng, yǐmiǎn shòu rénshì de gānrǎo hé shèngmíng de tuōlěi.

Wǒ shēnxìn, zài kēxué fāngmiàn wǒmen yǒu duì shìyè ér bù shì // duì cáifù de xìngqù. Wǒ de wéiyī shēwàng shì zài yī gè zìyóu guójiā zhōng, yǐ yī gè zìyóu xuézhě de shēn · fèn cóngshì yánjiū gōngzuò.

Wǒ yīzhí chénzuì yú shìjiè de yōuměi zhīzhōng, wǒ suǒ rè'ài de kēxué yě bùduàn zēngjiā tā zhǎnxīn de yuǎnjǐng. Wǒ rèndìng kēxué běnshēn jiù jùyǒu wěidà de měi.

Jiéxuǎn zì [Bōlán] Mǎlì Jūlǐ《Wǒ de Xìnniàn》, Jiàn Jié yì

作品 44 号

我为什么非要教书不可？是因为我喜欢当教师的时间安排表和生活节奏。七、八、九三个月给我提供了进行回顾、研究、写作的良机，并将三者有机融合，而善于回顾、研究和总结正是优秀教师素质中不可缺少的成分。

干这行给了我多种多样的“甘泉”去品尝，找优秀的书籍去研读，到“象牙塔”和实际世界里去发现。教学工作给我提供了继续学习的时间保证，以及多种途径、机遇和挑战。

然而，我爱这一行的真正原因，是爱我的学生。学生们在我的眼前成长、变化。当教师意味着亲历“创造”过程的发生——恰似亲手赋予一团泥土以生命，没有什么比目睹它开始呼吸更激动人心的了。

权利我也有了：我有权利去启发诱导，去激发智慧的火花，去问费心思考的问题，去赞扬回答的尝试，去推荐书籍，去指点迷津。还有什么别的权利能与之相比呢？

而且，教书还给我金钱和权利之外的东西，那就是爱心。不仅有对学生的爱，对书籍的爱，对知识的爱，还有教师才能感受到的对“特别”学生的爱。这些学生，有如冥顽不灵的泥块，由于接受了老师的炽爱才勃发了生机。

所以，我爱教书，还因为，在那些勃发生机的“特∥别”学生身上，我有时发现自己和他们呼吸相通，忧乐与共。

节选自［美］彼得·基·贝得勒《我为什么当教师》

Zuòpǐn 44 Hào

Wǒ wèi shénme fēi yào jiāoshū bùkě? Shì yīn · wèi wǒ xǐhuan dāng jiàoshī de shíjiān ānpáibiǎo hé shēnghuó jiézòu. Qī、bā、jiǔ sān gè yuè gěi wǒ tígōngle jìnxíng huígù、yánjiū、xiězuò de liángjī, bìng jiāng sānzhě yǒujī rónghé, ér shànyú huígù、yánjiū hé zǒngjié zhèngshì yōuxiù jiàoshī sùzhì zhōng bùkě quēshǎo de chéng · fèn.

Gàn zhè háng gěile wǒ duō zhǒng duō yàng de “gānquán” qù pǐncháng, zhǎo yōuxiù de shūjí qù yándú, dào “xiàngyátǎ” hé shíjì shìjiè · lǐ qù fāxiàn. Jiàoxué gōngzuò gěi wǒ tígōngle jìxù xuéxí de shíjiān bǎozhèng, yǐjí duōzhǒng tújìng、jīyù hé tiǎozhàn.

Rán’ér, wǒ ài zhè yī háng de zhēnzhèng yuányīn, shì ài wǒ de xuésheng. Xuéshengmen zài wǒ de yǎnqián chéngzhǎng、biànhuà. Dāng jiàoshī yìwèizhe qīnlì “chuàngzào” guòchéng de fāshēng——qiàsì qīnshǒu fùyǔ yī tuán nítǔ yǐ shēngmìng, méi · yǒu shénme bǐ mùdǔ tā kāishǐ hūxī gèng jīdòng rénxīn de le.

Quánlì wǒ yě yǒu le: Wǒ yǒu quánlì qù qǐfā yòudǎo, qù jīfā zhìhuì de huǒhuā, qù wèn fèixīn sīkǎo de wèntí, qù zànyáng huídá de chángshì, qù tuījiàn shūjí, qù zhǐdiǎn míjīn. Háiyǒu shénme biéde quánlì néng yǔ zhī xiāng bǐ ne?

Érqiě, jiāoshū hái gěi wǒ jīnqián hé quánlì zhīwài de dōngxi, nà jiùshì àixīn. Bùjǐn yǒu duì xuésheng de ài, duì shūjí de ài, duì zhīshi de ài, háiyǒu jiàoshī cái néng gǎnshòu dào de duì “tèbié” xuésheng de ài. Zhèxiē xuésheng, yǒurú míngwán-bùlíng de níkuài, yóuyú jiēshòule lǎoshī de chì’ài cái bófāle shēngjī.

Suǒyǐ, wǒ ài jiāoshū, hái yīn · wèi, zài nàxiē bófā shēngjī de “tè∥bié” xuésheng shēn · shàng, wǒ yǒushí fāxiàn zìjǐ hé tāmen hūxī xiāngtōng, yōulè yǔgòng.

Jiéxuǎn zì［Měi］Bǐdé Jī Bèidélè《Wǒ Wèishénme Dāng Jiàoshī》

作品45号

中国西部我们通常是指黄河与秦岭相连一线以西，包括西北和西南的十二个省、市、自治区。这块广袤的土地面积为五百四十六万平方公里，占国土总面积的百分之五十七；人口二点八亿，占全国总人口的百分之二十三。

西部是华夏文明的源头。华夏祖先的脚步是顺着水边走的：长江上游出土过元谋人牙齿化石，距今约一百七十万年；黄河中游出土过蓝田人头盖骨，距今约七十万年。这两处古人类都比距今约五十万年的北京猿人资格更老。

西部地区是华夏文明的重要发源地，秦皇汉武以后，东西方文化在这里交汇融合，从而有了丝绸之路的驼铃声声，佛院深寺的暮鼓晨钟。敦煌莫高窟是世界文化史上的一个奇迹，它在继承汉晋艺术传统的基础上，形成了自己兼收并蓄的恢宏气度，展现出精美绝伦的艺术形式和博大精深的文化内涵。秦始皇兵马俑、西夏王陵、楼兰古国、布达拉宫、三星堆、大足石刻等历史文化遗产，同样为世界所瞩目，成为中华文化重要的象征。

西部地区又是少数民族及其文化的集萃地，几乎包括了我国所有的少数民族。在一些偏远的少数民族地区，仍保留 // 了一些久远时代的艺术品种，成为珍贵的“活化石”，如纳西古乐、戏曲、剪纸、刺绣、岩画等民间艺术和宗教艺术。特色鲜明、丰富多彩，犹如一个巨大的民族民间文化艺术宝库。

我们要充分重视和利用这些得天独厚的资源优势，建立良好的民族民间文化生态环境，为西部大开发做出贡献。

节选自《中考语文课外阅读试题精选》中《西部文化和西部开发》

Zuòpǐn 45 Hào

Zhōngguó xībù wǒmen tōngcháng shì zhǐ Huáng Hé yǔ Qín Lǐng xiānglián yī xiàn yǐxī, bāokuò xīběi hé xīnán de shí'èr gè shěng、shì、zìzhìqū. Zhè kuài guǎngmào de tǔdì miànjī wéi wǔbǎi sìshíliù wàn píngfāng gōnglǐ, zhàn guótǔ zǒng miànjī de bǎi fēn zhī wǔshíqī; rénkǒu èr diǎn bā yì, zhàn quánguó zǒng rénkǒu de bǎi fēn zhī èrshísān.

Xībù shì Huáxià wénmíng de yuántóu. Huáxià zǔxiān de jiǎobù shì shùnzhe shuǐbiān zǒu de: Cháng Jiāng shàngyóu chūtǔguo Yuánmóurén yáchǐ huàshí, jù jīn yuē yībǎi qīshí wàn nián; Huáng Hé zhōngyóu chūtǔguo Lántiánrén tóugàigǔ, jù jīn yuē qīshí wàn nián. Zhè liǎng chù gǔ rénlèi dōu bǐ jù jīn yuē wǔshí wàn nián de Běijīng yuánrén zī · gé gèng lǎo.

Xībù dìqū shì Huáxià wénmíng de zhòngyào fāyuándì. Qínhuáng Hànwǔ yǐhòu, dōng－xīfāng wénhuà zài zhè · lǐ jiāohuì rónghé, cóng'ér yǒule sīchóu zhī lù de tuólíng shēngshēng, fó yuàn shēn sì de mùgǔ－chénzhōng. Dūnhuáng Mògāokū shì shìjiè wénhuàshǐ · shàng de yī gè qíjì, tā zài jìchéng Hàn Jìn yìshù chuántǒng de jīchǔ · shàng, xíngchéngle zìjǐ jiānshōu－bìngxù de huīhóng qìdù, zhǎnxiàn chū jīngměi juélún de yìshù xíngshì hé bódà－jīngshēn de wénhuà nèihán. Qínshǐhuáng Bīngmǎyǒng、Xīxià wánglíng、Lóulán gǔguó、Bùdálāgōng、Sānxīngduī、Dàzú shíkè děng lìshǐ wénhuà yíchǎn, tóngyàng wéi shìjiè suǒ zhǔmù, chéngwéi zhōnghuá wénhuà zhòngyào de xiàngzhēng.

Xībù dìqū yòu shì shǎoshù mínzú jíqí wénhuà de jícuìdì, jīhū bāokuòle wǒguó suǒyǒu de shǎoshù mínzú. Zài yīxiē piānyuǎn de shǎoshù mínzú dìqū, réng bǎoliú//le yīxiē jiǔyuǎn shídài de yìshù pǐnzhǒng, chéngwéi zhēnguì de “huó huàshí”, rú Nàxī gǔyuè、xìqǔ、jiǎnzhǐ、cìxiù、yánhuà děng mínjiān yìshù hé zōngjiào yìshù. Tèsè xiānmíng、fēngfù – duōcǎi, yóurú yī gè jùdà de mínzú mínjiān wénhuà yìshù bǎokù.

Wǒmen yào chōngfèn zhòngshì hé lìyòng zhèxiē détiāndúhòu de zīyuán yōushì, jiànlì liánghǎo de mínzú mínjiān wénhuà shēngtài huánjìng, wèi xībù dà kāifā zuòchū gòngxiàn.

Jiéxuǎn zì《Zhōngkǎo Yǔwén Kèwài Yuèdú Shìtí Jīngxuǎn》zhōng《Xībù Wénhuà hé Xībù Kāifā》

作品 46 号

高兴，这是一种具体的被看得到摸得着的事物所唤起的情绪。它是心理的，更是生理的。它容易来也容易去，谁也不应该对它视而不见失之交臂，谁也不应该总是做那些使自己不高兴也使旁人不高兴的事。让我们说一件最容易做也最令人高兴的事吧，尊重你自己，也尊重别人，这是每一个人的权利，我还要说这是每一个人的义务。

快乐，它是一种富有概括性的生存状态、工作状态。它几乎是先验的，它来自生命本身的活力，来自宇宙、地球和人间的吸引，它是世界的丰富、绚丽、阔大、悠久的体现。快乐还是一种力量，是埋在地下的根脉。消灭一个人的快乐比挖掉一棵大树的根要难得多。

欢欣，这是一种青春的、诗意的情感。它来自面向着未来伸开双臂奔跑的冲力，它来自一种轻松而又神秘、朦胧而又隐秘的激动，它是激情即将到来的预兆，它又是大雨过后的比下雨还要美妙得多也久远得多的回味……

喜悦，它是一种带有形而上色彩的修养和境界。与其说它是一种情绪，不如说它是一种智慧、一种超拔、一种悲天悯人的宽容和理解，一种饱经沧桑的充实和自信，一种光明的理性，一种坚定 // 的成熟，一种战胜了烦恼和庸俗的清明澄澈。它是一潭清水，它是一抹朝霞，它是无边的平原，它是沉默的地平线。多一点儿、再多一点儿喜悦吧，它是翅膀，也是归巢。它是一杯美酒，也是一朵永远开不败的莲花。

节选自王蒙《喜悦》

Zuòpǐn 46 Hào

Gāoxìng, zhè shì yī zhǒng jùtǐ de bèi kàn de dào mō de zháo de shìwù suǒ huànqǐ de qíng · xù. Tā shì xīnlǐ de, gèng shì shēnglǐ de. Tā róng · yì lái yě róng · yì qù, shéi yě bù yīnggāi duì tā shì'érbùjiàn shīzhī－jiāobì, shéi yě bù yīnggāi zǒngshì zuò nàxiē shǐ zìjǐ bù gāoxìng yě shǐ pángrén bù gāoxìng de shì. Ràng wǒmen shuō yī jiàn zuì róng・yì zuò yě zuì lìng rén gāoxìng de shì ba, zūnzhòng nǐ zìjǐ, yě zūnzhòng bié・rén, zhè shì měi yī gè rén de quánlì, wǒ háiyào shuō zhè shì měi yī gè rén de yìwù.

Kuàilè, tā shì yī zhǒng fùyǒu gàikuòxìng de shēngcún zhuàngtài、gōngzuò zhuàngtài. Tā jīhū shì xiānyàn de, tā láizì shēngmìng běnshēn de huólì, láizì yǔzhòu、dìqiú hé rénjiān de xīyǐn, tā shì shìjiè de fēngfù、xuànlì、kuòdà、yōujiǔ de tǐxiàn. Kuàilè háishì yī zhǒng lì・liàng, shì mái zài dìxià de gēnmài. Xiāomiè yī gè rén de kuàilè bǐ wādiào yī kē dàshù de gēn yào nán de duō.

Huānxīn, zhè shì yī zhǒng qīngchūn de、shīyì de qínggǎn. Tā láizì miànxiàngzhe wèilái shēnkāi shuāngbì bēnpǎo de chōnglì, tā láizì yī zhǒng qīngsōng ér yòu shénmì、ménglóng ér yòu yǐnmì de jīdòng, tā shì jīqíng jíjiāng dàolái de yùzhào, tā yòu shì dàyǔ guòhòu de bǐ xiàyǔ háiyào měimiào de duō yě jiǔyuǎn dé duō de huíwèi……

Xǐyuè, tā shì yī zhǒng dàiyǒu xíng ér shàng sècǎi de xiūyǎng hé jìngjiè. Yǔqí shuō tā shì yī zhǒng qíng・xù, bùrú shuō tā shì yī zhǒng zhìhuì、yī zhǒng chāobá、yī zhǒng bēitiān－mǐnrén de kuānróng hé lǐjiě, yī zhǒng bǎojīng－cāngsāng de chōngshí hé zìxìn, yī zhǒng guāngmíng de lǐxìng, yī zhǒng jiāndìng // de chéngshú, yī zhǒng zhànshèngle fánnǎo hé yōngsú de qīngmíng chéngchè. Tā shì yī tán qīngshuǐ, tā shì yī mǒ zhāoxiá, tā shì wúbiān de píngyuán, tā shì chénmò de dìpíngxiàn. Duō yīdiǎnr、zài duō yīdiǎnr xǐyuè ba, tā shì chìbǎng, yě shì guīcháo. Tā shì yī bēi měijiǔ, yě shì yī duǒ yǒngyuǎn kāi bù bài de liánhuā.

Jiéxuǎn zì Wáng Méng《Xǐyuè》

作品 47 号

在湾仔，香港最热闹的地方，有一棵榕树，它是最贵的一棵树，不光在香港，在全世界，都是最贵的。

树，活的树，又不卖何言其贵？只因它老，它粗，是香港百年沧桑的活见证，香港人不忍看着它被砍伐，或者被移走，便跟要占用这片山坡的建筑者谈条件：可以在这儿建大楼盖商厦，但一不准砍树，二不准挪树，必须把它原地精心养起来，成为香港闹市中的一景。太古大厦的建设者最后签了合同，占用这个大山坡建豪华商厦的先决条件是同意保护这棵老树。

树长在半山坡上，计划将树下面的成千上万吨山石全部掏空取走，腾出地方来盖楼，把树架在大楼上面，仿佛它原本是长在楼顶上似的。建设者就地造了一个直径十八米、深十米的大花盆，先固定好这棵老树，再在大花盆底下盖楼。光这一项就花了两千三百八十九万港币，堪称是最昂贵的保护措施了。

太古大厦落成之后，人们可以乘滚动扶梯一次到位，来到太古大厦的顶层，出后门，那儿是一片自然景色。一棵大树出现在人们面前，树干有一米半粗，树冠直径足有二十多米，独木成林，非常壮观，形成一座以它为中心的小公园，取名叫"榕圃"。树前面 // 插着铜牌，说明原由。此情此景，如不看铜牌的说明，绝对想不到巨树根底下还有一座宏伟的现代大楼。

节选自舒乙《香港：最贵的一棵树》

Zuòpǐn 47 Hào

Zài Wānzǎi, Xiānggǎng zuì rènao de dìfang, yǒu yī kē róngshù, tā shì zuì guì de yī kē shù, bù guāng zài Xiānggǎng, zài quánshìjiè, dōu shì zuì guì de.

Shù, huó de shù, yòu bù mài hé yán qí guì? Zhǐ yīn tā lǎo, tā cū, shì Xiānggǎng bǎinián cāngsāng de huó jiànzhèng, Xiānggǎngrén bùrěn kànzhe tā bèi kǎnfá, huòzhě bèi yízǒu, biàn gēn yào zhànyòng zhè piàn shānpō de jiànzhùzhě tán tiáojiàn: Kěyǐ zài zhèr jiàn dàlóu gài shāngshà, dàn yī bùzhǔn kǎn shù, èr bùzhǔn nuó shù, bìxū bǎ tā yuándì jīngxīn yǎng qǐ · lái, chéngwéi Xiānggǎng nàoshì zhōng de yī jǐng. Tàigǔ Dàshà de jiànshèzhě zuìhòu qiānle hétong, zhànyòng zhège dà shānpō jiàn háohuá shāngshà de xiānjué tiáojiàn shì tóngyì bǎohù zhè kē lǎoshù.

Shù zhǎng zài bànshānpō · shàng, jìhuà jiāng shù xià · miàn de chéngqiān – shàngwàn dūn shānshí quánbù tāokōng qǔzǒu, téngchū dìfang · lái gài lóu, bǎ shù jià zài dàlóu shàng · miàn, fǎngfú tā yuánběn shì zhǎng zài lóudǐng · shàng shìde. Jiànshèzhě jiùdì zàole yī gè zhíjìng shíbā mǐ、shēn shí mǐ de dà huāpén, xiān gùdìng hǎo zhè kē lǎoshù, zài zài dà huāpén dǐ · xià gài lóu. Guāng zhè yī xiàng jiù huāle liǎngqiān sānbǎi bāshíjiǔ wàn gǎngbì, kānchēng shì zuì ángguì de bǎohù cuòshī le.

Tàigǔ Dàshà luòchéng zhīhòu, rénmen kěyǐ chéng gǔndòng fútī yī cì dàowèi, láidào Tàigǔ Dàshà de dǐngcéng, chū hòumén, nàr shì yī piàn zìrán jǐngsè. Yī kē dàshù chūxiàn zài rénmen miànqián, shùgàn yǒu yī mǐ bàn cū, shùguān zhíjìng zú yǒu èrshí duō mǐ, dú mù chéng lín, fēicháng zhuàngguān, xíngchéng yī zuò yǐ tā wéi zhōngxīn de xiǎo gōngyuán, qǔ míng jiào "róngpǔ". Shù qián · miàn // chāzhe tóngpái, shuōmíng yuányóu. Cǐqíng cǐjǐng, rú bù kàn tóngpái de shuōmíng, juéduì xiǎng · bùdào jùshùgēn dǐ · xià háiyǒu yī zuò hóngwěi de xiàndài dàlóu.

Jiéxuǎn zì Shū Yǐ《Xiānggǎng: Zuì guì de Yī kē Shù》

作品48号

我们的船渐渐地逼近榕树了。我有机会看清它的真面目：是一棵大树，有数不清的丫枝，枝上又生根，有许多根一直垂到地上，伸进泥土里。一部分树枝垂到水面，从远处看，就像一棵大树斜躺在水面上一样。

现在正是枝繁叶茂的时节。这棵榕树好像在把它的全部生命力展示给我们看。那么多的绿叶，一簇堆在另一簇的上面，不留一点儿缝隙。翠绿的颜色明亮地在我们的眼前闪耀，似乎每一片树叶上都有一个新的生命在颤动，这美丽的南国的树！

船在树下泊了片刻，岸上很湿，我们没有上去。朋友说这里是“鸟的天堂”，有许多鸟在这棵树上做窝，农民不许人去捉它们。我仿佛听见几只鸟扑翅的声音，但是等到我的眼睛注意地看那里时，我却看不见一只鸟的影子，只有无数的树根立在地上，像许多根木桩。地是湿的，大概涨潮时河水常常冲上岸去。“鸟的天堂”里没有一只鸟，我这样想到。船开了，一个朋友拨着船，缓缓地流到河中间去。

第二天，我们划着船到一个朋友的家乡去，就是那个有山有塔的地方。从学校出发，我们又经过那“鸟的天堂”。

这一次是在早晨，阳光照在水面上，也照在树梢上。一切都 // 显得非常光明。我们的船也在树下泊了片刻。

起初四周围非常清静。后来忽然起了一声鸟叫。我们把手一拍，便看见一只大鸟飞了起来，接着又看见第二只，第三只。我们继续拍掌，很快地这个树林就变得很热闹了。到处都是鸟声，到处都是鸟影。大的，小的，花的，黑的，有的站在枝上叫，有的飞起来，在扑翅膀。

节选自巴金《小鸟的天堂》

Zuòpǐn 48 Hào

Wǒmen de chuán jiànjiàn de bījìn róngshù le. Wǒ yǒu jī · huì kànqīng tā de zhēn miànmù: Shì yī kē dàshù, yǒu shǔ · bùqīng de yāzhī, zhī · shàng yòu shēnggēn, yǒu xǔduō gēn yīzhí chuídào dì · shàng, shēnjìn nítǔ · lǐ. Yī bùfen shùzhī chuídào shuǐmiàn, cóng yuǎnchù kàn, jiù xiàng yī kē dàshù xié tǎng zài shuǐmiàn · shàng yīyàng.

Xiànzài zhèngshì zhī fán yè mào de shíjié. Zhè kē róngshù hǎoxiàng zài bǎ tā de quánbù shēngmìnglì zhǎnshì gěi wǒmen kàn. Nàme duō de lǜyè, yī cù duī zài lìng yī cù de shàng · miàn, bù liú yīdiǎnr fèngxì. Cuìlǜ de yánsè míngliàng de zài wǒmen de yǎnqián shǎnyào, sìhū měi yī piàn shùyè · shàng dōu yǒu yī gè xīn de shēngmìng zài chàndòng, zhè měilì de nánguó de shù!

Chuán zài shù · xià bóle piànkè, àn · shàng hěn shī, wǒmen méi · yǒu shàng · qù. Péngyou shuō zhèlǐ shì “niǎo de tiāntáng”, yǒu xǔduō niǎo zài zhè kē shù · shàng zuò wō, nóngmín bùxǔ rén qù zhuō tāmen. Wǒ fǎngfú tīng · jiàn jǐ zhī niǎo pū chì de shēngyīn, dànshì děngdào wǒ de yǎnjing zhùyì de kàn nà · lǐ shí, wǒ què kàn · bùjiàn yī zhī niǎo de yǐngzi. Zhǐyǒu wúshù de shùgēn lì zài dì · shàng, xiàng xǔduō gēn mùzhuāng. Dì shì shī de, dàgài zhǎngcháo shí héshuǐ chángcháng chōng · shàng àn · qù. “Niǎo de tiāntáng” · lǐ méi · yǒu yī zhī niǎo, wǒ zhèyàng xiǎngdào. Chuán kāi le, yī gè péngyou bōzhe chuán, huǎnhuǎn de liúdào hé zhōngjiān qù.

Dì－èr tiān, wǒmen huázhe chuán dào yī gè péngyou de jiāxiāng qù, jiùshì nà ge yǒu shān yǒu tǎ de dìfang. Cóng xuéxiào chūfā, wǒmen yòu jīngguò nà “niǎo de tiāntáng”.

Zhè yī cì shì zài zǎo · chén, yángguāng zhào zài shuǐmiàn · shàng, yě zhào zài shùshāo · shàng. Yīqiè dōu // xiǎn · dé fēicháng guāngmíng. Wǒmen de chuán yě zài shù · xià bóle piànkè.

Qǐchū sì zhōuwéi fēicháng qīngjìng. Hòulái hūrán qǐle yī shēng niǎojiào. Wǒmen bǎ shǒu yī pāi, biàn kàn · jiàn yī zhī dàniǎo fēile qǐ · lái, jiēzhe yòu kàn · jiàn dì－èr zhī, dì－sān zhī. Wǒmen jìxù pāizhǎng, hěn kuài de zhè ge shùlín jiù biàn de hěn rènao le. Dàochù dōu shì niǎo shēng, dàochù dōu shì niǎo yǐng. Dà de, xiǎo de, huā de, hēi de, yǒude zhàn zài zhī · shàng jiào, yǒude fēi qǐ · lái, zài pū chìbǎng.

Jiéxuǎn zì Bā Jīn《Xiǎoniǎo de Tiāntáng》

作品49号

有这样一个故事。

有人问：世界上什么东西的气力最大？回答纷纭得很，有的说“象”，有的说“狮”，有人开玩笑似的说：是“金刚”，金刚有多少气力，当然大家全不知道。

结果，这一切答案完全不对，世界上气力最大的，是植物的种子。一粒种子所可以显现出来的力，简直是超越一切。

人的头盖骨，结合得非常致密与坚固，生理学家和解剖学者用尽了一切的方法，要把它完整地分出来，都没有这种力气。后来忽然有人发明了一个方法，就是把一些植物的种子放在要剖析的头盖骨里，给它以温度与湿度，使它发芽。一发芽，这些种子便以可怕的力量，将一切机械力所不能分开的骨骼，完整地分开了。植物种子的力量之大，如此如此。

这，也许特殊了一点儿，常人不容易理解。那么，你看见过笋的成长吗？你看见过被压在瓦砾和石块下面的一棵小草的生长吗？它为着向往阳光，为着达成它的生之意志，不管上面的石块如何重，石与石之间如何狭，它必定要曲曲折折地，但是顽强不屈地透到地面上来。它的根往土壤钻，它的芽往地面挺，这是一种不可抗拒的力，阻止它的石块，结果也被它掀翻，一粒种子的力量之大，// 如此如此。

没有一个人将小草叫做“大力士”，但是它的力量之大，的确是世界无比。这种力是一般人看不见的生命力。只要生命存在，这种力就要显现。上面的石块，丝毫不足以阻挡。因为它是一种“长期抗战”的力；有弹性，能屈能伸的力；有韧性，不达目的不止的力。

节选自夏衍《野草》

Zuòpǐn 49 Hào

Yǒu zhèyàng yī gè gùshi.

Yǒu rén wèn：Shìjiè · shàng shénme dōngxi de qìlì zuì dà? Huídá fēnyún de hěn, yǒude shuō “xiàng”, yǒude shuō “shī”, yǒu rén kāi wánxiào shìde shuō：shì “Jīngāng”, Jīngāng yǒu duō · shǎo qìlì, dāngrán dàjiā quán bù zhī · dào.

Jiéguǒ, zhè yīqiè dá'àn wánquán bù duì, shìjiè · shàng qìlì zuì dà de, shì zhíwù de zhǒngzi. Yī lì zhǒngzi suǒ kěyǐ xiǎnxiàn chū · lái de lì, jiǎnzhí shì chāoyuè yīqiè.

Rén de tóugàigǔ, jiéhé de fēicháng zhìmì yǔ jiāngù, shēnglǐxuéjiā hé jiěpōu xuézhě yòngjìnle yīqiè de fāngfǎ, yào bǎ tā wánzhěng de fēn chū · lái, dōu méi · yǒu zhè zhǒng lìqì. Hòulái hūrán yǒu rén fāmíngle yī gè fāngfǎ, jiùshì bǎ yīxiē zhíwù de zhǒngzi fàng zài yào pōuxī de tóugàigǔ · lǐ, gěi tā yǐ wēndù yǔ shīdù, shǐ tā fāyá. Yī fāyá, zhè xiē zhǒngzi biàn yǐ kěpà de lì · liàng, jiāng yīqiè jīxièlì suǒ bùnéng fēnkāi de gǔgé, wánzhěng de fēnkāi le. Zhíwù zhǒngzi de lì · liàng zhī dà, rúcǐ rúcǐ.

Zhè, yěxǔ tèshūle yīdiǎnr, chángrén bù róng · yì lǐjiě. Nàme, nǐ kàn · jiànguo sǔn de chéngzhǎng ma? Nǐ kàn · jiànguo bèi yā zài wǎlì hé shíkuài xià · miàn de yī kē xiǎocǎo de shēngzhǎng ma? Tā wèizhe xiàngwǎng yángguāng, wèizhe dáchéng tā de shēng zhī yìzhì, bùguǎn shàng · miàn de shíkuài rúhé zhòng, shí yǔ shí zhījiān rúhé xiá, tā bìdìng yào qūqūzhézhé de, dànshì wángqiáng bùqū de tòudào dì miàn shàng · lái. Tā de gēn wǎng tǔrǎng zuān, tā de yá wǎng dìmiàn tǐng, zhèshì yī zhǒng bùkě kàngjù de lì, zǔzhǐ tā de shíkuài, jiéguǒ yě bèi tā xiānfān, yī lì zhǒngzi de lì · liàng zhī dà, //rúcǐ rúcǐ.

Méi · yǒu yī gè rén jiāng xiǎo cǎo jiàozuò “dàlìshì”, dànshì tā de lì · liàng zhī dà, díquè shì shìjiè wúbǐ. Zhè zhǒng lì shì yībān rén kàn · bùjiàn de shēngmìnglì. Zhǐyào shēngmìng cúnzài, zhè zhǒng lì jiù yào xiǎnxiàn. Shàng · miàn de shíkuài, sīháo bù zúyǐ zǔdǎng. Yīn · wèi tā shì yī zhǒng “chángqī kàngzhàn” de lì; yǒu tánxìng, néngqū – néngshēn de lì; yǒu rènxìng, bù dá mùdì bù zhǐ de lì.

Jiéxuǎn zì Xià Yǎn《Yěcǎo》

作品 50 号

著名教育家班杰明曾经接到一个青年人的求救电话，并与那个向往成功、渴望指点的青年人约好了见面的时间和地点。

待那个青年人如约而至时，班杰明的房门敞开着，眼前的景象却令青年人颇感意外——班杰明的房间里乱七八糟、狼藉一片。

没等青年人开口，班杰明就招呼道："你看我这房间，太不整洁了，请你在门外等候一分钟，我收拾一下，你再进来吧。"一边说着，班杰明就轻轻地关上了房门。

不到一分钟的时间，班杰明就又打开了房门并热情地把青年人让进客厅。这时，青年人的眼前展现出另一番景象——房间内的一切已变得井然有序，而且有两杯刚刚倒好的红酒，在淡淡的香水气息里还漾着微波。

可是，没等青年人把满腹的有关人生和事业的疑难问题向班杰明讲出来，班杰明就非常客气地说道："干杯。你可以走了。"

青年人手持酒杯一下子愣住了，既尴尬又非常遗憾地说："可是，我……我还没向您请教呢……"

"这些……难道还不够吗？"班杰明一边微笑着，一边扫视着自己的房间，轻言细语地说，"你进来又有一分钟了。"

"一分钟……一分钟……"青年人若有所思地说，"我懂了，您让我明白了一分钟的时间可以做许 // 多事情，可以改变许多事情的深刻道理。"

班杰明舒心地笑了。青年人把杯里的红酒一饮而尽，向班杰明连连道谢后，开心地走了。

其实，只要把握好生命的每一分钟，也就把握了理想的人生。

节选自纪广洋《一分钟》

Zuòpǐn 50 Hào

Zhùmíng jiàoyùjiā Bānjiémíng céngjīng jiēdào yī gè qīngniánrén de qiújiù diànhuà, bìng yǔ nàge xiàngwǎng chénggōng、kěwàng zhǐdiǎn de qīngniánrén yuēhǎole jiànmiàn de shíjiān hé dìdiǎn.

Dài nàge qīngniánrén rú yuē ér zhì shí, Bānjiémíng de fángmén chǎngkāizhe, yǎn qián de jǐngxiàng lìng qīngniánrén pō gǎn yìwài——Bānjiémíng de fángjiān · lǐ luànqībāzāo、lángjí yī piàn.

Méi děng qīngniánrén kāikǒu, Bānjiémíng jiù zhāohu dào: "Nǐ kàn wǒ zhè fángjiān, tài bù zhěngjié le, qǐng nǐ zài mén wài děnghòu yī fēnzhōng, wǒ shōushi yīxià, nǐ zài jìn · lái ba." Yībiān shuōzhe, Bānjiémíng jiù qīngqīng de guān · shàngle fángmén.

Bù dào yī fēnzhōng de shíjiān, Bānjiémíng jiù yòu dǎkāile fángmén bìng rèqíng de bǎ qīngniánrén ràngjìn kètīng. Zhèshí, qīngniánrén de yǎnqián zhǎnxiàn chū lìng yī fān jǐngxiàng——fángjiān nèi de yīqiè yǐ biàn · dé jǐngrán yǒu xù, érqiě yǒu liǎng bēi gānggāng dàohǎo de hóngjiǔ，zài dàndàn de xiāngshuǐ qìxī · lǐ hái yàngzhe wēibō.

Kěshì，méi děng qīngniánrén bǎ mǎnfù de yǒuguān rénshēng hé shìyè de yínán wèntí xiàng Bānjiémíng jiǎng chū · lái，Bānjiémíng jiù fēicháng kèqi de shuōdào："Gānbēi. Nǐ kěyǐ zǒu le."

Qīngniánrén shǒu chí jiǔbēi yīxiàzi lèngzhù le，jì gāngà yòu fēicháng yíhàn de shuō："Kěshì，wǒ……wǒ hái méi xiàng nín qǐngjiào ne……"

"Zhèxiē …… nándào hái bùgòu ma?" Bānjiémíng yībiān wēixiàozhe，yībiān sǎoshìzhe zìjǐ de fángjiān，qīng yán xì yǔ de shuō，"Nǐ jìn · lái yòu yǒu yī fēnzhōng le."

"Yī fēnzhōng……yī fēnzhōng……" Qīngniánrén ruòyǒusuǒsī de shuō，"Wǒ dǒng le，nín ràng wǒ míngbaile yī fēnzhōng de shíjiān，kěyǐ zuò xǔ // duō shìqíng，kěyǐ gǎibiàn xǔduō shìqing de shēnkè dào · lǐ."

Bānjiémíng shūxīn de xiào le. Qīngniánrén bǎ bēi · lǐ de hóngjiǔ yī yǐn ér jìn，xiàng Bānjiémíng liánlián dàoxiè hòu，kāixīn de zǒu le.

Qíshí，zhǐyào bǎwò hǎo shēngmìng de měi yī fēnzhōng，yě jiù bǎwòle lǐxiǎng de rénshēng.

Jiéxuǎn zì Jì Guǎngyáng《Yī Fēnzhōng》

作品 51 号

有个塌鼻子的小男孩儿，因为两岁时得过脑炎，智力受损，学习起来很吃力。打个比方，别人写作文能写二三百字，他却只能写三五行。但即便这样的作文，他同样能写得很动人。

那是一次作文课，题目是《愿望》。他极其认真地想了半天，然后极认真地写，那作文极短。只有三句话：我有两个愿望，第一个是，妈妈天天笑眯眯地看着我说："你真聪明，"第二个是，老师天天笑眯眯地看着我说："你一点儿也不笨。"

于是，就是这篇作文，深深地打动了他的老师，那位妈妈式的老师不仅给了他最高分，在班上带感情地朗读了这篇作文，还一笔一画地批道：你很聪明，你的作文写得非常感人，请放心，妈妈肯定会格外喜欢你的，老师肯定会格外喜欢你的，大家肯定会格外喜欢你的。

捧着作文本，他笑了，蹦蹦跳跳地回家了，像只喜鹊。但他并没有把作文本拿给妈妈看，他是在等待，等待着一个美好的时刻。

那个时刻终于到了，是妈妈的生日——一个阳光灿烂的星期天：那天，他起得特别早，把作文本装在一个亲手做的美丽的大信封里，等着妈妈醒来。妈妈刚刚睁眼醒来，他就笑眯眯地走到妈妈跟前说："妈妈，今天是您的生日，我要 // 送给您一件礼物。"

果然，看着这篇作文，妈妈甜甜地涌出了两行热泪，一把搂住小男孩儿，搂得很紧很紧。

是的，智力可以受损，但爱永远不会。

节选自张玉庭《一个美丽的故事》

Zuòpǐn 51 Hào

Yǒu gè tā bízi de xiǎonánhái, yīn · wèi liǎng suì shí déguo nǎoyán, zhìlì shòusǔn, xuéxí qǐ · lái hěn chīlì. Dǎ gè bǐfang, bié · rén xiě zuòwén néng xiě èr – sān bǎi zì, tā què zhǐnéng xiě sān – wǔ háng. Dàn jíbiàn zhèyàng de zuòwén, tā tóngyàng néng xiě de hěn dòngrén.

Nà shì yī cì zuòwénkè, tímù shì《Yuànwàng》. Tā jíqí rènzhēn de xiǎngle bàn tiān, ránhòu jí rènzhēn de xiě, nà zuòwén jí duǎn. Zhǐyǒu sān jù huà: Wǒ yǒu liǎng gè yuànwàng, dì – yī gè shì, māma tiāntiān xiàomīmī de kànzhe wǒ shuō: "Nǐ zhēn cōng · míng," dì – èr gè shì, lǎoshī tiāntiān xiàomīmī de kànzhe wǒ shuō: "Nǐ yīdiǎnr yě bù bèn."

Yúshì, jiùshì zhè piān zuòwén, shēnshēn de dǎdòngle tā de lǎoshī, nà wèi māma shì de lǎoshī bùjǐn gěile tā zuì gāo fēn, zài bān · shàng dài gǎnqíng de lǎngdúle zhè piān zuòwén, hái yī bǐ yī huà de pīdào: Nǐ hěn cōng · míng, nǐ de zuòwén xiě de fēicháng gǎnrén, qǐng fàngxīn, māma kěndìng huì géwài xǐhuan nǐ de, lǎoshī kěndìng huì géwài xǐhuan nǐ de, dàjiā kěndìng huì géwài xǐhuan nǐ de.

Pěngzhe zuòwénběn, tā xiào le, bèngbèngtiàotiào de huíjiā le, xiàng zhī xǐ · què. Dàn tā bìng méi · yǒu bǎ zuòwénběn nágěi māma kàn, tā shì zài děngdài, děngdàizhe yī gè měihǎo de shíkè.

Nàge shíkè zhōngyú dào le, shì māma de shēng · rì——yī gè yángguāng cànlàn de xīngqītiān: Nà tiān, tā qǐ dé tèbié zǎo, bǎ zuòwénběn zhuāng zài yī gè qīnshǒu zuò de měilì de dà xìnfēng · lǐ, děngzhe māma xǐng · lái. Māma gānggāng zhēngyǎn xǐng · lái, tā jiù xiàomīmī de zǒudào māma gēn · qián shuō: "māma, jīntiān shì nín de shēng · rì, wǒ yào//sòng gěi nín yī jiàn lǐwù."

Guǒrán, kànzhe zhè piān zuòwén, māma tiántián de yǒngchūle liǎng háng rèlèi, yī bǎ lǒuzhù xiǎonánhái, lǒude hěn jǐn hěn jǐn.

Shìde, zhìlì kěyǐ shòusǔn, dàn ài yǒngyuǎn bù huì.

Jiéxuǎn zì Zhāng Yùtíng《Yī gè Měilì de Gùshì》

作品 52 号

小学的时候，有一次我们去海边远足，妈妈没有做便饭，给了我十块钱买午餐。好像走了很久，很久，终于到海边了，大家坐下来便吃饭，荒凉的海边没有商店，我一个人跑到防风林外面去，级任老师要大家把吃剩的饭菜分给我一点儿。有两三个男生留下一点儿给我，还有一个女生，她的米饭拌了酱油，很香。我吃完的时候，她笑眯眯地看着我，短头发，脸圆圆的。

她的名字叫翁香玉。

每天放学的时候，她走的是经过我们家的一条小路，带着一位比她小的男孩儿，可能是弟弟。小路边是一条清澈见底的小溪，两旁竹阴覆盖，我总是远远地跟在她后面。夏日的午后特别炎热，走到半路她会停下来，拿手帕在溪水里浸湿，为小男孩儿擦脸。我也在后面停下来，把肮脏的手帕弄湿了擦脸，再一路远远跟着她回家。

后来我们家搬到镇上去了，过几年我也上了中学。有一天放学回家，在火车上，看见斜对面一位短头发、圆圆脸的女孩儿，一身素净的白衣黑裙。我想她一定不认识我了。火车很快到站了，我随着人群挤向门口，她也走近了，叫我的名字。这是她第一次和我说话。

她笑眯眯的，和我一起走过月台。以后就没有再见过 // 她了。

这篇文章收在我出版的《少年心事》这本书里。

书出版后半年，有一天我忽然收到出版社转来的一封信，信封上是陌生的字迹，但清楚地写着我的本名。

信里面说她看到了这篇文章心里非常激动，没想到在离开家乡，漂泊异地这么久之后，会看见自己仍然在一个人的记忆里，她自己也深深记得这其中的每一幕，只是没想到越过遥远的时空，竟然另一个人也深深记得。

节选自苦伶《永远的记忆》

Zuòpǐn 52 Hào

Xiǎoxué de shíhou，yǒu yī cì wǒmen qù hǎibiān yuǎnzú，māma méi · yǒu zuò biànfàn，gěile wǒ shí kuài qián mǎi wǔcān. Hǎoxiàng zǒule hěn jiǔ，hěn jiǔ，zhōngyú dào hǎibiān le，dàjiā zuò xià · lái biàn chīfàn，huāngliáng de hǎibiān méi · yǒu shāngdiàn，wǒ yī gè rén pǎodào fángfēnglín wài · miàn qù，jírèn lǎoshī yào dàjiā bǎ chīshèng de fàncài fēngěi wǒ yīdiǎnr. Yǒu liǎng－sān gè nánshēng liú · xià yī diǎnr gěi wǒ，hái yǒu yī gè nǚshēng，tā de mǐfàn bànle jiàngyóu，hěn xiāng. Wǒ chīwán de shíhou，tā xiàomīmī de kànzhe wǒ，duǎn tóufa，liǎn yuányuán de.

Tā de míngzi jiào Wēng Xiāngyù.

Měi tiān fàngxué de shíhou, tā zǒu de shì jīngguò wǒmen jiā de yī tiáo xiǎolù, dàizhe yī wèi bǐ tā xiǎo de nánháir, kěnéng shì dìdi. Xiǎolù biān shì yī tiáo qīngchè jiàn dǐ de xiǎoxī, liǎngpáng zhúyīn fùgài, wǒ zǒngshì yuǎnyuǎn de gēn zài tā hòu · miàn. Xiàrì de wǔhòu tèbié yánrè, zǒudào bànlù tā huì tíng xià · lái, ná shǒupà zài xīshuǐ · lǐ jìnshī, wèi xiǎonánháir cā liǎn. Wǒ yě zài hòu · miàn tíng xià · lái, bǎ āngzāng de shǒupà nòngshīle cā liǎn, zài yīlù yuǎnyuǎn gēnzhe tā huíjiā.

Hòulái wǒmen jiā bāndào zhèn · shàng qù le, guò jǐ nián wǒ yě shàngle zhōngxué. Yǒu yī tiān fàngxué huíjiā, zài huǒchē · shàng, kàn · jiàn xiéduìmiàn yī wèi duǎn tóufa、yuányuán liǎn de nǚháir, yī shēn sùjing de bái yī hēi qún. Wǒ xiǎng tā yīdìng bù rènshi wǒ le. Huǒchē hěn kuài dào zhàn le, wǒ suízhe rénqún jǐ xiàng ménkǒu, tā yě zǒujìn le, jiào wǒ de míngzi. Zhè shì tā dì – yī cì hé wǒ shuōhuà.

Tā xiàomīmī de, hé wǒ yīqǐ zǒuguò yuètái. Yǐhòu jiù méi · yǒu zài jiànguo // tā le.

Zhè piān wénzhāng shōu zài wǒ chūbǎn de《Shàonián Xīnshì》zhè běn shū · lǐ.

Shū chūbǎn hòu bàn nián, yǒu yī tiān wǒ hūrán shōudào chūbǎnshè zhuǎnlái de yī fēng xìn, xìnfēng · shàng shì mòshēng de zìjì, dàn qīngchu de xiězhe wǒ de běnmíng.

Xìn lǐ · miàn shuō tā kàndàole zhè piān wénzhāng xīn · lǐ fēicháng jīdòng, méi xiǎngdào zài líkāi jiāxiāng, piāobó yìdì zhème jiǔ zhīhòu, huì kàn · jiàn zìjǐ réngrán zài yī gè rén de jìyì · lǐ, tā zìjǐ yě shēnshēn jì · dé zhè qízhōng de měi yī mù, zhǐshì méi xiǎngdào yuèguò yáoyuǎn de shíkōng, jìngrán lìng yī gè rén yě shēnshēn jì · dé.

Jiéxuǎn zì Kǔ Líng《Yǒngyuǎn de Jìyì》

作品 53 号

在繁华的巴黎大街的路旁，站着一个衣衫褴褛、头发斑白、双目失明的老人。他不像其他乞丐那样伸手向过路行人乞讨，而是在身旁立一块木牌，上面写着："我什么也看不见！"街上过往的行人很多，看了木牌上的字都无动于衷，有的还淡淡一笑，便姗姗而去了。

这天中午，法国著名诗人让·彼浩勒也经过这里。他看看木牌上的字，问盲老人："老人家，今天上午有人给你钱吗？"

盲老人叹息着回答："我，我什么也没有得到。"说着，脸上的神情非常悲伤。

让·彼浩勒听了，拿起笔悄悄地在那行字的前面添上了"春天到了，可是"几个字，就匆匆地离开了。

晚上，让·彼浩勒又经过这里，问那个盲老人下午的情况。盲老人笑着回答说："先生，不知为什么，下午给我钱的人多极了！"让·彼浩勒听了，摸着胡子满意地笑了。

"春天到了，可是我什么也看不见！"这富有诗意的语言，产生这么大的作用，就在于它有非常浓厚的感情色彩。是的，春天是美好的，那蓝天白云，那绿树红花，那莺歌燕舞，那流水人家，怎么不叫人陶醉呢？但这良辰美景，对于一个双目失明的人来说，只是一片漆黑。当人们想到这个盲老人，一生中竟连万紫千红的春天//都不曾看到，怎能不对他产生同情之心呢？

节选自小学《语文》第六册中《语言的魅力》

Zuòpǐn 53 Hào

Zài fánhuá de Bālí dàjiē de lùpáng，zhànzhe yī gè yīshān lánlǚ、tóufa bānbái、shuāngmù shīmíng de lǎorén. Tā bù xiàng qítā qǐgài nàyàng shēnshǒu xiàng guòlù xíngrén qǐtǎo，ér shì zài shēnpáng lì yī kuài mùpái，shàng · miàn xiězhe："Wǒ shénme yě kàn · bùjiàn！" Jiē · shàng guòwǎng de xíngrén hěn duō，kànle mùpái · shàng de zì dōu wúdòngyúzhōng，yǒude hái dàndàn yī xiào，biàn shānshān ér qù le.

Zhè tiān zhōngwǔ，Fǎguó zhùmíng shīrén Ràng Bǐhàolè yě jīngguò zhè · lǐ. Tā kànkan mùpái · shàng de zì，wèn máng lǎorén："Lǎo · rén · jiā，jīntiān shàngwǔ yǒu rén gěi nǐ qián ma?"

Máng lǎorén tànxīzhe huídá："Wǒ，wǒ shénme yě méi · yǒu dédào." Shuōzhe，liǎn · shàng de shénqíng fēicháng bēishāng.

Ràng Bǐhàolè tīng le，náqǐ bǐ qiāoqiāo de zài nà háng zì de qián · miàn tiān · shàngle "chūntiān dào le，kěshì" jǐ gè zì，jiù cōngcōng de líkāi le.

Wǎnshàng，Ràng Bǐhàolè yòu jīngguò zhè · lǐ，wèn nàge máng lǎorén xiàwǔ de qíngkuàng. Máng lǎorén xiàozhe huídá shuō："Xiānsheng，bù zhī wèi shénme，xiàwǔ gěi wǒ qián de rén duō jí le！" Ràng Bǐhàolè tīng le，mōzhe húzi mǎnyì de xiào le.

"Chūntiān dào le，kěshì wǒ shénme yě kàn · bùjiàn！" Zhè fùyǒu shīyì de yǔyán，chǎnshēng zhème dà de zuòyòng，jiù zàiyú tā yǒu fēicháng nónghòu de gǎnqíng sècǎi. Shìde，chūntiān shì měihǎo de，nà lántiān báiyún，nà lǜshù hónghuā，nà yīnggē－yànwǔ，nà liúshuǐ rénjiā，zěnme bù jiào rén táozuì ne? Dàn zhè liángchén－měijǐng，duìyú yī gè shuāngmù shīmíng de rén lái shuō，zhǐshì yī piàn qīhēi. Dāng rénmen xiǎngdào zhège máng lǎorén，yīshēng zhōng jìng lián wànzǐ－qiānhóng de chūntiān//dōu bùcéng kàndào，zěn néng bù duì tā chǎnshēng tóngqíng zhī xīn ne?

Jiéxuǎn zì Xiǎoxué《Yǔwén》dì－liù cè zhōng《Yǔyán de Mèilì》

作品 54 号

有一次，苏东坡的朋友张鹗拿着一张宣纸来求他写一幅字，而且希望他写一点儿关于养生方面的内容。苏东坡思索了一会儿，点点头说："我得到了一个养生长寿古方，药只有四味，今天就赠给你吧。”于是，东坡的狼毫在纸上挥洒起来，上面写着：“一曰无事以当贵，二曰早寝以当富，三曰安步以当车，四曰晚食以当肉。”

这哪里有药？张鹗一脸茫然地问。苏东坡笑着解释说，养生长寿的要诀，全在这四句里面。

所谓“无事以当贵”，是指人不要把功名利禄、荣辱过失考虑得太多，如能在情志上潇洒大度，随遇而安，无事以求，这比富贵更能使人终其天年。

“早寝以当富”，指吃好穿好、财货充足，并非就能使你长寿。对老年人来说，养成良好的起居习惯，尤其是早睡早起，比获得任何财富更加宝贵。

“安步以当车”，指人不要过于讲求安逸、肢体不劳，而应多以步行来替代骑马乘车，多运动才可以强健体魄，通畅气血。

“晚食以当肉”，意思是人应该用已饥方食、未饱先止代替对美味佳肴的贪吃无厌。他进一步解释，饿了以后才进食，虽然是粗茶淡饭，但其香甜可口会胜过山珍；如果饱了还要勉强吃，即使美味佳肴摆在眼前也难以 // 下咽。

苏东坡的四味“长寿药”，实际上是强调了情志、睡眠、运动、饮食四个方面对养生长寿的重要性，这种养生观点即使在今天仍然值得借鉴。

节选自蒲昭和《赠你四味长寿药》

Zuòpǐn 54 Hào

Yǒu yī cì, Sū Dōngpō de péngyou Zhāng È názhe yī zhāng xuānzhǐ lái qiú tā xiě yī fú zì, érqiě xīwàng tā xiě yīdiǎnr guānyú yǎngshēng fāngmiàn de nèiróng. Sū Dōngpō sīsuǒle yīhuìr, diǎndiǎn tóu shuō: “Wǒ dédàole yī gè yǎngshēng chángshòu gǔfāng, yào zhǐyǒu sì wèi, jīntiān jiù zènggěi nǐ ba.” Yúshì, Dōngpō de lángháo zài zhǐ · shàng huīsǎ qǐ · lái, shàng · miàn xiězhe: “Yī yuē wú shì yǐ dàng guì, èr yuē zǎo qǐn yǐ dàng fù, sān yuē ān bù yǐ dàng chē, sì yuē wǎn shí yǐ dàng ròu.”

Zhè nǎ · lǐ yǒu yào? Zhāng È yī liǎn mángrán de wèn. Sū Dōngpō xiàozhe jiěshì shuō, yǎngshēng chángshòu de yàojué, quán zài zhè sì jù lǐ · miàn.

Suǒwèi “wú shì yǐ dàng guì”, shì zhǐ rén bùyào bǎ gōngmíng lìlù、róngrǔ guòshī kǎolǜ de tài duō, rú néng zài qíngzhì · shàng xiāosǎ dàdù, suíyù'érān, wú shì yǐ qiú, zhè bǐ fùguì gèng néng shǐ rén zhōng qí tiānnián.

“Zǎo qǐn yǐ dàng fù”, zhǐ chīhǎo chuānhǎo、cáihuò chōngzú, bìngfēi jiù néng shǐ nǐ chángshòu. Duì lǎoniánrén lái shuō, yǎngchéng liánghǎo de qǐjū xíguàn, yóuqí shì zǎo shuì zǎo qǐ, bǐ huòdé rènhé cáifù gèngjiā bǎoguì.

“Ān bù yǐ dàng chē”, zhǐ rén bùyào guòyú jiǎngqiú ānyì、zhītǐ bù láo, ér yīng duō yǐ bùxíng lái tìdài qímǎ chéngchē, duō yùndòng cái kěyǐ qiángjiàn tǐpò, tōngchàng qìxuè.

“Wǎn shí yǐ dàng ròu”, yìsī shì rén yīnggāi yòng yǐ jī fāng shí、wèi bǎo xiān zhǐ dàitì duì měiwèi jiāyáo de tānchī wú yàn. Tā jìnyībù jiěshì, èle yǐhòu cái jìnshí, suīrán shì cūchá－dànfàn, dàn qí xiāngtián kěkǒu huì shèngguò shān zhēn; rúguǒ bǎole háiyào miǎnqiǎng chī, jíshǐ měiwèi jiāyáo bǎi zài yǎnqián yě nányǐ//xiàyàn.

Sū Dōngpō de sì wèi “chángshòu yào”, shíjì · shàng shì qiángdiàole qíngzhì、shuìmián、yùndòng、yǐnshí sì gè fāngmiàn duì yǎngshēng chángshòu de zhòngyàoxìng, zhè zhǒng yǎngshēng guāndiǎn jíshǐ zài jīntiān réngrán zhí · dé jièjiàn.

Jiéxuǎn zì Pú Zhāohé《Zèng Nǐ Sì Wèi Chángshòu Yào》

作品 55 号

人活着，最要紧的是寻觅到那片代表着生命绿色和人类希望的丛林，然后选一高高的枝头站在那里观览人生，消化痛苦，孕育歌声，愉悦世界！

这可真是一种潇洒的人生态度，这可真是一种心境爽朗的情感风貌。

站在历史的枝头微笑，可以减免许多烦恼。在那里，你可以从众生相所包含的甜酸苦辣、百味人生中寻找你自己，你境遇中的那点儿苦痛，也许相比之下，再也难以占据一席之地，你会较容易地获得从不悦中解脱灵魂的力量，使之不致变得灰色。

人站得高些，不但能有幸早些领略到希望的曙光，还能有幸发现生命的立体的诗篇。每一个人的人生，都是这诗篇中的一个词、一个句子或者一个标点。你可能没有成为一个美丽的词，一个引人注目的句子，一个惊叹号，但你依然是这生命的立体诗篇中的一个音节、一个停顿、一个必不可少的组成部分。这足以使你放弃前嫌，萌生为人类孕育新的歌声的兴致，为世界带来更多的诗意。

最可怕的人生见解，是把多维的生存图景看成平面。因为那平面上刻下的大多是凝固了的历史——过去的遗迹；但活着的人们，活得却是充满着新生智慧的，由//不断逝去的“现在”组成的未来。人生不能像某些鱼类躺着游，人生也不能像某些兽类爬着走，而应该站着向前行，这才是人类应有的生存姿态。

节选自［美］本杰明·拉什《站在历史的枝头微笑》

Zuòpǐn 55 Hào

Rén huózhe, zuì yàojǐn de shì xúnmì dào nà piàn dàibiǎozhe shēngmìng lǜsè hé rénlèi xīwàng de cónglín, ránhòu xuǎn yī gāogāo de zhītóu zhàn zài nà · lǐ guānlǎn rénshēng, xiāohuà tòngkǔ, yùnyù gēshēng, yúyuè shìjiè!

Zhè kě zhēn shì yī zhǒng xiāosǎ de rénshēng tài · dù, zhè kě zhēn shì yī zhǒng xīnjìng shuǎnglǎng de qínggǎn fēngmào.

Zhàn zài lìshǐ de zhītóu wēixiào, kěyǐ jiǎnmiǎn xǔduō fánnǎo. Zài nà · lǐ, nǐ kěyǐ cóng zhòngshēngxiàng suǒ bāohán de tián – suān – kǔ – là、bǎiwèi rénshēng zhōng xúnzhǎo nǐ zìjǐ, nǐ jìngyù zhōng de nà diǎnr kǔtòng, yěxǔ xiāngbǐ zhī xià, zài yě nányǐ zhànjù yīxízhīdì, nǐ huì jiào róng · yì de huòdé cóng bùyuè zhōng jiětuō línghún de lì · liàng, shǐ zhī bùzhì biànde huīsè.

Rén zhàn de gāo xiē, bùdàn néng yǒuxìng zǎo xiē lǐnglüè dào xīwàng de shǔguāng, hái néng yǒuxìng fāxiàn shēngmìng de lìtǐ de shīpiān. Měi yī gè rén de rénshēng, dōu shì zhè shīpiān zhōng de yī gè cí、yī gè jùzi huòzhě yī gè biāodiǎn. Nǐ kěnéng méi · yǒu chéngwéi yī gè měilì de cí, yī gè yǐn rén zhùmù de jùzi, yī gè jīngtànhào, dàn nǐ yīrán shì zhè shēngmìng de lìtǐ shīpiān zhōng de yī gè yīnjié、yī gè tíngdùn、yī gè bì bù kě shǎo de zǔchéng bùfen. Zhè zúyǐ shǐ nǐ fàngqì qiánxián, méngshēng wèi rénlèi yùnyù xīn de gēshēng de xìngzhì, wèi shìjiè dài · lái gèng duō de shīyì.

Zuì kěpà de rénshēng jiànjiě, shì bǎ duōwéi de shēngcún tújǐng kànchéng píngmiàn. Yīn · wèi nà píngmiàn · shàng kèxià de dàduō shì nínggùle de lìshǐ——guòqù de yíjì; dàn huózhe de rénmen, huó de què shì chōngmǎnzhe xīnshēng zhìhuì de, yóu//bùduàn shìqù de "xiànzài" zǔchéng de wèilái. Rénshēng bù néng xiàng mǒu xiē yúlèi tǎngzhe yóu, rénshēng yě bùnéng xiàng mǒu xiē shòulèi pázhe zǒu, ér yīnggāi zhànzhe xiàngqián xíng, zhè cái shì rénlèi yīngyǒu de shēngcún zītài.

Jiéxuǎn zì [Měi] Běnjiémíng Lāshí《Zhàn Zài Lìshǐ de Zhītóu Wēixiào》

作品 56 号

中国的第一大岛、台湾省的主岛台湾，位于中国大陆架的东南方，地处东海和南海之间，隔着台湾海峡和大陆相望。天气晴朗的时候，站在福建沿海较高的地方，就可以隐隐约约地望见岛上的高山和云朵。

台湾岛形状狭长，从东到西，最宽处只有一百四十多公里；由南至北，最长的地方约有三百九十多公里。地形像一个纺织用的梭子。

台湾岛上的山脉纵贯南北，中间的中央山脉犹如全岛的脊梁。西部为海拔近四千米的玉山山脉，是中国东部的最高峰。全岛约有三分之一的地方是平地，其余为山地。岛内有缎带般的瀑布，蓝宝石似的湖泊，四季常青的森林和果园，自然景色十分优美。西南部的阿里山和日月潭，台北市郊的大屯山风景区，都是闻名世界的游览胜地。

台湾岛地处热带和温带之间，四面环海，雨水充足，气温受到海洋的调剂，冬暖夏凉，四季如春，这给水稻和果木生长提供了优越的条件。水稻、甘蔗、樟脑是台湾的“三宝”。岛上还盛产鲜果和鱼虾。

台湾岛还是一个闻名世界的“蝴蝶王国”。岛上的蝴蝶共有四百多个品种，其中有不少是世界稀有的珍贵品种。岛上还有不少鸟语花香的蝴 // 蝶谷，岛上居民利用蝴蝶制作的标本和艺术品，远销许多国家。

节选自《中国的宝岛——台湾》

Zuòpǐn 56 Hào

Zhōngguó de dì – yī dàdǎo、Táiwān shěng de zhǔdǎo Táiwān，wèiyú Zhōngguó dàlùjià de dōngnánfāng，dìchǔ Dōng Hǎi hé Nán Hǎi zhījiān，gézhe Táiwān Hǎixiá hé Dàlù xiāngwàng. Tiānqì qínglǎng de shíhou，zhàn zài Fújiàn yánhǎi jiào gāo de dìfang，jiù kěyǐ yǐnyǐnyuēyuē de wàng · jiàn dǎo · shàng de gāoshān hé yúnduǒ.

Táiwān Dǎo xíngzhuàng xiácháng，cóng dōng dào xī，zuì kuān chù zhǐyǒu yībǎi sìshí duō gōnglǐ；yóu nán zhì běi，zuì cháng de dìfang yuē yǒu sānbǎi jiǔshí duō gōnglǐ. Dìxíng xiàng yī gè fǎngzhī yòng de suōzi.

Táiwān Dǎo · shàng de shānmài zòngguàn nánběi，zhōngjiān de zhōngyāng shānmài yóurú quándǎo de jǐliang. Xībù wéi hǎibá jìn sìqiān mǐ de Yù Shān shānmài，shì Zhōngguó dōngbù de zuì gāo fēng. Quándǎo yuē yǒu sān fēn zhī yī de dìfang shì píngdì，qíyú wéi shāndì. Dǎonèi yǒu duàndài bān de pùbù，lánbǎoshí shìde húpō，sìjì chángqīng de sēnlín hé guǒyuán，zìrán jǐngsè shífēn yōuměi. Xīnánbù de Ālǐ Shān hé Rìyuè Tán，Táiběi shìjiāo de Dàtúnshān fēngjǐngqū，dōu shì wénmíng shìjiè de yóulǎn shèngdì.

Táiwān Dǎo dìchǔ rèdài hé wēndài zhījiān，sìmiàn huán hǎi，yǔshuǐ chōngzú，qìwēn shòudào hǎiyáng de tiáojì，dōng nuǎn xià liáng，sìjì rú chūn，zhè gěi shuǐdào hé guǒmù shēngzhǎng tígōngle yōuyuè de tiáojiàn. Shuǐdào、gānzhe、zhāngnǎo shì Táiwān de “sān bǎo”. Dǎo · shàng hái shèngchǎn xiānguǒ hé yúxiā.

Táiwān Dǎo háishì yī gè wénmíng shìjiè de “húdié wángguó”. Dǎo · shàng de húdié gòng yǒu sìbǎi duō gè pǐnzhǒng，qízhōng yǒu bùshǎo shì shìjiè xīyǒu de zhēnguì pǐnzhǒng. Dǎo · shàng háiyǒu bùshǎo niǎoyǔ – huāxiāng de hú // dié gǔ，dǎo · shàng jūmín lìyòng húdié zhìzuò de biāoběn hé yìshùpǐn，yuǎnxiāo xǔduō guójiā.

Jiéxuǎn zì《Zhōngguó de Bǎodǎo——Táiwān》

作品 57 号

对于中国的牛，我有着一种特别尊敬的感情。

留给我印象最深的，要算在田垄上的一次“相遇”。

一群朋友郊游，我领头在狭窄的阡陌上走，怎料迎面来了几头耕牛，狭道容不下人和牛，终有一方要让路。它们还没有走近，我们已经预计斗不过畜牲，恐怕难免踩到田地泥水里，弄得鞋袜又泥又湿了。正踟蹰的时候，带头的一头牛，在离我们不远的地方停下来，抬起头看看，稍迟疑一下，就自动走下田去。一队耕牛，全跟着它离开阡陌，从我们身边经过。

我们都呆了，回过头来，看着深褐色的牛队，在路的尽头消失，忽然觉得自己受了很大的恩惠。

中国的牛，永远沉默地为人做着沉重的工作。在大地上，在晨光或烈日下，它拖着沉重的犁，低头一步又一步，拖出了身后一列又一列松土，好让人们下种。等到满地金黄或农闲时候，它可能还得担当搬运负重的工作；或终日绕着石磨，朝同一方向，走不计程的路。

在它沉默的劳动中，人便得到应得的收成。

那时候，也许，它可以松一肩重担，站在树下，吃几口嫩草。偶尔摇摇尾巴，摆摆耳朵，赶走飞附身上的苍蝇，已经算是它最闲适的生活了。

中国的牛，没有成群奔跑的习 // 惯，永远沉沉实实的，默默地工作，平心静气。这就是中国的牛！

节选自小思《中国的牛》

Zuòpǐn 57 Hào

Duìyú Zhōngguó de niú，wǒ yǒuzhe yī zhǒng tèbié de zūnjìng gǎnqíng.

Liúgěi wǒ yìnxiàng zuì shēn de，yào suàn zài tiánlǒng · shàng de yī cì “xiāngyù”.

Yī qún péngyou jiāoyóu，wǒ lǐngtóu zài xiázhǎi de qiānmò · shàng zǒu，zěn liào yíngmiàn láile jǐ tóu gēngniú，xiádào róng · bùxià rén hé niú，zhōng yǒu yīfāng yào rànglù. Tāmen hái méi · yǒu zǒujìn，wǒmen yǐ · jīng yùjì dòu · bù · guò chùsheng，kǒngpà nánmiǎn cǎidào tiándì níshuǐ · lǐ，nòng de xiéwà yòu ní yòu shī le. Zhèng chíchú de shíhou，dàitóu de yī tóu niú，zài lí wǒmen bùyuǎn de dìfang tíng xià · lái，táiqǐ tóu kànkan，shāo chíyí yīxià，jiù zìdòng zǒu · xià tián qù. Yī duì gēngniú，quán gēnzhe tā líkāi qiānmò，cóng wǒmen shēnbiān jīngguò.

Wǒmen dōu dāi le，huíguotóu · lái，kànzhe shēnhèsè de niúduì，zài lù de jìntóu xiāoshī，hūrán jué · dé zìjǐ shòule hěn dà de ēnhuì.

Zhōngguó de niú，yǒngyuǎn chénmò de wèi rén zuòzhe chénzhòng de gōngzuò. Zài dàdì · shàng，zài chénguāng huò lièrì · xià，tā tuōzhe chénzhòng de lí，dītóu yī bù yòu yī bù，tuōchūle shēnhòu yī liè yòu yī liè sōngtǔ，hǎo ràng rénmen xiàzhǒng. Děngdào mǎndì jīnhuáng huò nóngxián shíhou，tā kěnéng háiděi dāndāng bānyùn fùzhòng de gōngzuò；huò zhōng rì ràozhe shímò，cháo tóng yī fāngxiàng，zǒu bù jì chéng de lù.

Zài tā chénmò de láodòng zhōng，rén biàn dédào yīng dé de shōucheng.

Nà shíhou, yěxǔ, tā kěyǐ sōng yī jiān zhòngdàn, zhàn zài shù · xià, chī jǐ kǒu nèn cǎo. Ǒu'ěr yáoyao wěiba, bǎibai ěrduo, gǎnzǒu fēi fù shēn · shàng de cāngying, yǐ · jīng suàn shì tā zuì xiánshì de shēnghuó le.

Zhōngguó de niú, méi · yǒu chéngqún bēnpǎo de xí//guàn, yǒngyuǎn chénchénshíshí de, mòmò de gōngzuò, píngxīn-jìngqì. Zhè jiùshì Zhōngguó de niú!

Jiéxuǎn zì Xiǎo Sī《Zhōngguó de Niú》

作品 58 号

不管我的梦想能否成为事实，说出来总是好玩儿的：

春天，我将要住在杭州。二十年前，旧历的二月初，在西湖我看见了嫩柳与菜花，碧浪与翠竹。由我看到的那点儿春光，已经可以断定，杭州的春天必定会教人整天生活在诗与图画之中。所以，春天我的家应当是在杭州。

夏天，我想青城山应当算作最理想的地方。在那里，我虽然只住过十天，可是它的幽静已拴住了我的心灵。在我所看见过的山水中，只有这里没有使我失望。到处都是绿，目之所及，那片淡而光润的绿色都在轻轻地颤动，仿佛要流入空中与心中似的。这个绿色会像音乐，涤清了心中的万虑。

秋天一定要住北平。天堂是什么样子，我不知道，但是从我的生活经验去判断，北平之秋便是天堂。论天气，不冷不热。论吃的，苹果、梨、柿子、枣儿、葡萄，每样都有若干种。论花草，菊花种类之多，花式之奇，可以甲天下。西山有红叶可见，北海可以划船——虽然荷花已残，荷叶可还有一片清香。衣食住行，在北平的秋天，是没有一项不使人满意的。

冬天，我还没有打好主意，成都或者相当的合适，虽然并不怎样和暖，可是为了水仙，素心腊梅，各色的茶花，仿佛就受一点儿寒 // 冷，也颇值得去了。昆明的花也多，而且天气比成都好，可是旧书铺与精美而便宜的小吃远不及成都那么多。好吧，就暂这么规定：冬天不住成都便住昆明吧。

在抗战中，我没能发国难财。我想，抗战胜利以后，我必能阔起来。那时候，假若飞机减价，一二百元就能买一架的话，我就自备一架，择黄道吉日慢慢地飞行。

节选自老舍《住的梦》

Zuòpǐn 58 Hào

Bùguǎn wǒ de mèngxiǎng néngfǒu chéngwéi shìshí, shuō chū · lái zǒngshì hǎowánr de:

Chūntiān, wǒ jiāngyào zhù zài Hángzhōu. Èrshí nián qián, jiùlì de èryuè chū, zài Xīhú wǒ kàn · jiànle nènliǔ yǔ càihuā, bìlàng yǔ cuìzhú. Yóu wǒ kàndào de nàdiǎnr chūnguāng，yǐ · jīng kěyǐ duàndìng，Hángzhōu de chūntiān bìdìng huì jiào rén zhěngtiān shēnghuó zài shī yǔ túhuà zhī zhōng. Suǒyǐ，chūntiān wǒ de jiā yīngdāng shì zài Hángzhōu.

Xiàtiān，wǒ xiǎng Qīngchéng Shān yīngdāng suànzuò zuì lǐxiǎng de dìfang. Zài nà · lǐ，wǒ suīrán zhǐ zhùguo shí tiān，kěshì tā de yōujìng yǐ shuānzhùle wǒ de xīnlíng. Zài wǒ suǒ kàn · jiànguo de shānshuǐ zhōng，zhǐyǒu zhè · lǐ méi · yǒu shǐ wǒ shīwàng. Dàochù dōu shì lǜ，mù zhī suǒ jí，nà piàn dàn ér guāngrùn de lǜsè dōu zài qīngqīng de chàndòng，fǎngfú yào liúrù kōngzhōng yǔ xīnzhōng shìde. Zhège lǜsè huì xiàng yīnyuè，díqīngle xīnzhōng de wàn lǜ.

Qiūtiān yīdìng yào zhù Běipíng. Tiāntáng shì shénme yàngzi，wǒ bù zhī · dào，dànshì cóng wǒ de shēnghuó jīngyàn qù pànduàn，Běipíng zhī qiū biàn shì tiāntáng. Lùn tiānqì，bù lěng bù rè. Lùn chīde，píngguǒ、lí、shìzi、zǎor、pú · táo，měi yàng dōuyǒu ruògān zhǒng. Lùn huācǎo，júhuā zhǒnglèi zhī duō，huā shì zhī qí，kěyǐ jiǎ tiānxià. Xīshān yǒu hóngyè kě jiàn，Běihǎi kěyǐ huáchuán——suīrán héhuā yǐ cán，héyè kě háiyǒu yī piàn qīngxiāng. Yī – shí – zhù – xíng，zài Běipíng de qiūtiān，shì méi · yǒu yī xiàng bù shǐ rén mǎnyì de.

Dōngtiān，wǒ hái méi · yǒu dǎhǎo zhǔyi，Chéngdū huòzhě xiāngdāng de héshì，suīrán bìng bù zěnyàng hénuǎn，kěshì wèile shuǐxiān，sù xīn làméi，gè sè de cháhuā，fǎngfú jiù shòu yīdiǎnr hán//lěng，yě pō zhí · dé qù le. Kūnmíng de huā yě duō，érqiě tiānqì bǐ Chéngdū hǎo，kěshì jiù shūpù yǔ jīngměi ér piányi de xiǎochī yuǎn · bùjí Chéngdū nàme duō. Hǎo ba，jiù zàn zhème guīdìng：Dōngtiān bù zhù Chéngdū biàn zhù Kūnmíng ba.

Zài kàngzhàn zhōng，wǒ méi néng fā guónàn cái. Wǒ xiǎng，kàngzhàn shènglì yǐhòu，wǒ bì néng kuò qǐ · lái. Nà shíhou，jiǎruò fēijī jiǎnjià，yī – èrbǎi yuán jiù néng mǎi yī jià de huà，wǒ jiù zìbèi yī jià，zé huángdào – jírì mànmàn de fēixíng.

Jiéxuǎn zì Lǎo Shě《Zhù de Mèng》

作品59号

我不由得停住了脚步。

从未见过开得这样盛的藤萝，只见一片辉煌的淡紫色，像一条瀑布，从空中垂下，不见其发端，也不见其终极，只是深深浅浅的紫，仿佛在流动，在欢笑，在不停地生长。紫色的大条幅上，泛着点点银光，就像迸溅的水花。仔细看时，才知那是每一朵紫花中的最浅淡的部分，在和阳光互相挑逗。

这里除了光彩，还有淡淡的芳香。香气似乎也是浅紫色的，梦幻一般轻轻地笼罩着我。忽然记起十多年前，家门外也曾有过一大株紫藤萝，它依傍一株枯槐爬得很高，但花朵从来都稀落，东一穗西一串伶仃地挂在树梢，好像在察颜观色，试探什么。后来索性连那稀零的花串也没有了。园中别的紫藤花架也都拆掉，改种了果树。那时的说法是，花和生活腐化有什么必然关系。我曾遗憾地想：这里再看不见藤萝花了。

过了这么多年，藤萝又开花了，而且开得这样盛，这样密，紫色的瀑布遮住了粗壮的盘虬卧龙般的枝干，不断地流着，流着，流向人的心底。

花和人都会遇到各种各样的不幸，但是生命的长河是无止境的。我抚摸了一下那小小的紫色的花舱，那里满装了生命的酒酿，它张满了帆，在这 // 闪光的花的河流上航行。它是万花中的一朵，也正是由每一个一朵，组成了万花灿烂的流动的瀑布。

在这浅紫色的光辉和浅紫色的芳香中，我不觉加快了脚步。

节选自宗璞《紫藤萝瀑布》

Zuòpǐn 59 Hào

Wǒ bùyóude tíngzhùle jiǎobù.

Cóngwèi jiànguo kāide zhèyàng shèng de téngluó, zhǐ jiàn yī piàn huīhuáng de dàn zǐsè, xiàng yī tiáo pùbù, cóng kōngzhōng chuíxià, bù jiàn qí fāduān, yě bù jiàn qí zhōngjí, zhǐshì shēnshēnqiǎnqiǎn de zǐ, fǎngfú zài liúdòng, zài huānxiào, zài bùtíng de shēngzhǎng. Zǐsè de dà tiáofú · shàng, fànzhe diǎndiǎn yíngguāng, jiù xiàng bèngjiàn de shuǐhuā. Zǐxì kàn shí, cái zhī nà shì měi yī duǒ zǐhuā zhōng de zuì qiǎndàn de bùfen, zài hé yángguāng hùxiāng tiǎodòu.

Zhè · lǐ chúle guāngcǎi, háiyǒu dàndàn de fāngxiāng. xiāngqì sìhū yě shì qiǎn zǐsè de, mènghuàn yībān qīngqīng de lǒngzhàozhe wǒ. Hūrán jìqǐ shí duō nián qián, jiāmén wài yě céng yǒuguo yī dà zhū zǐténgluó, tā yībàng yī zhū kū huái pá de hěn gāo, dàn huāduǒ cónglái dōu xīluò, dōng yī suì xī yī chuàn língdīng de guà zài shùshāo, hǎoxiàng zài cháyán – guānsè, shìtàn shénme. Hòulái suǒxìng lián nà xīlíng de huāchuàn yě méi · yǒu le. Yuán zhōng biéde zǐténg huājià yě dōu chāidiào, gǎizhòngle guǒshù. Nàshí de shuōfǎ shì, huā hé shēnghuó fǔhuà yǒu shénme bìrán guānxi. Wǒ céng yíhàn de xiǎng: Zhè · lǐ zài kàn · bùjiàn téngluóhuā le.

Guòle zhème duō nián, téngluó yòu kāihuā le, érqiě kāi de zhèyàng shèng, zhèyàng mì, zǐsè de pùbù zhēzhùle cūzhuàng de pánqiú wòlóng bān de zhīgàn, bùduàn de liúzhe, liúzhe, liúxiàng rén de xīndǐ.

Huā hé rén dōu huì yùdào gèzhǒng – gèyàng de bùxìng, dànshì shēngmìng de chánghé shì wú zhǐjìng de. Wǒ fǔmōle yīxià nà xiǎoxiǎo de zǐsè de huācāng, nà · lǐ mǎn zhuāngle shēngmìng de jiǔniàng, tā zhāngmǎnle fān, zài zhè // shǎnguāng de huā de héliú · shàng hángxíng. Tā shì wàn huā zhōng de yī duǒ, yě zhèngshì yóu měi yī gè yī duǒ, zǔchéngle wàn huā cànlàn de liúdòng de pùbù.

Zài zhè qiǎn zǐsè de guānghuī hé qiǎn zǐsè de fāngxiāng zhōng, wǒ bùjué jiākuàile jiǎobù.

Jiéxuǎn zì Zōng Pú《Zǐténgluó Pùbù》

作品 60 号

在一次名人访问中，被问及上个世纪最重要的发明是什么时，有人说是电脑，有人说是汽车，等等。但新加坡的一位知名人士却说是冷气机。他解释，如果没有冷气，热带地区如东南亚国家，就不可能有很高的生产力，就不可能达到今天的生活水准。他的回答实事求是，有理有据。

看了上述报道，我突发奇想：为什么没有记者问："二十世纪最糟糕的发明是什么？"其实二〇〇二年十月中旬，英国的一家报纸就评出了"人类最糟糕的发明"。获此"殊荣"的，就是人们每天大量使用的塑料袋。

诞生于上个世纪三十年代的塑料袋，其家族包括用塑料制成的快餐饭盒、包装纸、餐用杯盘、饮料瓶、酸奶杯、雪糕杯等等。这些废弃物形成的垃圾，数量多、体积大、重量轻、不降解，给治理工作带来很多技术难题和社会问题。

比如，散落在田间、路边及草丛中的塑料餐盒，一旦被牲畜吞食，就会危及健康甚至导致死亡。填埋废弃塑料袋、塑料餐盒的土地，不能生长庄稼和树木，造成土地板结。而焚烧处理这些塑料垃圾，则会释放出多种化学有毒气体，其中一种称为二噁英的化合物，毒性极大。

此外，在生产塑料袋、塑料餐盒的 // 过程中使用的氟利昂，对人体免疫系统和生态环境造成的破坏也极为严重。

节选自林光如《最糟糕的发明》

Zuòpǐn 60 Hào

Zài yī cì míngrén fǎngwèn zhōng, bèi wèn jí shàng gè shìjì zuì zhòngyào de fāmíng shì shénme shí, yǒu rén shuō shì diànnǎo, yǒu rén shuō shì qìchē, děngděng. Dàn Xīnjiāpō de yī wèi zhīmíng rénshì què shuō shì lěngqìjī. Tā jiěshì, rúguǒ méi · yǒu lěngqì, rèdài dìqū rú Dōngnányà guójiā, jiù bù kěnéng yǒu hěn gāo de shēngchǎnlì, jiù bù kěnéng dádào jīntiān de shēnghuó shuǐzhǔn. Tā de huídá shíshì – qiúshì, yǒulǐ – yǒujù.

Kànle shàngshù bàodào, wǒ tū fā qí xiǎng: Wèi shénme méi · yǒu jìzhě wèn: "Èrshí shìjì zuì zāogāo de fāmíng shì shénme?" Qíshí èr líng líng èr nián shíyuè zhōngxún, Yīngguó de yī jiā bàozhǐ jiù píngchūle "rénlèi zuì zāogāo de fāmíng". Huò cǐ “shūróng” de, jiùshì rénmen měi tiān dàliàng shǐyòng de sùliàodài.

Dànshēng yú shàng gè shìjì sānshí niándài de sùliàodài, qí jiāzú bāokuò yòng sùliào zhìchéng de kuàicān fànhé、bāozhuāngzhǐ、cān yòng bēi pán、yǐnliàopíng、suānnǎibēi、xuěgāobēi děngděng. Zhèxiē fèiqìwù xíngchéng de lājī, shùliàng duō、tǐjī dà、zhòngliàng qīng、bù jiàngjiě, gěi zhìlǐ gōngzuò dàilái hěn duō jìshù nántí hé shèhuì wèntí.

Bǐrú, sànluò zài tián jiān、lù biān jí cǎocóng zhōng de sùliào cānhé, yīdàn bèi shēngchù tūnshí, jiù huì wēijí jiànkāng shènzhì dǎozhì sǐwáng. Tiánmái fèiqì sùliàodài、sùliào cānhé de tǔdì, bù néng shēngzhǎng zhuāngjia hé shùmù, zàochéng tǔdì bǎnjié. Ér fénshāo chǔlǐ zhèxiē sùliào lājī, zé huì shìfàng chū duō zhǒng huàxué yǒudú qìtǐ, qízhōng yī zhǒng chēngwéi èr'èyīng de huàhéwù, dúxìng jí dà.

Cǐwài, zài shēngchǎn sùliàodài、sùliào cānhé de // guòchéng zhōng shǐyòng de fúlì'áng, duì réntǐ miǎnyì xìtǒng hé shēngtài huánjìng zàochéng de pòhuài yě jíwéi yánzhòng.

Jiéxuǎn zì Lín guāngrú《Zuì Zāogāo de Fāmíng》